ROGUES' GALLERY

幕后玩家

改变艺术史的传奇画商

〔英〕菲利普·胡克 著
陈 瑶 译

商務印書館
创于1897 The Commercial Press

Rogues' Gallery:A history of art and its dealers

by Philip Hook

First published in Great Britain in 2017 by

PROFILE BOOKS LTD

3Holford Yard

Bevin Way

London

WCIX 9HD

www.profilebooks.com

中译本译自档案图书出版社2017年版

涵芬楼文化 出品

彩插1　提香，《雅各布 · 斯特拉达肖像》（1567年）：他的双手握着艺术品，但他的眼神却凝视着画外的收藏家。

彩插2　小弗兰斯·弗兰肯，《造访画商》：17世纪早期像这样的一间佛兰德画廊，已经在为他们的客户群提供一种结合豪华场景和艺术专长的“零售体验”。

彩插3　安东尼·华托，《热尔桑画店》（1720年）：展示巴黎的领军画商是如何打破入口阻力，打造第一家购物中心。

彩插4　莱奥纳多·达·芬奇,《岩间圣母》：加文·汉密尔顿作为画商最大的战绩就是在意大利发现这件作品，并于1785年在伦敦以800英镑的价格出售。

彩插5　委拉斯开兹，《镜前的维纳斯》：它的第一个英国收藏家称之为“我的维纳斯臀部像”。

彩插6　罗莎·博纳尔，《马市》：甘巴特宣传推广的最成功的作品，维多利亚女王也曾观赏此画。

彩插7　劳伦斯・阿尔玛-塔德玛，《造访画商》：表现了作为古董画廊老板的恩斯特・甘巴特（中间站立者）。

彩插8 保罗·高更，《海滩上的骑马者》：被纳粹认定为堕落艺术，威尔顿斯坦在1937年将它卖给了好莱坞演员爱德华·G.罗宾逊。

彩插9 安德烈·德朗，《泰晤士河的风景》：画家于1905年创作的最前卫的伦敦风景系列就是听取了安布鲁瓦兹·沃拉尔的意见。

彩插10　莫奈，《白杨树》：杜兰德－鲁埃尔鼓励他最畅销的印象派画家，以系列的形式创作不同光影和季节的风景。

彩插11-12

坎魏勒对立体主义的严格定义将阿尔伯特·格列兹排除在外（上图为其1914年的作品），但将胡安·格里斯纳入其中（下图为其1913年的作品）。

彩插13 在办公室工作的费利克斯·费内翁（费利克斯·瓦洛东绘制），几乎可以说是唯一一个“种”过恐怖炸弹的画商。

彩插14　马奈，《沐浴者》：这幅画里出现的“海绵”让费内翁富有想象力地将此画也放入他的“动物群”展览中。

彩插15　奥托·迪克斯创作的阿尔弗雷德·弗莱希特海姆肖像（1926）：这个永恒的画商正一只手拿着一幅画，另一只手拿着的可能是一张清单。

彩插16　从汽车行业人到画廊老板的保罗·纪尧姆，此图是1916年莫迪利亚尼为其创作的肖像画。

彩插17　莫迪利亚尼1917年为从诗人摇身一变成为商人的利奥波德·兹博罗夫斯基创作的肖像，他是画家的另一个主要画商。

彩插18　威廉·沃尔创作的赫尔瓦特·瓦尔登的雕像，瓦尔登是《暴风雨》杂志的创始人，现代主义的先锋者，在苏联的拘留营里过世。

彩插19　萨尔瓦多·达利，《记忆的永恒》：1934年由朱利安·莱维画廊出售给纽约现代艺术博物馆。

彩插20　提香，《劫掠欧罗巴》：贝伦森将其卖给伊莎贝拉·斯图尔特·加德纳夫人时所获得的佣金，比他透露给合作者的还要多。

彩插21　布尚司令收藏的普桑的《牧羊人的崇拜》，1956年在苏富比高额保证金的前提下以2.9万英镑被拍卖。彼得·威尔森因此损失了6000英镑，但他认为赢在宣传。

目 录

第四部分

进入当代世界

前言

20世纪20年代的传奇画商约瑟夫·杜维恩敏锐地观察着有关艺术品销售的所有细枝末节，他通过收集小道消息，买通了那些富有客户的仆人，从而获得他们主人的有效信息。通过这种方法，他发现男爵莫里斯·德·罗斯柴尔德，这个臭名昭著的独裁者和坏脾气的收藏家总是被慢性便秘折磨。于是，杜维恩在与他进行任何生意往来之前都会先明智地给他的贴身男仆打电话，以便了解男爵今天通便是否顺畅。所有伟大的画商都无比关注细节。他们的坚持和谋略有一种英雄主义的情结，他们是开拓者。他们“行动如征服者、判断如批评家、激情如传教士”，这一狂热的论断是阿塞纳·亚历山大[1]对印象派的艺术捍卫者杜兰德·鲁埃尔的评价；另一方面，马塞尔·杜尚对画商的评价则简洁得多——“他们是艺术家们后背的虱子”。不过无论他们是征服者还是寄生虫，或是介于两者之间，若没有画商，艺术的历史将会迥然不同，也会乏味许多。他们职业的喜与悲都源于他们交易的这一商品所具有的独一无二的特性。

1 阿塞纳·亚历山大（Arséne Alexandre，1859—1937年），法国重要的艺术评论家，提出了“新印象派”这个称谓。——译者艺术并没有什么实际用途。我想在最危急的时刻，一幅罗伊·利希滕斯坦的画作可能会被水平挂在四根柱子上遮光挡雨，而一件亨利·摩尔的雕塑模型也会被当作一个门挡。我有一个朋友，当他没有线捆住煮沸的平底锅里正在烹饪的芦笋时，便解开一旁伯纳德·巴菲特[1]画框背后用来固定画框的线来捆芦笋，这是艺术品具有（间接的）实用性和精神性的罕见例子。但这并不是一件艺术品卖给一个买家的目的，哪怕是一件巴菲特的作品。不，艺术的价值存在于一些难以量化的领域，它是由诸如美、品质和稀有这样的概念所支配的。由于决定艺术品价值的往往是精神、智识和美学的东西，偶尔还混杂着社交和欣赏的目的，这也使艺术品成了有着令人困惑的弹性价值的一种商品。因此，艺术品的销售就落在了一个华丽而自由的疆域，在那里，幻想为王。在某一条件下售价10万美金的作品可能在第二天升至20万美金（有时也可能会令人失望地跌至5万美金），这都取决于谁在销售它以及他们的销售技巧具有怎样的说服力。

画商是幻想的宣传者。我说的并不是在某种程度上不真实的幻想，而是那种可以刺激想象翱翔、让精神振奋和撩拨高利润投资的幻想。画商的版图是一片至福乐土，它的一端是艺术品购买的价格，另一端是艺术品再出售的价格，这两端的距离越大，画商就越开心。当德拉克罗瓦将画商描述为“神秘的金融家”时，他就认为每一件艺术品的成功出售都伴随着幻想。我们都创造着属于自己的神话，而画商尤其

1　伯纳德·巴菲特（Bernard Buffet，1928—1999年），法国表现主义画家，反抽象艺术团体“见证人”（L’homme Témoin）的重要成员。——译者

深谙此道，他们在市场上提供了一个热情大过理性、充满诱惑力的幻想品牌。幻想无孔不入，有时它也经艺术品渗透到卖家自身，使他开始相信自己编织的神话。的确如此，那些最成功的画商往往也最笃信他们自己的幻想。

艺术品销售就是说服人们去购买他们想要，但不需要的东西。当然，这是整个奢侈品行业都面临的挑战。但艺术与众不同的是，你所经营的是一种超越技艺的、不可触碰的、无法计量却令人极其渴望的东西——天赋。这是一个神秘的要素，自文艺复兴以来就在艺术的认知中传承，只不过第一次被提出并被广泛加以利用开始于浪漫主义时期。艺术自19世纪以来就被公然视为天才之作，此时也恰好是画商这一职业开始兴盛的时期，这并不是一个偶然，因为天才是最闪耀，却也最难以量化的价格附加值。

罗伯特·休斯[1]曾经写道:“一件艺术品的价值是非理性的、纯粹的欲望指数。而欲望是最容易被操纵的。”曾经在1958年苏富比的戈尔德施密特藏品拍卖上以破纪录的价格拍到塞尚《穿红背心的少年》的买家后来被证实是美国著名收藏家保罗·梅隆。当被询问到他购买这件作品是否出价过高时，他的回答异常坚定:“当你站在这样一件画作面前时，钱又算什么呢?”从字面上看，伟大的艺术作品已经被认为是无价的，这是一种虔诚的隐喻延展。艺术是21世纪的新宗教，购买

1　罗伯特·休斯（Robert Hughes，1938—2012年），当代著名艺术评论家、作家、电视纪录片制作人，其代表作包括艺术纪录片和同名图书《新艺术的震撼》（*The shock of the New*）。——译者

艺术品犹如宗教信仰：它关乎的是一种信仰的行为。试图对一件伟大艺术品的成交价进行客观分析，就如同用科学推理的方法对宗教体验进行分析一样无效，这也就是保罗·梅隆所声称的无关联性。这种无关联性得到了保罗·梅隆这个在世界财富顶端中的重要且值得尊敬的参与者的肯定，成了画商们为最出色的作品自行定价的绝佳辩护。正如艺术市场史学家杰拉尔德·瑞特灵格[1]所观察到的："只有在出现流动资本的情况下，人们才能将价值附加在纯粹的天才上。"佳士得和苏富比拍卖行也许可以把"当你站在这样一件画作面前时，钱又算什么呢"这句话印在他们画册中待拍的任何一件佳作旁，这足以取代拍卖前的估价。

艺术品交易的历史与艺术市场的历史不同，画商的个性是我们考察这一行业历史重要的元素以及艺术品交易的关键，也是这本书的主题。一群魅力十足的男男女女投入他们的想象，以足智多谋和强大的说服力销售着艺术品。艺术品交易的历史也不同于艺术品收藏的历史，不过如果对后者一无所知的话也是无法研究前者的。收藏家是画商的顾客，如果对那些追求艺术的人的动机不了解的话，也就无法理解画商所面临的挑战。有些收藏家主要是受投资利益的驱使，而另一些收藏家则把思想和美学价值放在首位。我们或许可以用一个标尺来定义画商，它的一端是谋利的商人，而另一端是学者，后者若不是为自己的收藏筹措资金的话是断断不会沾染生意的。所有的画商都站在这一

1 杰拉尔德·瑞特灵格（Gerald Reitlinger，1900—1978年），艺术史家，研究重点包括亚洲瓷器以及艺术趣味和艺术行情的历史变迁。——译者

条线的某个位置上。之后的画商们还被分为销售老作品（由故去的艺术家们创作的）和经手并推动在世艺术家作品两种，这也正是杜维恩和坎魏勒[1]或卡斯特里[2]的区别。

一个画商能在多大程度上影响一个收藏家所购买的作品和当代趣味呢？画商又能如何影响一个艺术家的实际创作呢？当他们在宣传一个艺术家或一场艺术运动时，画商究竟能如何左右艺术史，特别是现代艺术呢？本书试图回答这些问题。尽管我已努力将着眼点聚焦于曾在这一领域做出过卓越贡献的画商，还是要对在这一研究篇幅里难以避免的错误和遗漏提前说声抱歉。这里叙述的都是这一领域中重要的画商，由于我十分珍惜与艺术圈中同行的良好关系，因此我尽可能避免涉及依然健在的画商。尽管如此，我依然希望这一关于艺术品交易演变的分析能够为你们理解艺术史提供一个全新的视角。

1 丹尼尔-亨利·坎魏勒（Daniel-Henry Kahnweiler，1884—1979年），著名立体主义绘画收藏家，著有《立体主义的兴起》（*Rise of cubism*）。——校者

2 利奥·卡斯特里（Leo Castelli，1907—1999年），意大利裔美国画商，他的画廊见证了当代艺术50年的发展，展出包括超现实主义、抽象表现主义、波普艺术、欧普艺术、观念艺术和新表现主义等风格的画作。——译者

第一部分

文艺复兴和启蒙运动

第一章

18世纪以前的艺术品交易：代理人和商人

艺术品交易的历史始于何时呢？早期艺术品购买的模式是一个艺术家画了幅画，之后他将这幅画卖给一个喜欢这件作品并愿意将其悬挂在自己墙上的人，或者说一件作品的所有者希望以一个合理的价钱找到买家来转手艺术品，这是一对一的交易。有时候一些富人，即买家，会向艺术家委托一些画作，不过同样是与艺术家们直接对接。只有当艺术品的卖家——可能是创作者或当下的收藏者——发现与凭借自己一己之力相比，由一个第三方专家在卖方和买方之间代理能够获得更高的价格时，艺术品交易的方式才开始发生转变，也正是从那一刻起，魅力十足、精明且专业的画商才从最初的阴影中显露出模糊的雏形。

据诗人贺拉斯记载，在古罗马帝国境内，一个曾是收藏家的画商进行了一宗古希腊雕像的买卖。历史学家普林尼也曾提及古代艺术家的绘画作品被买卖的事，善于科学分析的普林尼探讨了艺术品价格如何确定这一问题，他认为艺术家本人及其声誉是其中的一个因素，另一个因素是作品的主题：他饶有趣味地解读了在罗马帝国时期，与众神和战争胜利等传统的宏大题材相比，人们对日常生活场景主题的需求正在增加。这是17世纪在荷兰出现的资产阶级风俗画趣味的一个先例。普林尼也告诉我们定价的不确定性依然存在，当买卖双方没有办法达成共同的协议时，画作有时也会依重量来定价。如果今天依然用同样的方法来定价，那么用涂抹刀进行厚涂的弗兰克·奥尔巴赫[1]可能是世界上画作售价最昂贵的画家。古罗马需要求助于这种方法也暗示着当时画商的作用依然有限，倘若艺术品交易时唯一需要的专业知识不过是称重的话，那么这个过程也就与卖土豆无异了。从某种程度上说，成功的艺术品交易的前提是需要了解艺术家及受市场欢迎的主题，于是，画商开始扮演着越来越重要的角色。

经历了黑暗时代[2]的干扰，艺术品交易在15世纪又重获动力。在前文艺复兴时期，西方艺术的主要功能是为基督教地区做视觉宣传。大部分的画作是教堂机构或希望取悦教会的富有捐赠者直接向艺术家委托的。不过在文艺复兴早期，在圣徒、受难和圣家族

1 弗兰克·奥尔巴赫（Frank Auerbach，1931—），德裔英国著名当代艺术家，他的画作以颜料厚涂的肌理见长，视觉效果十分强烈。——译者

2 “黑暗时代”主要指从西罗马帝国灭亡到文艺复兴开始经济、文化和知识领域的衰落期，彼特拉克首先提出这个概念，用来形容和古典时期的“光明”相比，后罗马时代的黑暗。——译者

题材之外，越来越多的商业题材画作也开始不断涌现，包括神话场景画、肖像画甚至风景画。早期的艺术市场是一个真实的市集，在一年里预先安排好的那几天，商贩们聚集在一起并提供待售的艺术品。第一个这样的市场在佛兰德斯兴起，那里是欧洲贸易的重要中心。

那个时候有行会和社团管理着商品的生产和销售，绘画也不例外。1466年，布鲁日图像制造公司的章程规定了艺术“除了布鲁日年度市场的三天展览日之外，只能在开放时间内，在自己的客栈内交易，而且画作的质量必须上乘，这些需要由宣过誓的牧师和巡视员审查”，所谓的“宣过誓的牧师和巡视员”有一种令人不快的熟悉感，他们是五个半世纪之后在世界艺术博览会上出现的审查委员会的早期原型。当然，他们自然也得去应付那些落选者的不满情绪。

1460年，一个帐篷市场，即“潘德”（Pand）开始在安特卫普圣母大教堂前的广场上公开售卖艺术作品。在两年一届的贸易市集上，摊位出租给个人使用。这些摊贩往往是售卖自己作品的艺术家，不过也有一些人在为其他艺术家（常常是不太能言善道的）出售其作品，如此一来，他们便扮演起画商的角色。这里也同时出现了第一批国际画商，他们的购买常常是为了出口，并在其他国家转卖这些作品。另外也有一些代理人，例如美第奇家族，他们会派代表到安特卫普购买画作和挂毯，之后捆绑在羊毛中运送回佛罗伦萨。1540年，安特卫普的帐篷市场逐渐并入安特卫普交易所。银行家、商人和画商们聚集在同一屋檐下完成各种交易活动。安特卫普的商业氛围日渐兴盛，成为欧洲最重要的贸易中心之一，人们都纷纷从欧洲各地前来做买卖、谈生意。英国使者丹尼尔·罗杰斯曾经颇为惊讶地记录安特卫普交易所是“伟大世界的各个部分都聚合在一起的一个微缩世界”，这是全球化的雏形。艺术品作为一种商品也和其他东西一样，在同一个屋檐下被交易。1533年，有超过四吨的画作和七万码[1]的挂毯从安特卫普运送到西班牙和葡萄牙。当艺术的审美标准难以进行商业性的界定时，最后的解决办法依旧是按照重量来定价。

但是到了17世纪，艺术市场开始加速发展，画商们带来的推动力使其日趋国际化，于是人们开始需要调节单个艺术作品在不同国家的差价。17世纪30年代在阿姆斯特丹，汉德瑞克·凡·优伦堡通过雇用伦勃朗在优伦堡的工坊进行创作而成为其画商，他慢慢建立起一个生意往来的国际代理人关系网，其中包括伦敦的彼得·莱利、巴黎的埃弗哈德·雅巴赫，以及石勒苏益格–荷尔斯泰因州[2]的尤根·欧文斯。巴黎的画商让–米歇尔·皮卡尔（1600—1682年）和安特卫普的马菲斯·穆森（1598—约1679年）签订了一个贸易合约，穆森向皮卡尔提供在巴黎市场销售的安特卫普画作，皮卡尔则告知穆森巴黎内外的艺术品味，后者会组织安特卫普的艺术家们创作出满足这些品味的画作。他们之间的信件留存至今。皮卡尔（代表着巴黎）究竟想要怎样的画作呢？这种需求包括教堂内的装饰

1 1码约等于9144米。——译者

2 该州是德国唯一的位于北海和波罗的海两海之滨的联邦州，也是德国最北部的州。——译者

物、《五感图》的感官寓言画、关于农民和动物的画作。穆森提供给皮卡尔由弗兰斯·斯尼德斯创作的一对狩猎图，他对这件作品的期待值很高，但最终却只赚到9%的利润，至少皮卡尔是这么告诉穆森的。沟通的速度始终是一个挑战，因为信件从安特卫普到巴黎需要七天时间，反之亦然。在这七天可能发生很多事，双方都怀疑对方在欺骗自己。向穆森供货的另一个巴黎画商是尼古拉斯·佩律肖，他的信件进一步加深了他对巴黎审美的理解。尼古拉斯·佩律肖提示他:“弗朗切斯科·阿尔巴尼的作品在巴黎是很受推崇的，只要它们不是近期的作品。”这样的艺术行情总是非常关键的，因为这种交流能够使画商在游戏中占据先机。

梅尔基奥·弗孔特和他的儿子圭罗姆及孙辈进一步巩固了安特卫普模式，成为欧洲其他消费中心艺术品的主要供应商。他们的家族生意曾扩展至整个欧洲，犹如17世纪的杜维恩家族，不仅销售大批量生产的佛兰德斯的艺术品，还包括一些古老且更稀有的画作。17世纪60年代，三个弗孔特家族的后人在维也纳开设了分店，生意不错，这使他们能够满足刚刚从三十年战争[1]中恢复经济状况的德国收藏家们日益增长的需求。弗孔特家族也在巴黎、里斯本和西班牙的卡迪斯开设分店，那是数个世纪之后欧洲艺术跨大西洋市场的雏形。

1 “三十年战争”是17世纪欧洲爆发的一场大规模国际战争，从1618年持续到1648年，是神圣罗马帝国的一场有关政治和宗教平衡的冲突，也是宗教改革后，新教国家和天主教国家纷争的具体体现。战争最初以波西米亚人反抗哈布斯堡家族统治为开端，以哈布斯堡家族战败并签订《威斯特伐利亚和约》告终。——译者上文所提到的活跃在17世纪欧洲艺术品贸易的所有人几乎都是艺术家，他们中有许多人转向了销售，因为他们无法以绘画谋生。当时这两个活动的界限还有些模糊，不过艺术家们作为画商还是有优势的，因为人们普遍认为只有艺术家在购买作品时才真正知道哪些艺术品是成功的，或是值得购买的。1619年，巴黎的画家和雕塑家行会甚至试图将这种共识上升至法律层面，他们要求在法规中添加一条规定，要求所有销售绘画和雕塑的人都必须获得大师的认可。

在艺术市场的最顶端，17世纪艺术品交易的发展还得益于画商们在不断地宣传一种认知，即艺术家不仅仅是一件商品的制造者。意大利的文艺复兴大师们建立了一个伟大的、卓越的标准，引起了涓滴效应并提升了所有艺术家的社会地位，激发了人们对他们作品的渴望。绘画慢慢地成为人文科学的一种典范，而不只是奢侈品。在莱昂纳多、拉斐尔、米开朗琪罗和提香的年代，他们的成功并非来自画商们的努力斡旋，因为他们的作品都是由贵族、皇室、教会人员或商人直接委托订购的。不过在第一个伟大的艺术历史学家乔尔乔·瓦萨里等作者的推动下，接下来的几代建立了关于这些艺术巨匠的神话，这反过来也刺激富有的收藏家们不断搜寻他们的作品，视之为稀世珍宝。这是艺术战利品（凸显身份的艺术品）第一次出现，处在发展萌芽阶段的画商们正努力寻找名作，代理人们也第一次准备通过旅行来寻找资源，而最有收获的就是去意大利。

那些画商在意大利引起了当地人的暴怒，这恰好证明了他们的成功。17世纪，人们开始抵制贩运和销售有名望的、备受尊崇的大师们的作品。圣路加学院被洗劫，“对每一个将那些作品看作是神殿或辉煌的皇家宫殿装饰物的人而言，看到它们像待出售的廉价货物一般在商店或街道上展出是悲痛的且着实无法容忍的严肃的事”。当然，画商们也必须得不断地适应，不仅仅将自己当作货品交易员。现代意义上艺术品交易的出现归根于绘画在文艺复兴时期从手工艺到人文艺术的转变。这对画商提出了新的要求，也为他们带来了新的契机。除了在商店或艺术家的工作坊中从事贸易的这种更加传统的画商之外，还出现了一种新型画商，他们本身是收藏家，在自己的居所和画廊中收藏一批优秀的作品，偶尔也会以一笔可观的利益而割爱，此时业余者也进入到商人的领域中。他所提供的是一种社会认可度和专业度相结合的服务，表明自己经营的并不是用来买卖的商品，而是一些更珍贵的稀有之物。这样发展更具优势，你可以对作为人文学科代表的作品出更高的价格，因为你有出色的理解力，知道这并非仅仅是一个手工制品。16世纪威尼斯的雅各布·斯特拉达就是这一类的代表。提香最出色的一件肖像画就是为斯特拉达创作的，他在名义上并不是画商，而是一个自己积累收藏并通过为他人提供收藏建议来获取巨额财富的鉴赏家和收藏家（彩插1）。不过他的这幅肖像画为何表现的是画中人的目光回避了他手上的那件艺术品呢？我想这里传达出了一种讯息：他知道这件作品的美学和商业价值，但并不执着于占有它，这也就意味着作品是能够以某个价格被交易的。

评论家和艺术史家对画商有着重要的影响，他们结成的长期联盟可以追溯到这一时期。正如我们所看到的，瓦萨里的著作就为买家理解过去艺术家们的价值提供了一个参照体系。前文中提到的画商让-米歇尔·皮卡尔就曾在17世纪60年代和70年代将鲁本斯的一些画作卖给了黎塞留公爵。与此同时，艺术史家罗杰·德·皮勒在一系列的文章中努力证明佛兰德斯的画家优于普桑，这可能不是一种巧合，而恰好是我们所说的那种联盟的成员彼此支持的一个例证。画商、收藏家、评论家或艺术史家为了宣传某一个艺术家而进行通力合作，这种商业策略对当时的人来说也并不陌生。

王公贵族们依然在追求顶级的艺术作品。在德国、法国和西班牙，王室都将拥有重要画作视为他们权力的彰显。到了17世纪，英国王室也加入到这一队列中，查理一世声称自己是最伟大的王室收藏家之一。可惜结果却事与愿违，17世纪40年代他遭遇了政治劫难并最终被处死。不过曾经的确有一段时日，他成了欧洲艺术猎宝的大赢家。意大利经济的衰退更有利于他的收购，因为许多藏家成了愿意变卖自己珍宝的卖家。王室和其他贵族到海外购买艺术品的方式为精明的画商创造了新的商机。通常情况下，对那些有钱却没办法外出旅行购买艺术作品的收藏家而言有两种选择，其一是他们可以利用外派的外交使臣，他们在那里能够以比较合理的价钱买到艺术品；另一种方法是利用私人代理人或顾问，他们常常是失业的艺术家，这些人以不同的公开性、鉴赏力和谨慎态度为他们代理。

倘若一个人能成为英国驻威尼斯的使臣，那么他就犹如拿到了成为画商的一封公开邀请函。17世纪初，1610—1615年出任使臣的卡尔顿·杜德利爵士就是帮助阿伦德尔伯爵购买艺术品的代理人之一，后者是对查理一世建立其收藏帝国发挥过作用的英国主要收藏家。当然卡尔顿也为其他人服务，例如1615年他曾经为萨默塞特伯爵从丹尼尔·奈斯那里购买了15件威尼斯画派的画作和一批雕塑收藏。丹尼尔·奈斯是一个精明的佛兰德斯画商，17世纪上半叶，他总是出现在进行大规模艺术品交易的地方，这意味着他大部分时间都待在意大利。很不走运的是，卡尔顿和萨默塞特伯爵的交易并未成功，伯爵在失宠于皇室之后便无力购买。这真的是艺术代理人的梦魇，因为卡尔顿已经用自己的钱提前垫付给了奈斯，是没有退路的。像奈斯这种老手也是绝对不会解除合约的，你可以想象他令人感到遗憾的托词：虽然他很抱歉，但他毕竟不是慈善机构。卡尔顿背负着这些商品，在身边寻求另外的买家。他及时将画作都卖给了阿伦德尔伯爵，但是雕塑很不好转手。后来他因外交事务被派遣到海牙，那时他才将这批雕塑卖给了艺术市场精明的运作者——彼得·保罗·鲁本斯，而卡尔顿所接受的付款方式正是用鲁本斯自己的画作做交换，他打算将其中的一幅《狮穴中的但以理》放入查理一世的收藏。这就是艺术品交易的运营模式。

为了寻找一个可靠的人帮他处理在意大利的事务，阿伦德尔的目光从外交团队转向了神职人员，他雇用了神父威廉·佩蒂，佩蒂曾经是阿伦德尔家的老师，在之后的几年里定期被派遣到意大利，并逐渐转向艺术品交易，他为阿伦德尔和查理一世寻获了许多重要的作品。17世纪30年代，佩蒂的购买技巧已经十分娴熟和精明。阿伦德尔的一个竞争收藏家汉密尔顿公爵曾颇有微词地描述了他在购买一个意大利收藏家的画作时所采取的策略：

他［阿伦德尔伯爵］指示佩蒂给出很高的报价，从而抬高作品的价格，这就意味着其他买家不得不放弃，如此一来画作将继续留在收藏者那里。他知道没有英国人会在意大利长期停留。因此，画作最终会以他的出价拿下，佩蒂也总会出现在那里并支付费用。

通过提出更高的报价来挤掉竞争者，之后等那些人离开意大利之后再以一个缩水的价格完成交易，这种伎俩对一个神职人员而言并不体面；但佩蒂是一个有着商业头脑的牧师，而且他也的确有一个皇家赞助人。

查理一世在进行收藏时还会用到白金汉公爵乔治·维利尔斯。公爵本身就是一个热忱的收藏家，他也雇用了一个名叫巴尔塔扎·热比耶的顾问和代理人，这是一个比佩蒂更加狡猾的行家。热比耶是荷兰人，最初是一个受过专业训练的艺术家，后来发现从事艺术品的交易获利更大。1621年，热比耶启程前往意大利为维利尔斯购买艺术品，在威尼斯收获喜人。这再一次得益于英国公使（这时候是亨利·沃顿爵士）和无所

图1　巴尔塔扎·热比耶，花言巧语画商的典型代表。

不在的丹尼尔·奈斯的帮助。热比耶成功地以275英镑拿下了提香的著名作品《戴荆冠的耶稣》。在接下来的日子里，他又赴法国和西班牙选购艺术品。作为画商的热比耶会向远在英国的殷切顾客们品赞他所经手的那些艺术战利品，这种方式是很超前的。如果你想寻觅一件满足感官享受的作品，他会有符合你要求的，他会提到“《狄安娜》，丁托列托最美的一件作品，那是最美的裸体形象，哪怕是冷漠如磐石的人也会爱上她”。而如果你的品味追求一件更虔诚的作品，他会说：“有一件米开朗琪罗的作品，但你必须跪着凝视它，因为这是世界上最神圣的圣母和圣约翰在场的受难图。我如此崇拜地亲吻了它三次……”但是作为委托人的代理人，他也存有个人偏见，他反对“拉斐尔的圣母画作，我认为那是被绞死的恶魔重绘的”。

热比耶很懂得如何取悦他服务的那群人，1625年他曾给白金汉宫的查理一世写过一封极度谄媚和恭维的信：“每当我想到国王您在极短的时间内所收集的那些稀世珍宝时，我既喜悦又惊叹得无以复加。在所有的业余爱好者和其他王公贵族中，有些人40年累积的收藏也不及您在5年内所收藏的画作。”与此同时，他也同样会向他的雇主谈及艺术收藏的经济效益。“这些画作如果在我们百年之后出售，那将会是一笔巨大的财富，其价格将会是我们购买时的三倍。”这是画商将艺术品作为一种投资来歌颂的一个早期例证。我格外喜欢“三倍”这个字眼，这种判断除了画商自身的直觉和利益之外，并不基于有根据的经济运算，但它所传达的这种随意的权威性却是画商们所擅长的。

一个重要收藏家的过世对画商而言是一件激动人心的事，一想到将会有大量优秀的作品流入市场，画商的内心总是无比雀跃，当然，恰当地隐藏在悲伤和尊重中才是得体的。1640年5月31日，鲁本斯过世，热比耶立即致信给查理一世提醒他很快将会有一次艺术品拍卖。两天后，他也将艺术家过世的消息告知了阿伦德尔。至少热比耶已经嗅到了高价、市场的兴奋和高回报委托的可能性，可惜他未能预料对于那些重要的皇室收藏家而言，政治风向正在发生着转变：这个世纪末期，国王将被送上断头台，而联邦下的不列颠已没有人再购买艺术品了。

丹尼尔·奈斯本可以告诉热比耶英国政坛风向的变化，以及这股风向导致的国王收藏热情的冷却。查理一世作为收藏家最重要的一笔购买就是由奈斯牵头并运作的，他购买了曼图亚大公贡扎加丰富的艺术品收藏，这是一个很大胆的项目，1627年的协商持续了一整年。在写信给曼图亚大公的首席谈判代表时，奈斯使出了浑身解数，尽显其精明狡黠，甚至时不时地佯装羞怯："我不能早些回复您是因为我和我的雇主出现了很严重的意见分歧，我想在已有报价的基础上再加一些价，但是他却不同意。"这一交易的最终成交价为6.8万斯库多[1]。奈斯后来回信给在伦敦的恩狄弥翁·波特时写道："我费尽心机，成功将收藏的价格控制在合理的范围内，如果他们知道我是为国王购买这些收藏，那必然会索要更高的价格。"他之后又写道："应对他们时我感受到了神的助力，倘若没有，我将很

1 "斯库多"是19世纪以前意大利半岛各国曾使用的货币单位。——译者

难完成这一笔交易。”上帝对艺术品交易产生兴趣真是一个新颖的神学观点，我们在提到保罗·杜兰德-鲁埃尔和印象派画家时会再次引入这一观点。奈斯坚称交易成功有赖于神的干预，所以他自己并未在这次交易中挣得一分钱。在1629年给卡尔顿的信中，奈斯写道：“在这笔合约中，我所承担的一切都是为了取悦国王，而绝未牵涉一丝自己的个人利益。”

这真的可信吗？作为17世纪最重要的一笔艺术品交易的画商居然拒绝为自己的辛劳挣一分钱？我想这也是可能的，因为那时受宠于皇室是一笔无法用金钱来衡量的资本。奈斯可能盘算着他放弃从国王那里获得酬金的高尚举动可能会在将来给他带来许多高回报的生意。如果真的这么想，那么他这一步可是走错了。在没有明确皇家购买意愿的前提下，他太过冒进地从贡扎加家族收藏中继续购买了一些雕塑和绘画作品。可此时已深陷政治和经济泥沼中的查理一世自始至终也没有出面支付这笔收藏的费用，这无疑加速了奈斯的最终破产。对于所有的画商而言，这一则故事意在告诫人们，与皇室做生意是需要自担风险的。

克伦威尔掌权不列颠意味着许多保皇党的贵族不得不在17世纪中叶卖掉自己的艺术收藏，私人收藏在新政权下可不那么招人待见。大批优秀的画作在伦敦和阿姆斯特丹以十分合理的价钱流入市场。查理一世的收藏拍卖在萨默塞特宫举行，许多欧洲大陆的收藏家都纷纷前来抢购这一笔收藏，其中一个就是巴黎的银行家埃弗哈德·雅巴赫，他是一个颇有名望的鉴赏家。雅巴赫的投机主义打破了收藏家与画商身份的隔阂。他一点点积累着私人收藏，而他可观的财力又可以让他静待时机，只在最佳的时间点出售。一个雅巴赫的同时代人曾直白地称雅巴赫是个拿着画商的画笔乱涂乱抹的人。布里埃纳伯爵是一个热情的收藏家，他在提到雅巴赫时也轻蔑地说道："像雅巴赫和佩律肖家族这些精于对艺术品讨价还价的人常常将赝品当作原作出售。"被称作"讨价还价者"已是够糟的了，但是将雅巴赫冠以售卖假画的罪名更是说明这种对个人的污蔑在近代艺术市场上也已屡见不鲜。

当时在英国的外国使臣也是投机的艺术品买家。为西班牙皇室购买艺术品的西班牙公使卡德纳斯的阿隆索，和为法国红衣主教马萨林购买艺术品的法国公使波尔多的安托万彼此竞争。这些收藏家和代理的活动同样与画商无异；当然在这些拍卖中，许多买家实际上是投机者。他们中有的成功，有的则不尽然：例如雅巴赫的两个侄子弗朗斯·冯·伊姆斯特纳戴和伯纳德·冯·伊姆斯特纳戴购买了两幅荷尔拜因、四幅提香和一幅安托内罗·达·梅西那[1]的作品，他们在之后的20年里费尽心力地试图将这些作品卖给不同的买家，其中包括维也纳的利奥波德一世。但是直到1670年，他们才最终将这批货卖给了奥洛穆茨主教。巴尔塔扎·热比耶也开始重新定位自己的角色，这是所有敏锐的贸易者在适应新的社会政治环境时所具备的品质：我们发现他开始讨好克伦威尔的国会，诋毁查理一世和他的宫廷，指责他们"为了虚荣，挥霍了太多钱在老旧腐朽的画作

1 安托内罗·达·梅西那（Antonello da Messina，约1430—1497年），来自西西里的意大利文艺复兴早期画家，其作品受到早期尼德兰美术的影响。——译者

和断鼻的大理石雕像上”。

尽管伦敦本土的绘画购买力在17世纪中叶几乎完全停滞，但这却加速了欧洲大陆对画作的购买力。在商业氛围极其浓厚的尼德兰，从谷物到丝绸，再到郁金香，几乎每个人都在做着什么买卖，而艺术品贸易也发展迅猛。这一时期，艺术家和完成的画作数量都呈现着显著的增长，如此一来才能满足新兴中产阶级不断增长的需求量。1641年约翰·伊夫林[1]在访问鹿特丹时写道：“画作在这里十分稀松平常，几乎没有哪个普通的商人家里是没有画作装饰的。”画商当然也随之活跃起来（彩插2）。人们现在普遍认为艺术市场遵循的规则与包括谷物市场等在内的其他市场相对不同，艺术品售卖时的定价是根据一套并不那么明确的标准，不过关于这一标准依然存在着持续的争论。原始的称重标准已经被摒弃，但很显然，画作尺幅的大小依旧是判断的一部分。荷兰有一句古老的谚语，一个东西的价值正是“一个傻子心甘情愿出的价钱”。不过也有人提出，由于一件画作主要是对自然的描绘，那么优劣的标准及其价值应该由它描绘的准确度来判断。

17世纪的荷兰画商充当着中间人，他告知艺术家们买家的需求。于是艺术家们开始逐渐成为某个特定主题的画家：花鸟或静物、动物画、历史画、乡村生活通俗画或军事题材，因此他们建立的品牌效应更有利于画商的营销。像伦德特·沃玛尔金这样的成

---

1 约翰·伊夫林（John Evelyn，1620—1706年），英国作家、园艺家，他的日记跨度半个多世纪，记录了当时的艺术、文化和政治情况。——译者

功画商也在压榨着艺术家们，他付给伊萨克·凡·奥斯塔德少得可怜的27盾，购买了他的13件乡村题材画作。艺术家的哥哥为此向沃玛尔金提起了法律诉讼，最终他也不过是不情愿地将每幅画作的价格提到6盾而已。其他一些艺术家则是从画商那里领取年薪，于是他们在画室内的所有作品都将归画商所有。保罗·杜兰德-鲁埃尔在印象派运动的早期与印象派画家以同样的方式进行交易，这事实上不过是承继了一个早已出现的先例。当然，艺术家们也并不都是那么好相处的。1663年，一个荷兰画商康内留斯·德·斯塔埃尔就曾向他的主顾埋怨道："和这些绅士［画家］打交道是特别麻烦的，我发现与委托一件新作品相比，购买一些已经完成的画作要轻松得多。"这一句感慨呼应了两个多世纪之后，画商内森·威尔顿斯坦的一句话，内森曾经警告他年轻的孙子丹尼尔只去经手过世艺术家的作品，"因为活着的艺术家实在是没法打交道"。

凡·优伦堡的家族生意是我们了解17世纪荷兰高端艺术品交易的出色案例。他们是门诺派[1]教徒，上一代因为宗教迫害而逃离到波兰，但是1625年汉德瑞克·凡·优伦堡回到荷兰并在阿姆斯特丹成了一名艺术家。他开办了一间画室，雇用了其他艺术家在画室创作并销售他们和自己的作品，充满创业的精神。他的画室逐渐有了些名气，如果当时想买件不错的作品，那里是个好去处。1631年，

1 "门诺派"是宗教改革运动中"再洗礼派"教会社群的成员，其大多数早期信徒在受到宗教迫害时都选择逃到对信仰持宽容态度的毗邻国家。——译者

凡·优伦堡还邀请伦勃朗加入他的画室。事实上，将作品交给画商代理对伦勃朗的创作产生了颇为有趣的影响，由于凡·优伦堡给他带来了急剧增多的委托件，伦勃朗开始更多地进行肖像画创作。伦勃朗整个艺术生涯中创作的大约100件肖像作品里，有差不多半数都是在他为凡·优伦堡工作的那四年里完成的。精明的凡·优伦堡将伦勃朗作为他生意的一张王牌，他将日益流行的肖像画作为布景放在画室里，这样被画者在造访时就有机会看到画室里所存的其他画作。在凡·优伦堡的影响下，伦勃朗的其他作品也发生了一些变化，特别是蚀刻版画，其中圣经题材的内容增多，那是为了迎合聚集在凡·优伦堡周围的一大批门诺派教徒顾客，伦勃朗的蚀刻技巧变得更加柔和、精致。

图2　伦勃朗创作于17世纪30年代的一幅自画像，为蚀刻版画。

凡·优伦堡画室是经销代理权的一个早期例证，他鼓励旗下的艺术家在创作版画和油画作品时迎合不同价格区间里公众对艺术的需求。和现在一样，当时也并非每一个人都能买得起一个艺术家的一件油画作品，但是批量生产的蚀刻版画则使艺术家的作品能够流向不断增长且并不那么富有的艺术收藏家那里，有助于现金的流通。300年后，马尔伯勒美术馆也做了同样的事：他们在战后将包括亨利·摩尔、弗朗西斯·培根、格雷厄姆·萨瑟兰[1]、林恩·查德威克[2]和本·尼科尔森[3]在内的许多重要的英国艺术家收入麾下。为了在低价基础上实现销量的最大化，所有马尔伯勒美术馆旗下的艺术家都被鼓励创作版画，特别是平版印刷的作品，后者可以以签名的版本出售。这对于负担不起那些艺术家的重要油画或雕塑作品的人而言，既不太廉价亦不太昂贵。这是马尔伯勒的一项非常成功的尝试，尽管对参与其中的艺术家来说，这一方式有些偏离他们原本的职业发展轨迹。

17世纪30年代，由于伦勃朗的新婚夫人萨斯基娅是汉德瑞克·凡·优伦堡的侄女，艺术家和画商之间的关系得以加深。对于一名画商而言，自己的明星艺术家与本家族成员缔结良缘通常是留住他的一个有力措施，但是对于像伦勃朗这样一个如此有才、受宠且独立的艺术家而言，他是不会完全束缚在凡·优伦堡的画室里的，最终还是选择离开。意大利的情况也同样如此，画商依旧被视为艺术家在职业生涯初期打交道的人。一旦你已成名，就不再需要他们了，因为顾客会直接来找你。卡拉瓦乔的早期作品是由法国画

1 格雷厄姆·萨瑟兰（Graham Sutherland，1903—1980年），英国著名画家，擅长于绘制抽象风景画和公众人物肖像画。——译者

2 林恩·查德威克（Lynn Chadwick，1914 —2003年），英国著名雕塑家，作品以半抽象风格为主。——译者

3 本·尼科尔森（Ben Nicholson，1894—1982年），英国抽象构成主义画家，他的作品曾受到后印象派和立体主义的影响，在著名艺术评论家赫伯特·里德的宣传下，他和亨利·摩尔都被视为英国现代主义的典范。——译者

商瓦伦汀经手的，而里贝拉和萨尔瓦托·罗萨也通过与画商的合作开始他们在罗马的事业，但是他们都未曾直接受到任何一个画商的束缚，他们都适时地离开以寻求更好的发展。

在经济压力颇大的艺术生涯后期，对于像伦勃朗这样如此成功的艺术家而言，他也曾经在17世纪60年代向哈曼·贝克寻求帮助。贝克是一个出色的金融家，之后也成为画家们的银行家，他以之后的作品作为抵押给艺术家们提供借款。如此一来，贝克开启了另一种艺术交易的模式，通过购买画作来支持艺术家，之后再出售以获取一定的收益。

汉德瑞克的儿子格里特从17世纪50年代开始成为优伦堡生意中的重要一员，格里特也受训成为一名画家，但是他几乎将所有的精力都放在购买其他艺术家的作品上。通过他的国际社交网，他所提供的作品不光来自荷兰，还有来自海外的画作。1660年，鉴于在艺术、艺术史和艺术市场上被公认的权威性，格里特受邀参与到荷兰王室为庆祝查理二世重登英国王位而计划馈赠一批艺术品的收集工作中，这其中还包括一些意大利的画作。1671年，勃兰登堡选帝侯的代理人也找到了格里特，希望他能为选帝侯搜集一批优秀的画作作为收藏，可惜的是双方因对画作的质量和真伪出现了争执，最终不欢而散。

1673年2月，在漫长的协商之后，格里特不得不将货物运回，并为此承担了一笔经济损失。他之后为这份收藏举办了一场拍卖，在拍卖的目录中他附上了请某位诗人写的一首诗，诗中勇敢地写道：

鉴赏家的清澈驱散了诽谤的薄雾；谎言消隐在真理的炙热光芒下。

那时诗人的境遇普遍比艺术家们还糟糕，但这种宣传和保证作品真实性的诗歌形式倒可以供今天的画商和拍卖行参考。不过这一方法可能也行不通，因为它并未给格里特·凡·优伦堡带来什么好的结果。那时恰逢荷兰经济的衰退期，这次拍卖的失败导致格里特陷入了经济危机的泥潭。即便是伟大的画商，在深陷泥沼时，他们的道德指针也会暂时失去方向。有人怀疑格里特从巴黎的雅巴赫那里取回一些作品，并让他画室里的画家仿作。这可能是场冒险，不过基于他的迫切需求以及巴黎和阿姆斯特丹的距离，也值得冒这个险。如果想到雅巴赫本人就曾被布里埃纳伯爵控告其将仿作以原作的名义销售，这也的确有些讽刺，意味着格里特在阿姆斯特丹所完成的可能是雅巴赫在巴黎做的那些仿作的仿作。

格里特必须得为生计奔波，他离开荷兰前往英国。他在自己过去的代理人彼得·莱利的画室里找到为莱利的肖像画绘制服装和风景的工作。这听起来似乎是辉煌职业的一个不太光彩的结局，但故事在这里峰回路转。格里特之后在复位的查理二世的宫廷谋得了“国王画作管家”一职，适时挽回了声誉。格里特并不是第一个，也不是最后一个经历着过山车一般惊心动魄的事业高峰和低谷的画商。

许多艺术品交易的模式在17世纪就已经建立：艺术作坊的负责人经营着他所雇用的画家们的作品；商人们买进作品之后在不同的

地方销售以赚取利润；海外的代理人为他们的主顾搜寻艺术作品，通常是历史中的名作；收藏家们通过出售自己的收藏获利并逐渐参与到交易中。不断涌现的评论家和艺术史学家成了画商的盟友，他们的角色是宣传特定的艺术家并为过去艺术家的优秀品质和价值提供一套评价的体系和标准。

第二章

18世纪：骗子和鉴赏家

怎样可以使一件画作有合理的价格呢？随着18世纪欧洲艺术市场版图的扩张，这是收藏家和画商们持续关注的问题。为了解决这一问题，拍卖机制成为艺术品不断被转手，其归属权不断变迁的重要方式。一些不道德的人随意滥用私下协定被认为是不受管控的危险行为。而拍卖的公共属性似乎提供了某种保护，为不可量化之物标定了一个价格。画商的适应性是极强的，他们很快就开始以买家和卖家的双重身份利用当时流行的拍卖会。他们中的一些甚至还举办了自己的拍卖会，通常包括他们在欧洲其他市场上购买的一些廉价画作。

在英吉利海峡两岸的精英圈子里，人们逐渐希望有精通和欣赏艺术的能力，对画商的供给需求也开始增长。要建立一个有道德、学识和社会效益的个人收藏，这也是自诩为绅士的人应该做的事情之一。这是属于鉴赏家、行家和业余爱好者的时代，这三个角色的定位有一些细微的差别。鉴赏家是对一件作品有洞察力的评判者，能够带着一种天生的判断力辨别其品质。查斯特菲尔德勋爵认为最理想的鉴赏家可以上升到哲学的高度去欣赏艺术品，而没必要屈从于分辨这是出自意大利大师，或是其他艺术家这类实际的问题。艺术行家也是博学多识的，但在对知识的积累和收藏的选择上有所疏漏。一个糟糕的例子是他们可能对贝壳收藏和对老大师[1]的素描抱有同样的兴趣，是书呆子一般的鉴赏家。“艺术爱好者”在18世纪艺术风气的推动下仅仅是热爱艺术的业余者，他们既不执着亦不专业。不过这一称呼并没有之后“涉猎者”具有的那种有些负面的意思。

鉴赏力是一个很有趣的话题，品味和美成为越来越受欢迎的商品，它们可以界定你的生活。沙夫茨伯里勋爵认为美学意义上对美的认识是理解自然并和神性相通所迈出的第一步。1719年，乔纳森·理查森[2]出版了他的《鉴赏作为科学的论述》，他选择以英国实用主义的态度探讨美学问题。鉴赏力是很重要的，因为它通过鼓励艺术品市场的流通以及对地方画家的影响对英国的财富、地位和国力发挥着积极作用。理查森还补充说如果你在画作和古董上消

---

1 “老大师”主要指的是13—18世纪优秀的欧洲画家，从早期文艺复兴时期一直到浪漫主义阶段。这个术语从18世纪开始被广泛使用，特别是在画廊和艺术学院不断兴起和发展的文化语境中，当时临摹老大师的作品成了绘画教育的重要基础课。——译者

2 乔纳森·理查森（Jonathan Richardson，1667—1745年），英国艺术家、收藏家、艺术评论家和理论家。——译者

费，而非在奢侈品上挥霍，你就出色地完成了资本投资，这是对画商所进行的社会和经济合理性辩护。最终在18世纪后半叶，鉴赏力成了社交中很受追捧的能力。这成为在世界上立足的方式，戈德史密斯[1]评价道："如今艺术［绘画］鉴赏家的头衔是出入各种时尚社交圈最保险的通行证；一次恰到好处的耸肩，一种欣赏的态度以及一两次惊叹的特殊语气，都足以使来自底层的男人具备讨好和取悦人的充分条件。"不过这种自以为是对于一向辛辣的西德尼·史密斯[2]来说太过了：

> 我痛恨在艺术或其他事情上表现浮夸的人。我和乔治·博蒙特爵士在博伍德别墅有过一次很不愉快的交集，当他站在一件画作面前感慨并转过头对我说："多么强烈的光影对比啊！"我无知地回复道："是啊，差不多1.5英寸。"他向我投来几乎能杀掉我的目光。

画商为迎合新兴鉴赏家们的需求，也将自己打造为一名鉴赏家，只不过多了点儿务实的精神，是真正需要辨认出艺术家手迹的鉴赏家。出于商业原因，将自身塑造为在作品归属上具有出色判断力的专家开始变得更有优势。不过当时人们对商业依然抱有颇为矛

1　奥利弗·戈德史密斯（Oliver Goldsmith，1728—1774年），爱尔兰诗人、作家。——译者

2　西德尼·史密斯（Sydney Smith，1771—1845年），英国作家，坚定的议会改革支持者。——译者

盾的态度，18世纪法兰西学术院的纯粹观点坚持认为“绅士不应该以贸易为生，这种身份的高贵和感性与细微的琐碎、买卖的不堪、货物的灰尘都是格格不入的”。这一保守态度在1776年哲学家狄德罗关于艺术的言语中表达得更为彻底：“当艺术家开始想钱的时候，他就失去了对美的感知。”那些销售在世艺术家作品的画商更是深感自己的邪恶，不过他们也有一个优点，即让艺术家的手免于沾染上肮脏的钱财。但是那些纯粹主义者始终坚持着他们对那些转变为画商的画家的恶意嘲讽：“一个真正的艺术家对这种卑劣之人的厌恶就如同一个真正的男人对阉人的厌恶那般。”

不过有多少画商真的准备宣传和销售当地在世艺术家的作品呢？这似乎在英国并不多见。18世纪的约翰·格温[1]曾经写道：“英国的艺术到目前为止被画商搅得死气沉沉，他们从未成功遏制死去大师们画作价格不断上涨的趋势。”经营已经故去且有名望的大师们的作品是比较容易赚到钱的，因此英国艺术的疲软一直持续到18世纪中叶。再者，在世的英国艺术家很少有商业上的拥护者，直到皇家艺术学院成立，于1769年开始才为他们开办了一个工会并提供年度展览以便出售画作。英国艺术的花蕊终于得以绽放：那是雷诺兹和庚斯博罗的时代，是斯塔布斯[2]、理查德·威尔森[3]的时代，

1 约翰·格温（John Gwynn，1713—1786年），英国建筑师、土木工程师，英国皇家艺术学院的创始人之一。——译者

2 乔治·斯塔布斯（George Stubbs，1724—1806年），英国画家，以动物画闻名。——译者

3 理查德·威尔森（Richard Wilson，1714—1782年），威尔士风景画画家，英国皇家艺术学院的创始人之一。——译者

是这些伟大的肖像、动物和风景画画家的时代。但当时的艺术市场又是如何看待在世艺术家的呢？我想我们可以从雇用英国海景画画家查尔斯·布鲁金的画商所做的那些事中一探究竟，画商在画作销售之前会将布鲁金的签名擦掉。这一隐去画家身份的举动可以有几种解读：这可能是画廊主为宣传自己的画廊品牌能提供优秀画作，而刻意隐去了艺术家自己的痕迹（这正如卡地亚和宝格丽制造的珠宝都以珠宝制造商的品牌闻名，而非以他们旗下创作作品的某位设计师命名）。这种做法也可能是由一种18世纪典型的鉴赏态度所决定的，即真正重要的是画作的精神美，而非究竟出自谁的手笔这种世俗的问题。安托万·夸佩尔[1]曾经在1721年写道：

> 画作的价值不是由它的名望决定的，而是它的价值决定了它的名望。我希望收藏家们能够回答的是好坏的问题，而非纠结于作品的归属、风格和独创性等。他们中的大多数都只有在知晓这些问题之后才敢对画作本身进行褒贬的评判。

此时一件作品的内在品质是其价值的决定性因素，而非前几代画商所用的那套诉诸艺术家创作的方法。但我们将在之后提到画商坎魏勒，他所经营的现代艺术逐渐更关注艺术家身份的准确性，而非推广没有署名的画作带来的审美享受。尽管这并非现代艺术品交

---

1 安托万·夸佩尔（Antoine Coypel，1661—1722年），法国著名画家、剧作家、艺术评论家。——校者

易的普遍情况，但没有人会花高价购买一件立体主义的画作，却对其作者一无所知。而这在18世纪也还是可行的，如果你始终无法判断一件作品的创作者，那么你就用夸佩尔所提出的观点来推销，通过利用买家鉴赏的纯粹性来销售，哪怕是无名的作品。我接下来说的第三种可能性兴许就没那么高尚了，但是画商将海景画中布鲁金的签名抹去最有可能的原因：他希望将这些作为威廉·凡·德·维尔德[1]的作品出售，如此一来他能赚得更多。

17世纪末，从国外进口到英国的画作数量显著增长，这反映了国家逐渐摆脱克伦威尔执政期间的清教限制后对艺术品需求的增多和英国国内财富的积累。而他们必须从国外进口画作这一事实也说明除了一些优秀的肖像画画家之外，当时英国本土艺术创作的匮乏。一些画商或代理人从法国、意大利和荷兰购买画作，其中大多是老大师的作品，之后再通过伦敦的拍卖重新销售。在17世纪20年代和30年代，威廉·佩蒂帮助查理一世在意大利搜集艺术品时，他是阿伦德尔伯爵的独家代理人。然而，当托马斯·曼比[2]于17世纪80年代前往意大利购买艺术品时，他已经从独家代理人转而成为多人的代理人。他最终自己主理，开始直接购买画作并在1686年回到英国，为自己买下的艺术品举办了一场成功的拍卖。

1 威廉·凡·德·维尔德（Willem van de Velde，1611—1693年），荷兰著名海景画画家。——校者

2 托马斯·曼比（Thomas Manby，约1633—1695年），英国早期风景画画家，留存在世的作品多是游览意大利时绘制的风景画。——译者

18世纪上半叶，伦敦出现了更多的职业画商，安德鲁·海伊就是其中一个。这个苏格兰画家发现卖画比创作本身更赚钱，于是开始定期往返欧洲大陆并带回许多老大师的作品，以交易画作谋生，法国和意大利是他主要的供应地。他用自己的资金大量购买，之后再回英格兰举办拍卖会。1725—1745年，海伊分别往返法国和意大利14次和6次之多，其中的两次意大利之行他是徒步完成的，他对贸易的付出是21世纪的许多画商都无法比拟的，尽管后者也曾信誓旦旦地向他们的顾客声明自己为他们付出良多。

然而，在18世纪艺术品贸易的下游市场，画商作为骗子的形象依然存在，他们有诸多不诚实的举动，其中最核心的依然围绕真伪性的问题。举办拍卖的画商们尽管并非故意误导，却因过于乐观地认为拍卖名录中的画作是真画而被认为是有罪的。塞缪尔·富特[1]的滑稽剧《品味》中就有一个恶劣的拍卖商帕夫先生，这部剧1752年在干草剧院首演，讽刺了不择手段的画商和自以为是的主顾们。

一个名叫卡迈恩的艺术家由于深陷艺术品交易的泥潭而深感后悔："如果我们这个职业仅仅是做生意，那这份工作既令人愉快又有利可图。可现在事情一旦变成这样，艺术本身就会成为人们最不关心的了。"因为和艺术本身相比，更重要的是如何销售它，通过"家庭关系、私人介绍以及一种轻松而文雅的奉承"。

画商和拍卖商帕夫先生将一件由卡迈恩创作的《苏珊娜和长

1 塞缪尔·富特（Samuel Foote，1720—1777年），英国剧作家、演员、剧院经理人。——译者老》以“圭多·雷尼”[1]署名并以130基尼售出。卡迈恩计算了成本和毛利润：“4基尼的画框，3基尼的绘制成本；我们就平分了123基尼的收入。”帕夫指出卡迈恩的《苏珊娜和长老》只值20基尼：“加上一些你杂物间的灰尘，最终使它成了一件值130基尼的圭多的作品。……让我们赞美那些愚蠢和时髦人士吧，这个镇子上的人太容易上当受骗，足以喂饱我们的贪婪。”

为了在当地众多的行家和鉴赏家中激起对卡迈恩拙劣画作的竞争，帕夫决定假扮成一个富有的外国买家——格罗宁根男爵。卡迈恩支持这个主意：“你无法想象对于一个真正的行家而言，外国人的口音是多么的重要，它彰显着品味、学识和诚实，简而言之即所有。”帕夫厌世地总结道：“如果你把利用人类的荒谬和愚昧称为一种恶棍行为的话，那么我们都是恶棍。”

但是欺诈行为不可能在艺术品交易中一直持续下去，买家很显然是需要帮助的，以保护自身不落入无耻的帕夫先生的骗局，他们需要更可靠的信息来源，以知晓自己在竞拍和购买什么。于是，不断成熟的专业技能支撑着18世纪体面的艺术品交易的发展。画商发展的生意模式并非是在一个地方便宜买进，再去另一个地方高价卖出，而是能够通过专业的鉴赏力来提升作品的价值，并将其重新赋予比当初购买时更为重要的意义。之后不久就涌现出了越来越多博学多识的画商，其中一个就是英国人阿瑟·庞德（1701—1758年）。

---

1 圭多·雷尼（Guido Reni，1575—1642年），出生于博洛尼亚，巴洛克时期的意大利画家，活跃在罗马、那不勒斯和博洛尼亚，主要创作宗教题材和神话题材的作品。——校者

他是一个艺术家，同时也是生意人和鉴赏家。1725年，庞德常前往罗马研究和学习，虽然他曾经想过当一名画家，不过鉴赏家这个角色更吸引他。在回英国的途中，他在巴黎停留并拜访了著名的皮埃尔-让·马里特[1]和法国其他的一些鉴赏家，这些人邀请他加入他们在尼德兰、意大利和法国所经营的素描和版画作品的生意。利平科特[2]曾评论道："庞德和马里特在他们余生都始终保持着通信，彼此尊重地讨论着他们存货的品质和作品归属。"

在马里特的圈子之外出现了"手"的概念，也就是艺术家的画法，通过素描或绘画中所运用到的技巧来识别艺术家。毫无疑问，这一概念对艺术市场有重要的商业影响，这意味着销售某一个大师的画作和素描不再必须有签名，或者有明确无误的收藏史。如果作品由一个公认的鉴赏家鉴定过，那么它们就是真品，因而更有价值。艺术品交易和艺术市场发展能够在多大程度上，推动鉴赏力的精进和对艺术史日益深入的理解呢？我想那是当包括买家、卖家以及中间人在内的艺术市场的参与者都承认透明度是一件好事的时候。透明度使卖家能够清晰地描绘自己所出售的艺术品，并将其放入历史的语境中。这时艺术史家罗杰·德·皮勒再次发挥了作用。他于1708年在巴黎出版的《绘画课程的原则与画家的品级》将过去的56位重要艺术家进行了评级。尽管德·皮勒的书并未直接受到新兴

1 皮埃尔-让·马里特（Pierre-Jean Mariette，1694—1774年），巴黎画商、收藏家、鉴赏家，是当时巴黎文艺圈中的重要人物。——译者

2 路易斯·利平科特（Louise Lippincott，1953—），艺术史学者、策展人，曾在保罗·盖蒂博物馆和费城美术馆、卡耐基艺术博物馆担任策展人。——译者

艺术市场需求的驱使，不过这样的出版物恰好满足了当时的需求，那些精明的画商意识到他们需要这样的东西。

马里特进一步认为艺术家们大多都太过于妒忌其竞争对手，因此无法对他人作品做出全面判断，这时不带偏见的鉴赏家所提出的作品创作者就更加可信。庞德知道马里特认为画是最能体现艺术家“手”的指标，虽然作为一个艺术家，他可能并不完全同意这一观点。庞德早期的经历带给他的国际主义视角事实上对他成为一名画商是十分重要的。18世纪30年代早期，业余者协会在罗马成立，并与伦敦的罗马俱乐部一起共同推动英格兰境内对意大利艺术和文化的欣赏。庞德在这里发挥着重要作用，他是伦敦一批富有商人和政府官员的导师和顾问。对于18世纪的绅士们而言，俱乐部是非常重要的。庞德可能将他们聚集在自己家或是安排在克里斯托弗·科克的拍卖行，在那里人们可以讨论和购买艺术。于是一些油画、素描和版画作品的私人收藏开始形成。与此同时，对艺术感兴趣的一群人——未来的画商顾客群的规模也在不断扩大。

庞德谈生意的地方常常在他位于考文特花园的居所。在之前的几百年中，艺术品买卖会发生在诸如画室、画廊、市集和商店等不同的地方。不过庞德是比较早利用自己奢华的居所作为销售地点的画商。他认为自己的宅邸是一个再好不过的展示场所，和商店相比少一些局促，也多一些时尚，这样的地方更能凸显艺术作品能够使室内环境更加愉悦的作用。在公共空间，庞德会悬挂一些他自己的画作，包括肖像画以及他在罗马完成的拉斐尔的仿作，另外还有一些老大师的作品。在这里有一些微妙的差别，庞德希望在顾客面前展现的是一个画家的形象，只是偶尔会有一件或两件作品悬挂在屋内，而这些画作也许是可以对外出售的。这是由于画家在社会地位上绝对要高于一名画商和版画商的。庞德刻意弱化了他在老大师作品交易中的商业痕迹，而将这一过程上升为一种“礼貌的互换”或“对美的追求”这些更合适绅士们的方式。尽管大部分英国鉴赏家相对无知，不得不依赖画商的判断和诚实，但庞德非常微妙地淡化着他与顾客们之间的这一层关系。他希望像绅士那般生活，从而获取他们的信任，他将自己融入他们的那种生活模式中。

庞德在事业盛期是全面开工的，他不断想出销售艺术的新法子。1737年，他周游整个英国，去那些贵族家中拜访，为他们创作肖像，仿作一些画并提供一些主要针对女性的素描课程。庞德还在伦敦负责收货代理的工作，负责接收前往欧洲大陆旅行的贵族们带回的作品，他们带回的不只有绘画，还有雕塑、大理石桌甚至大提琴，他逐渐成了一名肖像雕刻师，同时还是一个非常活跃的自营出版商，他用印刷广告宣传自己的肖像画作。我们可以从庞德与英国银行主管、伦敦市长彼得·德尔米的交往中了解他是如何为顾客服务的。德尔米曾经在18世纪30年代壮游，庞德则在伦敦口岸接收并拆封德尔米购买的成箱画作，之后将它们清洗并装框。庞德还为德尔米的姐妹们创作肖像画，并根据罗萨尔巴·卡列拉所描绘的德尔米的伦敦官邸复制了一幅色粉画。庞德代表德尔米在拍卖上竞价，为他提供一些老大师的作品，这是十分令人惊叹的全方位服务。

与当时的领头拍卖商克里斯托弗·科克不同，庞德的专业意见被认为是可靠且有鉴赏力的。他的权威性也与日俱增。一件艺术作品背面若有他签的“真”的字样则被认为是对真实度和品质的认可。如今各大博物馆的许多出色的纸上画作都有庞德的标记。英国的壮游者们在罗马被无良的画商激怒后都开始转向庞德。而庞德逐渐发现自己成了艺术领域专业的零售专家，就像运用法律公文的律师或开药的医生那样，也许他是第一个专业的艺术顾问。

在那个时代，庞德购买了一批毋庸置疑的杰作，例如他1739年购得，目前收藏于伦敦的英国国家美术馆的伦勃朗的《浴女》。当然他也有一些不温不火的生意，例如他曾经在1740年3月从他的朋友、艺术家乔治·克纳普顿那里以1英镑11先令6便士购入了一件卡斯蒂廖内的速写，一个月之后他以5基尼转手卖给了詹姆斯·卡文迪什勋爵。哎呀，这可是无比幸福的350%的利润率啊。

庞德在晚年的时候更像是一名收藏家而非画商，或者更确切地说，是某种意义上的艺术史家。他着手对他在英国所见的普桑和克劳德的作品进行全面考察，这也将他纳入了20世纪由画商家族威尔顿斯坦三代人所致力于的、为主要艺术家的作品整理图录全集的画商学术的传统。庞德还是一个版画销售商，他雇用最出色的版画家对老大师们最重要的作品进行版画复制，并将其作为一种学术辅助出售给收藏家们。从总体上看，大众对版画的需求呈现增长的态势。例如，了不起的出版能手威廉·霍加斯从未与任何画商打过交道，推广他自己的版画成了他重要的收入来源。有不少画商实际上是以销售流行的版画谋生的，这有些拉低画商的从业门槛。正如利平科特曾评论一个名叫拉提莎·皮尔金顿的冒险家，她曾准备在伦敦做版画生意，这既暗示了社会对作品的需求，也说明如今各色人等都可成为画商，这有点儿像20世纪中叶的一大批有一定背景却无能力的淑女在家乡开设古董店的热潮。

在意大利，最早赞助伟大艺术家的那些富人的后代往往在经济上危机重重，这是18世纪吸引着那些有抱负的画商前往意大利的重要原因。高贵的意大利家族往往更容易被说服而舍弃他们的收藏。在富有的欧洲北部，壮游不断盛行，这对精明的中介而言是一次绝佳的机遇，他们可以从意大利收藏家那里搜寻作品，之后呈给富有的买家。除了在意大利购买艺术品并运回伦敦进行拍卖之外，来自英国的画商还在罗马和佛罗伦萨提供咨询服务，为在壮游中的英国绅士提供服务。有些壮游的英国绅士甚至在罗马购置居所并定居下来，什鲁斯伯里公爵就是其中的一个。他的朋友哈利法克斯勋爵在从英国寄给他的信中写道："我很高兴您成为这么一个伟大的收藏家。和您聊这些比之前聊您欣赏的户外运动要有趣得多。"一个曾经着迷于打猎场或松鸡沼泽的人如今也沉迷于收藏艺术品了。佳士得建立（1766年）的条件已经成熟了，这是一个传统意义上希望同时吸引爱好打猎与艺术收藏的绅士的一家非常英式的机构。

18世纪的罗马是一处充斥着政治密谋、社会野心和艺术贸易的精彩熔炉，包括外交官、商人、间谍、贵族和主教们等异常纷繁的、不同的人群都卷入其中。菲利普·冯·斯托什（1691—1757年）是一个典型的阴谋家，他曾经是英国的秘密特工，被派来监视当时居住在罗马的老僭王[1]。斯托什发现针对聚集在罗马的国际客户销售艺术品既有利可图，也能作为他秘密活动的有效伪装。他后来被描述为“一名以间谍为职业的同性恋、无神论者、亵渎者、骗子和小偷”。他笃信葡萄酒是“人类一切秘密的关键”，这使他成为一个更有说服力的画商，在他看来，酒可以放松舌头，也是收集信息的一种方式。

在梵蒂冈教廷内，阿尔巴尼主教（1692—1779年）在艺术贸易中发挥着格外重要的作用。主教本人就是一个艺术品鉴赏家，他在政治上亲英，是外交官贺拉斯·曼爵士的密友并与他一直保持着信件往来。他是被艺术品交易吸引的权贵之一，虽然行事小心谨慎，却非常高效，但若被人冠以画商的名号，他必然会深感恐惧。他十分擅长游走于受经济所困、坐拥艺术品的同胞和准备花钱购置艺术品的英国绅士之间。他的作为有点儿像穿着主教紫袍的亲切的杜维恩勋爵，不过和杜维恩不同的是，他是打心底喜欢美丽作品的一个货真价实的鉴赏家，据说“当他的视力随着年老逐渐衰退时，他眼神的那种敏锐逐渐转移到了他的指尖”。阿尔巴尼对罗马的艺术品交易有了一些兴趣，偶尔也为一些不可避免的争论充当谨慎的调解者，其中请求他判决的典型案例就牵涉到英国画商托马斯·詹金

---

1 指詹姆斯·弗朗西斯·爱德华·斯图亚特（James Francis Edward Stuart，1688—1766年），威尔士亲王，被辉格党称为老僭王，是英格兰国王和爱尔兰国王詹姆斯二世和他的第二任妻子摩德纳的玛丽之子。他出生仅数月，父亲詹姆斯二世就因为光荣革命而被废黜，他随母亲逃往法国。1701年，在他父亲过世后，他宣布即位成为英格兰和爱尔兰国王詹姆斯三世、苏格兰国王詹姆斯八世。——译者

斯。托马斯被指控在为一名英国绅士购买一个半身像的合同中违约，这件事后来被证实，作品实际上是为他自己购买，并在转手中赚得了丰厚的利润。阿尔巴尼站在了詹金斯那一边，解决了这一场争议。

贺拉斯·曼和阿尔巴尼都在利用他们的官方关系推动和加速英国重要家族的艺术收藏。1701年，教皇克雷芒十一世对古董和艺术品采取了颇为恼人的出口限制，而阿尔巴尼则帮助人们避开这些条例。因此，莱斯特伯爵的代理人和艺术顾问马修·别廷翰对贺拉斯·曼说，务必让公爵知道他所购买的那些雕像仅仅是“普通”的东西，这样才能顺利地从意大利运出。1753年6月，阿尔巴尼将埃斯特别墅的雕像介绍给英国外交官，也是艺术收藏家的巴布·多丁顿。而英国那边，在收藏家的影响下，皇家海军帮助把艺术品运送出国也是屡见不鲜的。这也暗示艺术品交易逐渐成了一种国家的利益：这是理查森在艺术品运输中所预见的，从中获取的是财富、地位和权力。

阿尔巴尼在萨拉利亚街修建了自己的别墅并在其中装点了各类精美的物件，依旧模棱两可地徘徊在收藏家和画商的身份之间。殊不知他的那些珍宝究竟是他的收藏还是他的存货呢？例如在1762年，当代表乔治三世的詹姆斯·亚当（建筑师罗伯特·亚当的弟弟）和理查德·加文（爱尔兰商人和代理人）从阿尔巴尼那里购买艺术品时，别墅中的收藏就是待出售的货品。据说是阿尔巴尼的情妇为了给自己女儿准备嫁妆而操纵了这场交易。对于任何一个画商而言，让感情生活插足交易都是一件非常危险的事，更何况阿尔巴尼还是一个主教。因此，当加文回头想要买更多的艺术品时，此时阿尔巴尼的珍宝又再一次成了他的私人收藏，他很遗憾地告知对方自己购买这些作品绝非是为了出售它们。

约瑟夫·史密斯（1682—1770年）的身份也同样介于绅士收藏家和中间人画商之间，前者是后者的伪装和推手。他利用自己驻威尼斯英国领事的身份帮助许多英国绅士购买艺术品，特别是许多卡纳莱托的威尼斯城市“风光”画作，加深了英国人对威尼斯画家的欣赏。史密斯逐渐被称为“威尼斯商人”，这突出了他角色中的商业成分。除了为英国的收藏家提供作品外，他也建立了自己的收藏，其中就包括多幅卡纳莱托的作品，1762年他将这些作品卖给了乔治三世。史密斯经营的高效也是促成卡纳莱托1746—1753年迁居伦敦的原因之一，在那里他无须经过史密斯的中间委托，而直接将画作卖给英国的藏家们。

18世纪晚期有一个在罗马成名的英国画商叫加文·汉密尔顿，他是一名考古学家兼画商。如果你是一个造访意大利的英国绅士，汉密尔顿可以提供除了绘画之外的古代雕塑作品，你甚至能够在家通过信件订购。在这个时期，通过书信进行的艺术交易的数量是非常惊人的，偶尔还会有视觉辅助手段，比如待售作品的素描或版画。最后还得传达出一种信念——对，这就是为我买的——只是事实上这些画作或雕塑运送到英国时都是拆开的。有时候当买家看到作品之后发现不喜欢时也会变卦，这是让人十分头疼的。但是通过这种方法完成的成交量却高得出奇，这也印证了出色的画商眼光的精准，而在某种情况下，或许也说明居住在一些偏远的苏格兰城堡中不走运的英国买家既缺乏鉴赏力，也没有分辨伪作和真品的手段。

不过总体来说，汉密尔顿还是诚实且不失鉴赏力的。他为自己收藏了一些通常没什么买家的油画习作和写生作品。汉密尔顿给自己在威尼斯的同行乔万尼·玛丽亚·萨索写了许多信件，透露了许多灵通的消息，并从乔万尼那里购买了大量最终落户英国的威尼斯画派的作品。汉密尔顿向萨索说明大尺幅的画作很难销售，暗色调的画也激不起英国买家的兴趣，由于英国缺乏日照，他们总是对鲜亮的色彩更加偏爱。另外英国收藏家们对丁托列托的那种急促的、类似印象主义的风格也颇为排斥。在另一封给萨索的信件中，汉密尔顿谴责了一个马虎的威尼斯画商彼特洛·孔科洛切割了委罗内塞的派特罗贝里的祭坛画，把画当作了屠夫店里的肉。不过尽管如此，这一事件并没有打消他竞拍祭坛画最精彩的部分，毕竟画商也得谋生。

萨索是18世纪后半叶威尼斯最重要的一名画商，在与先后来访的英国画商、代理和收藏家的交往中获利。英国领事和常驻者曾经是为英国收藏家或通过信件订阅的收藏家提供他们想要的画作的重要中间人，他们主要感兴趣的大多是威尼斯文艺复兴大师或后期的比如提埃坡罗[1]和弗朗切斯科·瓜尔迪[2]的作品。萨索确保自己能

1 乔万尼·巴蒂斯塔·提埃坡罗（Giovanni Battista Tiepolo，1696—1770年），意大利著名画家，继承巴洛克艺术传统，擅长壁画和天顶画。——译者

2 弗朗切斯科·瓜尔迪（Francesco Guardi，1712—1793年），洛可可时期威尼斯著名的风景画画家。——译者

够与继任的各个英国领事保持着良好的关系，主要有约翰·斯特兰奇和理查德·沃斯利爵士。当时的另一个重要画商是贾科莫·德拉·莱纳，他的另一个身份是西班牙副领事，他也从事收益颇丰的画作买卖，主要为德国收藏家提供作品。德拉·莱纳还在1786年给经济学家朱塞佩·玛丽亚·奥特斯写了一封有趣的信，他坚称艺术绝非科学，在艺术的领域，幻想凌驾于智力之上，艺术的价值和快感是间接的，无法系统地阐述。也正是这一幻想才使得艺术品如此难以驾驭，但拥有如此让人欣喜的弹性经济价值。德拉·莱纳已经越来越接近成功画商运作的核心了。

让我们再回过头说一说汉密尔顿，当他赴意大利进行采购之旅时，他可能带着一个出色的仿作画家，事实证明，当交易时能够提供一件原作的仿作时，往往更能说服收藏家卖画。类似的情况出现在博洛尼亚的修士们身上，汉密尔顿想要购买他们教堂的祭坛画。观察汉密尔顿说服的技巧是很有趣的，他警示这一祭坛画并没有得到很好的保存，如果它继续留在现在的位置，过大的湿度将会使它最终腐烂、损毁，而唯一的解决办法就是在它越来越贬值之前，现在就卖掉它。许久以来这种混杂着关切和威逼利诱的方式都对画商十分有利。

汉密尔顿卖画的主要技巧是奉承。他曾经对著名的古代艺术收藏家查尔斯·汤利说他是“自己遇见的唯一一个真正的爱好者”。他喜欢告知顾客这件作品是刻意为他留下的，以此来给买家施压，这是本书所涉及的画商最古老的伎俩。他向谢尔本勋爵说他“很开心，尊贵的您理应收下这些精选的作品”。这暗示着谢尔本应该足够果断地买下它们。有时他的想象和乐观占了上风，当他试图将几幅委罗内塞的作品卖给布雷多尔本伯爵时，他承认这些是秘密地从威尼斯公共图书馆中取下拿走的。“我唯求您为了和平与安宁，对我刚才所说的保持缄默”，他的这一装腔作势进一步说明他的生意中是没有遵纪守法这么一说的。

汉密尔顿最大的战绩是发现了莱奥纳多的《岩间圣母》（彩插4），那是他从米兰圣卡泰丽娜医院购买的。这实在是一件太难得的战利品，他是不会将其交给一个通过信件订购画作的买家的。1785年，汉密尔顿带着作品回到伦敦并将它呈给兰士登勋爵，当时的出价是800英镑。他和兰士登勋爵说：“明天下午两点前我期待能够得到您的答复，不然我就必须去拜访德森凡斯先生。”后者是另一个有竞争力的收藏家，这一说法无可厚非，不过汉密尔顿还是补充道：“我唯期盼您能够青睐这件作品。”兰士登已经咬下了第一口，他应该将其拿下，他也的确这么做了。

18世纪的英国逐渐成了世界上最富有的国家，伦敦也取代阿姆斯特丹成为欧洲领头的金融中心，与此同时，伦敦的艺术市场也变得举足轻重。在整个欧洲大陆，艺术品销售在沿着国际化的路线不断发展。例如1750年，丹麦的画商格哈德·莫雷尔就为了向德国贵族销售他在荷兰拍卖会上购买的画作而在汉堡定居。与之相似，克里斯蒂安·本雅明·劳舍尔在1765年将自己从荷兰购买的画作在家乡法兰克福举办拍卖。德国市场发展的同时，巴黎依旧不仅是重要的艺术品贸易中心，同时也是由马里特和他的圈子发起的鉴赏传统的中心。

18世纪巴黎的两个画商奠定了专业的新标准，他们分别是埃德姆–弗朗索瓦·热尔桑（1696—1750年）和活跃于下半叶的让–巴蒂斯特·皮埃尔·勒布伦（1748—1813年），后者是画家伊丽莎白·维热·勒布伦[1]的丈夫。这些鉴赏家画商负责了首个现代意义上的拍卖画册，其中不仅提供了有关画作的尺幅和创作者这些基本信息，还明确了它们的收藏史、与艺术家相关的艺术史细节，有时甚至还包括之前画作卖出时的价格，这么做是在教育而非欺瞒顾客。为了搜寻投放到巴黎市场的画作，他们到处游历，去荷兰和低地国家，去德国、意大利，勒布伦甚至还到访过西班牙，他重新发现和复兴了一批画家，其中就包括荷尔拜因、里贝拉和路易·勒南。这些有见识和学养的画商通过宣传当代艺术家并重新发现和营销过世艺术家的画作塑造着公众的品味。

热尔桑的销售秘诀在于他是买家和卖家都信任的忠诚的中间人。1748年，在戈弗雷收藏拍卖名录的序言中，热尔桑强调了“坚持对事实保持严格的界限而不偏倚任何一方利益”的重要性。这的确是很高尚的话，特别是将其与同时代在伦敦舞台上活跃的诸如帕夫先生那些人对比。热尔桑也的确竭尽全力为市场提供可靠的讯息，其中包括艺术家的生活经历，他所销售的那些作品的收藏历史，有时甚至还有对不同国家品味和偏见的看法。例如荷兰人是特别难说服其割舍任何有价值的东西，而英国人则对威

1　伊丽莎白·维热·勒布伦（Élisabeth Vigée Le Brun，1755—1842年），18世纪后期著名法国女画家，洛可可风格代表画家之一。——校者

廉·凡·德·维尔德的作品有强烈的喜好。

1720年安东尼·华托的《热尔桑画店》是最早表现工作中的画商的作品之一，记录的是热尔桑交易的场所，这是展现18世纪巴黎艺术品如何交易的一件迷人的画作（彩插3）。商店被装点得非常优雅，尽管店面直接面对着街道，但它的设计就是为了打破所谓的入口阻力[1]，这也是20世纪美国大型的购物商场努力克服的。能言善道的画商正在尽他所能地卖画，另外一边有一对衣着华丽的人正在观画，这让我们深信不疑买画是件十分绅士的事。事实上，热尔桑也在其他地方明确表示收藏艺术的社会优势在于它能提升你的社会地位："使业余者有机会进入最有名望的圈子，在那里可以继续这一嗜好。与身份高贵的那些人有共同的爱好，作为业余者的他也和他们没有差别了。"不过画商终究是一个商人，尽管华托所创作的这件《热尔桑画店》是画家向热尔桑致敬的一件很私人的作品，也的确是他的招牌，不过当有人提出合适的出价时，热尔桑还是毫不犹豫地卖掉了它。

半个世纪之后，勒布伦对卖什么和不卖什么做的分析使我们足以窥探当时流行的品味。他承认造成艺术家们画作高价的因素之一是市场的稀缺，但是他也提到买家最容易被一些"技艺"打动。因

1 出自阿尔弗雷德·陶布曼于2007年出版的回忆录《入口阻力：一个奢侈品销售先锋的非凡生涯》（*Threshold Resistance: The Extraordinary Career of a Luxury Retailing Pioneer*）。了解和克服这种阻力需要打破艺术和商业、高雅文化和流行趣味之间的界限。——译者

此，杰拉德·道[1]和凡·米里斯[2]巨细无遗的写实性画作格外受追捧，而诸如凡·戈因这些更加具有图绘感和印象主义风格的画家的作品则是最难销售的。大多数18世纪的艺术爱好者依然希望物有所值，因此他们会认为费力费时的画作更有价值。

尽管让-巴蒂斯特和伊丽莎白·勒布伦可能是艺术世界最早的权势夫妇，前者是知名的画商和鉴赏家，后者则是受欢迎的肖像画画家，但他们之间的关系并不好。我们从伊丽莎白的回忆录中可以窥见勒布伦私密的一面，她将自己的丈夫描述为沉迷于奢华的、不忠诚和不可信赖的人。1782年，伊丽莎白陪同丈夫前往低地国家进行他们的采购之旅，但是她始终感觉自己在他的艺术生意中屈居次位。她讲述道："婚后，我依然住在克勒里大街，勒布伦在那里有一间面积大且装饰华丽的公寓，老大师们的画作在每一面墙上悬挂着，而我的作品却只悬挂在前厅和一间时常被用作沙龙的卧室。"他们的矛盾随着大革命的到来更显危机。伊丽莎白被认为与旧制度关系紧密，她描绘了其最光鲜亮丽的一面，因此不得不逃离法国。勒布伦则按兵不动，努力防止她的名字被归为"移民者"；如果说这是出于对婚姻的忠诚，倒不如说是对可能发生的没收他们财产的恐惧，其中可能还包括他的艺术品。勒布伦最终在1794年与伊丽莎白离婚，凭借狡猾的对策，他成功地与共和国维持了良好的关系，

---

1 杰拉德·道（Gerard Dou，1613—1675年），荷兰黄金时代画家，擅长以强烈的明暗对比表现风俗画，是伦勃朗的学生。——译者

2 弗朗斯·凡·米里斯（Frans van Mieris，1635—1681年），荷兰黄金时代风俗和肖像画画家。——译者

为了生意的成功运作，画商与对立的政权政体交好并不少见，有一些还做得十分成功。

18世纪，艺术市场上的大笔资金都投放在销售过去的艺术品中，只有一小部分画商在关注如何宣传和推销在世艺术家的作品。不过接受这一挑战的画商们开启了一种崭新的方式，他们成了经理人和奇观的创造者。1736年乔纳森·泰尔[1]第一次在伦敦的沃克斯豪尔花园展示艺术品，通过展览由约瑟夫·海默尔[2]、弗朗西斯·海曼[3]和威廉·霍加斯所创作的美丽女人和乡村休闲这些绝对轻松愉悦的画作来吸引悠闲找乐的公众。他的这一举措能有多奏效我们并不清楚，但是这一过程无疑蕴含着商业企图。那个世纪的晚些时候出现了一些奇观画作，有一些尺幅巨大，足够吸引眼球、引起争议的单幅画，1先令可以观看一次。这其中轰动一时的例子是1775年纳撒尼尔·霍恩作品的展览，其中有一张作品刻画的是他的艺术同僚——迷人的安杰莉卡·考夫曼裸体举着一个火炬。当时，参观者络绎不绝，公众对裸体女艺术家的兴趣还未因翠西·艾敏[4]变得乏味。这一次，霍恩是他自己的经理人，但是通常情况下，这是艺术

1　乔纳森·泰尔（Jonathan Tyers，1702—1767年），伦敦沃克斯豪尔花园曾经的主人，他将该花园打造成为伦敦社会名流竞相造访的休闲场所。——译者

2　约瑟夫·海默尔（Joseph Highmore，1692—1780年），英国肖像画画家、插画家、艺术评论家。——译者

3　弗朗西斯·海曼（Francis Hayman，1708—1776年），英国画家、插画家，英国皇家艺术学院的创始人之一。——译者

4　翠西·艾敏（Tracey Emin，1963—），当代著名女性艺术家，曾入围透纳奖，是英国皇家艺术学院历史上第二个女性教授。——译者

家和画商之间的合作，前者负责创作夺人眼球的作品，而后者则负责在合适的地方宣传和展览它们。18世纪晚期，为了引起轰动效应，甚至连风景画的尺幅都越来越大，也更具戏剧性，宣传者意识到公众能够被大尺幅之上自然的恢宏所打动。当普罗大众付钱看完这一轰动的原作之后，这个过程的最后一环就是向他们出售专门为这一题材创作的版画作品。这一经济模式为19世纪的画商提供了一个盈利的模板，我们将在本书的第四章继续探讨。

第二部分

19 世纪

第三章

投机的艺术：威廉·布坎南

自18世纪末开始，阻挡一个绅士从事贸易行业的壁垒开始摇摇欲坠，首当其冲的就是艺术领域。事实上，从1800年开始，有一大批不同身份的人在购买艺术品时都开始关注它的收益：包括英国贵族、外交使臣，甚至是罗马教皇国的高级教士。艺术市场的参与者还打响了一场地盘争夺战，纯粹主义者开始污蔑逐渐转为画商的艺术家，而艺术家却依然在对老大师的鉴赏领域保持着他们自己的优势。傲慢的鉴赏家斥责收藏家逐渐变成了投机者，而画商对那种公然闯入他们领域的行为也很愤慨。法国的一个画商F.-C.儒兰曾严厉地斥责道："那帮门外汉最该受指责，他们对任何东西都没有独到的品味，却以投机的眼光追逐着一切，购买的目的就是为了再次出售。"我们这章提到的主人翁，年轻的威廉·布坎南则恰好相反，他很乐意称自己为一名投机者，但倘若被视作一名画商，他就会惴惴不安。

威廉·布坎南是摄政时期一个辉煌而充满传奇的人物，他是活跃在起起伏伏、充斥着机遇和失望时期里的一个创业者。他将自己视为一名投机者而不是画商是值得我们反思的。在布坎南的眼中，作为一名艺术品的投机者是值得尊敬的，甚至是接触艺术的一种彬彬有礼的方式，这有点儿类似从西印度群岛购买一船香蕉的风险投资，将它们进口之后再以一定的利润在英国出售。但是画商，哦，不，那是更卑微的商业生活。“钱珀瑙恩先生在他的信里让我加入他在英国收购画作的计划，并将它们运送到罗马，他说这将会有不错的收益。”1803年2月，布坎南颇为嘲讽地和他的英国代理大卫·斯图亚特说：“这是生意，而不是投机，我已经全然拒绝了。”就在那一年，乔治三世对他的大部分贵族公民都逐渐变成了画商这一事实表达了不满，并对英国是否还有人真正热爱艺术表示怀疑。之后不久，沃尔特·斯科特爵士声称：“我害怕画作买卖像骑马术那般，从事了这个行业的绅士若想成功就不得不放弃他的一些德行。”因此将买卖和投机区分开对布坎南而言十分重要，这维护了他作为一名绅士的身份。

但即使不承认自己是一名画商，作为一名投机者的布坎南依然需要面对从事艺术品买卖行业的人在过去两个世纪以来所熟悉的那些艰难和困苦。事实上他常常需要说服卖家（大部分是意大利人）放弃他们的珍宝并说服英国收藏家（最终的拥有者）以远高于其购买时的价格成交，他应对并解决了一些当下依旧存在的挑战。

布坎南曾在1824年写道：“浑水好摸鱼。”19世纪的开篇对英国艺术市场而言的确是令人振奋的突破，法国大革命和拿破仑入侵意大利、西班牙的混乱导致了许多欧洲大陆的贵族家庭开始逐渐放手自己的艺术品收藏。“很少有国家能如英国人那般手握着基尼[1]，在艺术上超过法国人。”这是约翰·派伊[2]1845年回首这段黄金时代时所言。英国人并不感觉那是掠夺，以贵族为主的收藏家和一些新晋的富豪开始转向欧洲大陆去搜寻古代大师们的杰作。进口到英国的大量画作以及1798年奥尔良公爵的拍卖都极大地刺激了艺术市场。对法国皇室收藏的处理由一批英国贵族集团做中间商，以布里奇沃特公爵为首，但主要的策划人是画商迈克尔·布莱恩。布莱恩来自一个实业家族，18世纪90年代从根特来到伦敦，当时他在哥哥的纺织工厂工作。和同时代的许多英国画商的经济模式类似，由于对欧洲大陆的进口较为熟悉，他也开始从事艺术品贸易，对奥尔良收藏的买卖是他最成功的一笔生意。这个英国贵族集团在内部瓜分了最出彩的战利品，之后在布莱恩的指导下于1798年12月将剩下的作品放在伦敦进行拍卖。

这场拍卖大获成功，其收益相当于贵族利益集团没花钱就拿下了那些最伟大的作品。最终一大批非常优秀的画作在英国找到了欣赏它们的买家，与此同时，另外那些有幸插手这场拍卖的人也兴奋地赚得了一大笔钱。迈克尔·布莱恩因此闻名，并攀上高枝迎娶了一个伯爵家的姑娘，这对一个画商而言绝对是一步妙棋。不过最终

---

1 “基尼”是铸造于1663—1814年期间的英国旧货币名。——译者

2 约翰·派伊（John Pye，1782—1874年），英国风景版画画家。——译者

他太相信自己的运气，沾沾自喜地说曾哄骗朗斯代尔勋爵便宜卖给他一幅没有署名，但他却十分自信是提香作品的画作。这件事最后打了官司并最终导致了他的破产，他默默退居到乡下撰写他的鸿篇巨制——《画家和版画家的生平和批评名录》。这是一则饶有趣味的，隐含着自大、报应和悔悟的艺术品交易的道德故事。

在奥尔良收藏拍卖大获成功之后，年轻的威廉·布坎南开始在法国和意大利建立知名老大师画作的固定供给线，从而使英国买家在家门口就可以收到画作。他在意大利雇用了一个苏格兰画家詹姆斯·欧文为代理人，负责购买画作，还有斯图尔特在伦敦负责进口的各项手续，并在首都宽敞的展示空间内向潜在的买家展示艺术品。他们运作的资金来自布坎南或是一些由布坎南说服参加的其他投机者。但是毫无疑问，真正的幕后推手还是布坎南自身。他让自己的人在意大利，并随时告知他什么画作可以在英国卖、什么不可以，以及花多少钱购买。当通过国际小道消息得知某一个卖家可能出现经济麻烦时，他让他的人直接与卖家联系。而对伦敦的代理人，他会对如何完成销售做出格外详尽的指导。作为买家和卖家，他掌握了一种谋略和偶尔的口是心非交织的方法，这些方法日后在国际艺术市场上也依然十分受用。

在布坎南的艺术投机生涯中，1802—1806年的文献记载是最丰富的。他和代理们的一系列信件都留存了下来，休·布里格斯托克[1]将它们饶有趣味地进行了编辑和整理。为了了解布坎南的经营

1　休·布里格斯托克（Hugh Brigstocke，1943—），苏格兰国家画廊意大利、法国和西班牙绘画的策展人，之后任伦敦苏富比欧洲大师画作的高级专家。——译者

方式，这些信函是值得深究的。布里格斯托克认为布坎南的成就由两种独特的个人风格所引导：首先，他对艺术品几乎一无所知，从而使他能够对任何针对画作的批评充耳不闻、视而不见；其次，他对自己的顾客们非常不屑，这事实上是对任何艺术爱好者的蔑视，无论对方是学院的人、贵族还是新贵们。我怀疑这是否是一个公正的评价。在这份档案中的信件往来之初，布坎南只是刚在爱丁堡获得律师资格且初涉艺术市场的一个24岁的年轻人，他能够在这种情况下迅速掌握经营艺术品的一些实用知识是格外不同凡响的，必须承认这是对“销售”本身的了解。有时布坎南的过度乐观让其他画商在对他们自己的货品进行估价时感到烦扰，不过他的确对当时英国青睐的艺术形式和艺术家有非常敏锐的洞察力。关于布坎南对其主顾们的不屑这一指控就更难得到证实，不过这也的确是两个世纪以来一些非常成功和知名的画商所共有的一个特质，最显著的代表是现代主义早期的安布鲁瓦兹·沃拉尔和费利克斯·费内翁。

布坎南的信件透露出了一个狡猾的画商形象，他在搜寻受市场追捧的艺术品以及完成销售时所运用的方法格外得现代。由于他和他的收购代理和销售代理都有定期的信件往来，他也会将自己的想法、期待和策略传达给他们，展现了一个画商的出色洞察力。他对罗列画作名录有很大的热情，一个早期的例证是他曾寄给欧文一份安格斯坦收藏的画作名录，用这份名录去辨认收藏家可能希望填补的“空白”。布坎南告诉欧文：“这些都是我为你将来的进口所提供的一些线索”，他接下来推荐了佛兰德斯画派的室内静物风俗画，特别是奥斯塔德[1]、沃维曼[2]和特尼尔斯[3]的作品。他还劝告欧文要对肖像画更审慎一些，除非是伦勃朗、鲁本斯、凡·戴克或提香的作品。布坎南观察道："由于目前的提香热，一件优秀的提香画作可能是当下所有大师中最出彩的。"为了研究艺术家和收藏，他通过广泛的阅读以期寻求好的机遇。他关注到1771年一部米勒夫人所著的旅游书中，曾提到了收藏在佛罗伦萨的提香名作《达娜厄》，并将其评价为"最美丽"的作品。他向欧文提议："难道不值得问询一下这件作品吗？"另外他也告诉欧文购买大尺幅的作品时尽量谨慎，其中一个缘由是它们会占据墙上的太多空间，自然会压缩买家未来的购买力。

布坎南在给伦敦代理人斯图尔特的信中写道："入行越久，越知道熟知私人见解和每一个收藏家的需求是多么重要。信息就是力量：了解购买者对不同大师的喜好是非常重要的，由于人们总有一个最喜欢的大师，因此也需要知道哪一个大师是收藏者的最爱。应该询问'您目前最期待哪位大师的作品'并记下答案，出自收藏者自己口中的答案是最有效的。"1804年3月，他指导斯图尔特："我希望你能够和佳士得的一个职员阿伯特取得联系，并让他提供你一

1 阿德里安·凡·奥斯塔德（Adriaen van Ostade，1610—1685年），荷兰黄金时代画家。——译者

2 菲利普·沃维曼（Philips Wouwerman，1619—1668年），荷兰黄金时代画家，擅长风景、狩猎和战斗场景。——译者

3 大卫·特尼尔斯（David Teniers，1610—1690年），佛兰德斯巴洛克画家、版画家。擅长农民生活、炼金术士、女巫和寓言等绘画题材，其风俗画对17世纪北方画家影响深远。——译者

份那里主要画作的销售名录，其中包括买进了什么、卖出了什么，以及买家的姓名。每个名录你可以稍付点钱。”布坎南很喜欢广泛地列出他潜在的买家名单，这是一份充满希望的名单，你能感觉到布坎南在不断延伸其可能性。每一个画商都时不时需要些幻想的宽慰。

布坎南还强调保留一件画作的新鲜感对市场的重要性。他向斯图尔特解释道：“我们必须非常小心谁第一个见到它们。如果私下卖掉它们，你必须深思熟虑，想到谁会最喜欢它，这件作品对什么人是最重要的。”“我将这件作品最先呈现给你”这种话曾经是许多画商营销的策略，他希望去取悦那些人，偶尔也拿同一件画作接连给不同的买家看。事实上，不断举办画作处女秀也是艺术市场的奇迹之一。

布坎南对他购买的作品质量严格把关。他暗自梦想着建立一个国家美术馆，他将足够优秀的画作聚集起来上呈给政府。就这件事而言，去探讨文化事业或金融交易哪一个更让他激动其实是没有意义的。“我确定没有一件不佳的画作给整体蒙羞，”他在评价自己的存货时说道，“它们的亮相一定会让佳士得的拍卖锤震声雷雷。”1803年2月，他挑选出12件佳作，其中包括凡·戴克的肖像画《查理一世》，来自热那亚巴尔比和多利亚皇宫的4件鲁本斯的作品，来自佛罗伦萨的2件拉斐尔的作品，普桑的《瘟疫》和科隆纳的帕尔米迦诺的作品，来自罗马皇宫的1件克劳德的作品，凡·戴克的《维纳斯和萨提尔》以及圭多·雷尼的《抹大拉的玛利亚》。

到了7月，鲁本斯的作品成功售出，有3件都有一定的利润。但是拉斐尔的作品对英国的品味而言却是太过于“冷酷、浓重，过于早期和哥特式的”。布坎南告诉欧文：“英国人现在的虚荣心渴求稀有且特别知名的作品，他们愿意接受任何报价。”这是追逐“艺术战利品”的早期例证，对21世纪的人来说也完全不陌生。对于画商而言，一件顶级的作品胜过若干不错的作品。布坎南逐渐总结出卖什么主题画作的一套理论，描绘青春、美丽的人物比描绘年老的人物更受欢迎，他提到：“圣热罗姆、圣方济各和其他类似这种的都不要，而年轻的圣约翰、圣母和圣子、维纳斯和丘比特则十分风靡。”在英国，风景画要比历史画更受偏爱，因此克劳德和普桑十分受欢迎。他还精明地强调了收藏史的重要性。“每个人都问‘还有谁收藏过它’，这是［克劳德的］一件不错的作品，但没有了收藏史则会减价许多。”知晓画作的归属更有利于销售，因为对于卖家而言，这意味着是“防止混入仿作的一次检查”。布坎南不断地提醒着他的代理们成功的投机取决于精挑细选，这可能是老生常谈的话，不过也的确意义非凡。在21世纪的今天，人们对一场令人失望的拍卖或艺术展览的最委婉的说法之一就是将市场描述为“挑剔的”。

布坎南努力地解决那个时代商业成功的阻力。在前互联网时代，如何将画作图像与潜在买家相联系呢？意大利收藏中著名画作的版画是最重要的辅助，如果没有这种版画，为了勾起买家购买的欲望，画商会委托意大利当地的艺术家们创作一些速写草稿寄回英国。布坎南有时会要求欧文从意大利寄一些书给他做研究，那些书上会罗列一些古老的画作收藏以及悬挂作品的那些建筑。1805年10月，他去找“曼妮扎里斯所描写的两卷本的罗马以及拉蒂关于热那亚画作的描述”。但是通常情况下，最可靠的销售方法还是将原作直接呈现给买家，可这时就出现了可怕的物流问题，船运和保险都是既耗时又昂贵的，特别在欧洲战争期间，从意大利到英国之间承运艺术品最可靠的英国货船被驱逐出了意大利港口。尽管如果装载艺术品，保险费可能会少一些，但这也依旧是一笔不小的开支。困难重重之下，任何一笔生意能实现盈利都是一个奇迹。难怪有时布坎南会请修复师擦拭画面上陈旧的清漆和尘垢，但为了节约成本，有时他也会亲自完成这些工作，在一次对画面的“突袭”之后，他曾乐观地记录道：“我用我的钢笔刀来处理这幅画中的维纳斯，我将一块明显的蝇卵从画面上擦掉，并将画面中不对的素描也完全处理掉。”

1803年10月，布坎南收回了他对于将画作重新寄回到罗马的保留意见，这可能是处理他那些麻烦的拉斐尔作品最好的解决办法，这些画作居然没有销路，一个世纪之后的杜维恩可能会感叹那些买家的有眼无珠。布坎南将拉斐尔的作品寄送给罗马的画商卡拉乔洛，为了“让这些作品看起来像罗马的收藏”。1804年年初，布坎南十分担心画作的销售情况，因此考虑将他的部分藏货交给佳士得进行拍卖，但只能将它们单独上拍。“因为如果有一件‘劣品’掺杂在内则会传达出一个不好的信号，人们会认为这一套收藏不过是一些次品，而如果有一件非常值钱的画作放进拍卖，那么现金的流动有可能将转向他人的口袋。”不过布坎南还是决定留下帕尔米迦诺的作品，因为在他眼中，那属于上品，他自然也觉得“人们通常情况下是不会花大价钱通过这种方式［公开拍卖］来购买艺术品的”。

布坎南利用奥克森顿街的一间屋子进行他待销存品的展示，他详尽地指导大卫·斯图尔特如何展示每件作品，以达到最出色的效果。“我认为克劳德的画应该将阴影面对着光，而［凡·戴克的］《查理一世》则［应该］总是斜角对着光。如果把维纳斯脚的位置放在向阳面，凡·戴克的这幅维纳斯的素描能达到最好的展示效果。”帕尔米迦诺的一幅画受到了格外的关注，布坎南要求斯图尔特将它呈现给皇家院士托马斯·劳伦斯，他的正面评价会非常有分量。“我个人认为劳伦斯会被这件作品所折服，因为这真是件既柔和又美丽的画作。我认为你应该充分展现它的魅力，将它安排在一年这一季节［1月］的一点到三点之间，这样能有最佳的光线。”画框和光线都是同样重要的：“你倘若要展示，就必须得把作品装裱完好，否则我宁可你不拿出来。”布坎南又对销售指南实施了进一步的优化：“今后应该将所有的画作放在一个只有你能进入的房间，当你发现它们中的某些可能适合一些造访者时，再将它们一张张地拿到前屋。”它们应该单独展示，因为：“一件作品可能会破坏另一件作品的效果，尽管两件作品可能各有千秋。”布坎南不知疲倦地安排着。他又给了斯图尔特一份潜在买家的名单，以及他们某一时段可能在伦敦的具体信息，而且应该邀请他们前来参观。你可以想象在爱丁堡的夜里，他满脑子兴奋地醒来，想着倘若自己被安排在某个特定的作品面前，一定会毫不犹豫地买下。于是他的名单越列越长，也越来越乐观。

布坎南有段时间了解到“老威姆斯伯爵对裸体女性的画作情有

独钟，并准备好购买这些类型的作品”。现在他打算将包括凡·戴克画的关于维纳斯的画作在内的若干作品提供给他，因为维纳斯和丘比特在老色鬼那里的销量是不会差的。之后在同一封信里，布坎南更加确认这一想法，他催促斯图尔特尽快将这批画作拿给伯爵看：“我们绝不能再浪费时间，你不知道这个老人家什么时候就撒手而去了。”

与此同时，布坎南还要应对来自艺术圈的眼红对手对他存货作品真假性的恶意谣言，那时是很可怕的。当有人暗示他的克劳德画作并不收录在艺术家的画作合集《真理之书》中时，布坎南立刻对这种说法予以回应，尖锐地说道：“这书的其他四卷本并没有出版，我坚信原作的品质远在它之上。”但布坎南知道自己必须终结这些无用的对话，“我们知道这些谣言来自哪里，”他对斯图尔特说，“恐怕我们必须得拿出画作卖价的5%来贿赂韦斯特，否则他将会说出不利于我们的言论。”布坎南这里提到的韦斯特是皇家艺术学院的主席本杰明·韦斯特爵士。布坎南3月又声称将佣金提供给其他皇家院士。他知道那些潜在的买家很可能去向院士们咨询老大师们的画作，这其中就包括托马斯·劳伦斯、理查德·科斯韦[1]、亨利·特雷瑟姆[2]、约翰·霍普纳[3]和威廉·比奇[4]。“对，”尤其是比

1 理查德·科斯韦（Richard Cosway，1742—1821年），英国肖像画画家，以微型画而闻名。——译者

2 亨利·特雷瑟姆（Henry Tresham，1751—1814年），出生于爱尔兰的英国历史画画家，曾于伦敦皇家艺术学院担任绘画教授。——译者

3 约翰·霍普纳（John Hoppner，1758—1810年），热门的英国上流社会肖像画画家。——译者

4 威廉·比奇（William Beechey，1753—1839年），英国肖像画画家。——译者

图3　画中的威廉·比奇正在克制嘴角上扬。

奇，布坎南坚定地说："我有理由怀疑，如果经他推荐，他在收到应得的佣金时，嘴角都不会动的。"

此时又有一个令人震惊的消息：有人对布坎南所珍视的帕尔米迦诺的作品产生了怀疑。这一有损名誉的消息暗示了［曾经布坎南所拥有的］科隆纳版本不过是［曾经在博洛尼亚的］原作的一个复制品。布坎南在给斯图尔特的信中写道："我担心这一谣言出自韦斯特，这个消息在他收到我们答应给他佣金的信件之前就散播出去了。"布坎南那始终充满创造性的想象力又提出了几个应对策略。在意大利，帕尔米迦诺有时候也被称为帕尔米贾尼诺。为何不将博洛尼亚的版本认定为是帕尔米贾尼诺的，而科隆纳的版本视为帕尔米迦诺的，或者两个名字调换一下呢？不过这个时候，布坎南将帕尔米迦诺放在一个更高的位置。"我不怎么关心这件作品是否能够出售，因为我认为这是我所见过的最优雅而迷人的画作，拥有它，我就如同有一个收藏，这一件足矣。"

布坎南认为威姆斯既然是普桑作品的买家，或许也是帕尔米迦诺、凡·戴克、克劳德作品的买家。但布坎南发现了一个名叫弗农的人，后者对威姆斯“有超乎想象的影响力”。此时布坎南想到了一个补救措施：“这也许不是一个不合适的提议，我们给这个绅士一个明确的说法，如果他能给老伯爵建议，诱导他出价3000英镑，甚至2500基尼的话，那么将有一笔钱可以落入他自己的口袋。”这样接近威姆斯的策略成果斐然，他以1500基尼购买了克劳德的作品，但这时依然有一个棘手的问题，即用这种方法不知能与弗农合作多久。布坎南总是揣测弗农在想什么，也许他会想：“我应该建议，至少不反对威姆斯购买克劳德的作品，因为我能抽得一部分佣金。”但是他未来应该不会太乐意从布坎南那里购买作品，因为那将侵犯到他为威姆斯伯爵提供画作的“专属领域”。事实上，可怕的弗农成了布坎南的一个麻烦，在帕尔米迦诺被打包运送至北方给威姆斯之前，弗农在伦敦极力阻止威姆斯看这件作品。布坎南如今说服自己只要弗农不插手，威姆斯就一定会拿下那件作品。

这个时候布坎南改变了之前的主意，将帕尔米迦诺的作品作为来自“科隆纳的帕尔米贾尼诺的作品”出售，他的推销说辞是，这也许是一件帕尔米迦诺的仿作，但绝对是一件帕尔米贾尼诺的完美正品。不管怎样，他都立刻将这件帕尔米迦诺（或帕尔米贾尼诺）寄给威姆斯，但同时告诉他苏格兰那里也有人对这件作品感兴趣。布坎南很自信地推断道：“这可以营造出一种竞争感，会让这个老绅士在得到弗农的反馈之前尽快做决定。”之后的几天布坎南确认帕尔米迦诺和帕尔米贾尼诺是同一个艺术家，他又重新考虑了作品的归属。总之，最好还是不要让威姆斯感到困惑和混乱，这毕竟是一件完美的帕尔米贾尼诺的原作。不过布坎南依旧忍不住画蛇添足，他告诉威姆斯，根据科隆纳的守护者所言，天使的头是柯勒乔的手笔。

4月15日，布坎南发现他完全被狡猾的弗农耍得团团转。弗农将布坎南付给他协助克劳德拍卖的40基尼交给威姆斯，并说道："阁下，我将您的40基尼归还给您，这是布坎南贿赂我的，我拒绝为这等事折腰，不过这等降价的画作最好还是物归原处吧，只有我能为伯爵您把关，您还是和我做交易吧。"布坎南愤怒极了，他咆哮着说自己一定要写信给弗农要回那本该归还给他，而不是威姆斯的40基尼。此时，他太清楚弗农的建议对他和威姆斯的交易不会再发挥任何正面作用。在接下来的几个月里，布坎南花了很多时间想方设法地打击弗农，削弱他在威姆斯眼中专业顾问的地位。

威姆斯之后和布坎南说他不准备买那件帕尔米迦诺的作品了，因为"目前资金短缺，没有办法花那么一大笔钱"，这时布坎南依然保持乐观，并说服自己那其实是一个肯定的答复，也许明年威姆斯就会买下它了。"他只是想过几个月能便宜一点儿买下。"最出色的画商也难免陷入自我的妄想。同一年的晚些时候，有一个可怕的瞬间使布坎南终于意识到这个交易根本不可能实现，他造访了威姆斯的宅邸，他不得不承认帕尔米迦诺与伯爵其他的收藏根本格格不入。"他有一个充斥着维纳斯的宫殿，"他很遗憾地和斯图尔特说，"其中的许多作品都可能是你见过的最无可救药的垃圾。"

如今，布坎南将注意力放在了佳士得定于5月12日的拍卖上，他直言不讳地说将"通过朋友的渠道"抬高作品的价格。他对画册中描绘作品的措辞以及在拍卖厅里画作的悬挂方式都做了详细的说明，这是两个世纪以来拍卖行已经习惯了的卖家的习性。拍卖一共分为九组，布坎南指导佳士得将拍品描述为："近来从意大利进口的非常重要和知名的画作，来自科隆纳、罗马的贝尔尼尼宫以及佛罗伦萨的布恩纳科西·佩里尼宫的收藏。"他慌忙地重新上釉，但后来又决定不那么做了，因为那些买家不喜欢画面因新涂清漆而呈现的那一层光泽。

在为拍卖做准备的日子里，布坎南火力全开，他列出了一张潜在购买者的名单，里面的名字越写越多。他还要求对拍卖目录进行广泛传播，甚至贿赂了布莱恩的一个办事员，要到了一份来自拍卖商对手近来拍卖中成功交易的买家的名单，以便"用一张卡片和拍卖目录立刻让他们眼花缭乱，因为有很多人我们并不知道他们的存在"。他建议他的代理人斯图尔特在鉴赏家的交谈中暗示布坎南的作品是值得考虑的。他最喜欢给出的建议是："你要目光锁定地惊叹道：'这就是我想要的那张画。'"

拍卖的结果有些让人失望，由布坎南精心设计的作为系列的高潮和尾声的三件作品，也是委托中最主要的三件都流拍了，其中两件是凡·戴克的，另一件是普桑的。尽管如此，他依然在给自己打气，在给斯图尔特的信中写道："我并没有像你所想的那般失落。"第二天，他又哲学般地反思着："万事万物总是潮起潮落，我想我们很快就会转运了，只要占据天时人和，我们将很快就能处理完这批画作。"

布坎南绝不甘心被挫折击败这一点真的很让人惊叹。之后他决定搬到伦敦，在销售存货的过程中更加亲力亲为，他租下了更宽敞的空间用来展示和售卖他的艺术品。同年8月，他留心到一个销售的机遇，他知道拿破仑正在罗马亲自购买艺术品。他鼓励自己在意大利的手下欧文抓住这次机会，向皇帝呈上刚刚在佳士得拍卖上流拍的普桑的《瘟疫》。英国正与这个潜在买家在战场上兵戎相见这件小事并没有对生意造成障碍。

不久后的秋天，布坎南在奥克森顿街后面有一个新的展览空间，那是一家准备就绪、即将开业的画廊。他骄傲地告诉欧文："主展厅有30平方英尺，与佳士得展厅的布局是一样的，只不过规模小一些。前厅也有天窗，可能适合悬挂室内静物画。"不过此时市场上的画作已经有些过剩。到了12月的时候，布坎南催促欧文："我们得更精心挑选作品，英国人对色彩鲜亮的作品尤为钟爱，要为他们提供素描和构图上没问题，而且主题上佳的画作，诸如鲁本斯、提香、凡·戴克、阿德里安·凡·奥斯塔德和其他一些伟大的色彩大师的作品都是受追捧的。"但如何以合理的价钱拿下它们呢？

1805年1月，布坎南的艺术投资计划出现了现金流的问题，并随着欧洲大陆的战乱而进一步恶化。"对于这种'投机'，这个国家从未出现过如此糟糕的时候。老一辈的热忱收藏家要么已经故去，要么充耳不闻；而现代新兴的收藏家则要么已经有了自己的收藏，要么迫于局势的压力，只有等到恢复和平之后才会购买艺术品。"进一步的收购也只有等到更多的交易完成之后才能进行。最终，画廊开幕时所展示的都是已有的存货，这在一些人看来已经有些陈词滥调，不过布坎南依旧保持着积极的心态："这都是些还不错的精选之作，公众的反馈也还不错。”然而，他称市场为“挑剔的”，这是早期用于暗示商业萎靡的一种委婉说法。

与此同时，布坎南还开始涉足其他生意领地。他开始初涉珠宝贸易，甚至考虑做一些丝绸生意。他在1805年7月致信给欧文时写道：“如果没有现金，我也很乐意收3000磅的丝绸来交换画作，只要货物质量上乘且能立刻发货。”他的精力和创造性无可挑剔。同一个月，为了处理掉令人头大的帕尔米迦诺的作品，他无奈地又将画作送回意大利。“我毫不怀疑这件作品在罗马将会比在这里更受重视。我知道科隆纳王子再一次买回了一些他的大画，你可以卖给他，或者将它换一些更适合这个国家的小画。”这件作品兜兜转转又回到了原点。

但前方忽然出现了一丝新曙光。约瑟夫·法林顿[1]在1807年4月7日的日记中写道：

> 劳伦斯造访了布坎南在奥克森顿街的画廊，看到提香的《巴库斯和阿尔阿德涅》之后欣喜若狂。他形容这件作品的光彩、力量和新鲜感均是他所见作品中最精彩的，斯塔福德勋爵收藏的提香画作在这件作品面前不值一提。画面主色调有蓝色、绿色、红色和黄色。在画布上，通过极致的色彩表达，加深了情感体验。在一个角落里，提香完成整个画面之后，又添上了

1　约瑟夫·法林顿（Joseph Farington，1747—1821年），英国风景画画家和日记作家。——译者

一团明黄色的布料，上面放置了一个金色的花瓶，而仅仅这一处的效果就能推断出这是出自提香之手。树的部分有刮刀的痕迹。金奈尔德勋爵最终以3000基尼买下了这件作品。

我们不难想象布坎南对这次胜利的感受，这同时也肯定了他的所有理论：英国买家对明亮色彩的喜好、对提香的狂热、愿意以非凡的价格购得非凡之作，以及精挑细选对成功的重要性。人们脑海中闪过一个念头，即劳伦斯可能从这笔交易中赚取了购买价的5%，尽管他对这件画作的赞美之词可能并没有经济动机。

布坎南在寻觅新的买卖资源时，将目光放到了受战争创伤的西班牙。此时，西班牙和拿破仑一世的冲突给画商带来了从古老收藏中挖到艺术品的新机遇，在那里真是浑水好摸鱼。1808—1813年，布坎南在马德里与一个非常有效率的代理人乔治·奥古斯塔斯·沃利斯合作。沃利斯是艺术品交易中时不时出现的富有魅力的人物之一，他是一个资源丰富且八面玲珑的代理人，他模糊的身份得以让他在法军后方的西班牙操纵交易。沃利斯从洛埃切斯修道院修士们那里买下了六幅巨大的、应该出自鲁本斯之笔的画作。当地居民对作品的离开非常不满。尽管英国正在葡萄牙边境对抗法国军队，沃利斯还是寻求了一个法国将军的帮助，以两件鲁本斯作品为代价，换取他们全副武装的步兵团的保护。沃利斯很擅长在欧洲敌对双方中躲避战火，他在1812年法国军队撤退时和他们一起，从而将更多画作带离西班牙。为了将画作运送至英国，他必须将它们送到距离1600英里的欧洲大陆最近的中立港口——波罗的海的斯特拉松德，但这需要跨过布吕歇尔[1]控制的疆域里的一段。于是他立刻聪明地折返到巴黎，在那里他及时地拿到了第二批由西班牙发出的画作，在他启程去伦敦之前，他就将这批画作转手给了一个法国画商M.博纳迈松。

在从斯特拉松德运送至英国的委托件中，布坎南和沃利斯最大的收获之一是委拉斯开兹的《镜前的维纳斯》。人们可以想象这样一件饱含女性情欲魅力的画作对某些英国收藏家的吸引力——可惜的是威姆斯不再参与竞争——布坎南试图从约翰·莫里特那里以500英镑拿下《镜前的维纳斯》（彩插5）。之后，这件画作的新主人致信给沃尔特·斯科特爵士时以十分英国的品评方式评价了这件作品："为了给我那件出色的《镜前的维纳斯》腾出地方，我忙活了一早上，我把现有的画作取下并重新悬挂。之前我光是在书房的壁炉架旁看着它就欣喜若狂。"这件《镜前的维纳斯》的确是个例外，尽管布坎南和沃利斯带回了许多优秀的画作，但英国买家对西班牙艺术的兴趣依然有限。

布坎南在他漫长职业生涯的余下时光里仍坚持认为自己是一个优秀的画商。他喜欢叨念着1824年伦敦的英国国家美术馆的建立主要得归功于他，只可惜他的贡献从未被这个不知感恩的国家肯定或补偿过。1839年可能是他第一次前往意大利，尽管最终的贸易成交量并不可观，但他依然颇为感慨地声称通过这一次访问，他"掌控

1　格布哈德·列博莱希特·冯·布吕歇尔（Gebhard Leberecht von Blücher，1742—1819年），普鲁士将军，参加了法国大革命和帝国时期的战争，在莱比锡获胜后被任命为陆军元帅，领导了整个法国战役。——译者

了那个市场”。他巧妙地利用了这几十年来英国品味的变化，例如对荷兰室内静物画的喜好卷土重来。他的投机行为无可厚非。

但19世纪上半叶，一直从事荷兰和佛兰德斯老大师艺术市场的英国画商是约翰·史密斯和他的儿子。2013年，查尔斯·塞巴格-蒙蒂菲奥里[1]出版了他们的来往书信，这使我们能够深入地了解他们日常生活的琐碎。史密斯是真正的权威，他倾注多年心血汇编了九卷本的过去的艺术家名录，主要包括荷兰和佛兰德斯的艺术家。为了寻觅优秀的作品，史密斯在欧洲大陆频繁而深入地旅行，他的顾客包括罗伯特·皮尔爵士和其他一些当时重要的收藏家。画商的旅行次数与他生意的成功总是有很直接的关联。对新鲜和有趣作品的需求总是源源不断的，而在其他地方搜寻到的作品，其价格将不会被买家知晓。

随着史密斯的两个儿子逐渐参与到家族生意中来，他们自己也越来越频繁地旅行。为了寻找新的买家，他们亦在英国本土奔波，带着他们的艺术品存货长途跋涉到达利物浦、格拉斯哥、伯明翰、曼彻斯特和利兹。他们抱怨顾客们的地方意识（曼彻斯特和伯明翰对绘画的品味据称比伦敦要落后100年，而利兹则更是落后于曼彻斯特和伯明翰150年），不过他们依然坚持了下来。火车的及时发明改善了他们的境遇。他们所经手的大多都是过去的艺术家们的作品，特别是荷兰和佛兰德斯的。他们也并不试图改变这种品味或宣

---

1 查尔斯·塞巴格-蒙蒂菲奥里（Charles Sebag-Montefiore，1884—），独立学者，英国国家画廊董事，文中指的出版物是他在2013年出版的《画商王朝：约翰·史密斯和继任者们：1801—1924》（*A Dynasty of Dealers: John Smith and Successors 1801–1924*）。——译者

传在世艺术家的作品，伟大的维多利亚时代中当代艺术的繁荣尚未到来。

史密斯父子与另一个活跃的画商家族——荷兰人L.J.纽文惠斯以及他的儿子C.J.纽文惠斯是毕生的竞争对手。史密斯与这一家荷兰画商因1822年安特卫普拍卖会上联合购买了鲁本斯非凡之作——《苏珊娜·兰登肖像》而引发了争论。这件作品的最终成交价是32 700弗洛林，相当于3000基尼。两年后，史密斯卖给罗伯特·皮尔的价格只有2725英镑。这个损失理应是双方共同承担，但纽文惠斯坚定地认为史密斯事实上在1822年之前就已经以低价买入，之后又重新开拍，通过提高价格以便从纽文惠斯的另一半份额那里榨取差价。这一争论所引起的敌意延续了一生。另一件颇为遗憾的事是史密斯与皮尔十分高效的合作关系最终也不愉快地收场：史密斯向皮尔索要一件藏品画作的清洗费用，这是一笔相对而言金额较小的经济纠纷，却使得两者的关系产生裂痕并始终未能完全修复。也许所有的生意活动都容易引发个人纠纷，但是艺术品交易毕竟总还含有一丝幻想，因此常常会被主观地解释或理解为导火索实际上是私人恩怨。

威廉·布坎南试图填补由皮尔和史密斯父子的争吵而空缺出的艺术顾问的角色，这并不让人感到意外，他坚持不懈的努力令人钦佩。甚至到1850年，布坎南还在努力地将一件伦勃朗的自画像卖给皮尔。作为交易的一部分他还附赠了修复服务，他“进一步地清洗了画面上的清漆，恢复了罗伯特可能最期待的色调”。直到20世纪约瑟夫·杜维恩的出现，才终于有了和威廉·布坎南不分伯仲的人。这两个人十分相像，他们都有对自己的判断绝对的自信、绝不罢休的推销术、厚脸皮不接受否定答复的态度。不过正如布里格斯托克所强调的，布坎南的性格本质上有摄政时期的色彩，尽管他活到了1864年（19世纪60年代也是杜维恩出生的时期），他的性格中并没有维多利亚时代的虔诚。迎合19世纪中叶的品味需要一种截然不同的创业精神，恩斯特·甘巴特是其中最成功的一个，他不仅经营老大师们的作品，还同时经营同代人的创作。

第四章

恩斯特·甘巴特和维多利亚时代艺术的繁荣

1871年，伦敦的《艺术期刊》曾断言："画商的影响是当代艺术的主要特点之一。画商取代了赞助人的地位，在很大程度上导致了当代绘画价格的迅速飙升。"约翰·埃弗里特·米莱斯大概算得上维多利亚时代最成功的画家，他也肯定了这一说法。他在1875年写道："我想我们真的承蒙于总被责难的画商，是他们成功地推动了当代艺术的价格，复苏了竞争的精神。艺术家也许只认识一个买家，但画商认识许多个，他们会毫无顾忌地做出最佳选择。"

恩斯特·甘巴特是对19世纪头30年的英国艺术市场发挥过重要作用的画商，他成功地克服了曾浮现画商脑海中的那一丝"敏感的顾虑"。他的影响不仅提升了作品的价格，甚至促进了19世纪中叶艺术的创作总量。在他的努力下，品味和产出达到了完美的契合。作为维多利亚时代的艺术家，你会意识到自己的作品有很高的回报。位于这个行业顶端的艺术家们生活得如王子一般，中间一档的许多也是衣食无忧的。当代艺术从未如此有价值。

恩斯特·甘巴特是工业革命的产物，他所迎合的正是19世纪有了财富积累后不断增长的商业阶级对图像的需求。他并不想震慑资产阶级，而是为他们提供舒适和愉悦，了解他们喜欢哪一类画作，并以越来越高的价格向他们源源不断地供给。在接下来的一个世纪，现代主义画商们所营销的是一种令人欢喜却很难定义的商品属性——“天才”，但这一词汇极少运用在甘巴特的销售语汇中（只有一次，那是他打趣地说到一个艺术画商以高价购买了一件伪大师的画作时）。甘巴特所营销的是另一种更符合维多利亚时代心性的特质——杰出的技巧。画作具有再现的功能，能活灵活现地叙述一个故事，或是透过格外逼真的描绘唤起人们对某物或某地的感受。他是经营在世艺术家的画商，因此需要维护艺术家，提升他们的人气，继而提高他们作品的价格。不过他无须应对像保罗·杜兰德-鲁埃尔在推广印象派画家时所遭遇的困境，因为杜兰德-鲁埃尔需要帮那些创作不同寻常艺术风格的在世艺术家赢得认同。甘巴特不需要去解释他所销售的，只需褒扬即可。他也无须去说服他的顾客们涉足一些有挑战性的艺术欣赏领域，只需鼓励他们顺从自己的直觉。

甘巴特是比利时人，1840年还是个小伙子的时候就被吸引到伦敦。19世纪中期的伦敦是帝国的中心、世界商业的中心，越来越多的人在伦敦创造出了日益增长的财富。甘巴特的成就是让艺术进入更多人的视野和欲望中。你并不需要富有到可以购买一件著名艺术家的原作才能参与到艺术中来，甘巴特提供了两条简单且不那么昂贵的进入艺术欣赏的路径：一是你可以花钱参观一件杰作的艺术展览；二是去购买这件杰作的版画复制品。这些赚钱的模式是18世纪的发明，但是甘巴特却将它们发挥到了极致。就像你去看了一场电影，之后购买一张碟片一样。

甘巴特来伦敦的时候是一名版画销售商，这一行业自18世纪后一直是艺术交易中不断繁荣的一个板块。1804年，英国著名的版画出版商鲍戴尔的雕刻版藏市价就高达30万英镑，和繁荣的版画市场情形相似的是文学出版行业：1813年约翰·默里[1]就为拜伦的新诗《异教徒》和《阿拜多斯的新娘》支付了1000基尼的版税。随着时间的推移，原创画作市场也在不断拓展。1820年的伦敦，贸易工商名录中只有10个画商在列，而到了1840年，也就是甘巴特抵达伦敦的那一年，这一数字增至160。

倘若究其原因，国家迅速积聚的财富是其中的一个因素。但是甘巴特很快了解到新贵们的喜好，当代艺术家们的作品更加巩固了这一局面，这主要是由两方面的原因促成的：首先，画商可以直接到艺术家的画室购买艺术品，这样就消除了画作真伪性的问题；其次，在画商的引导下，当代艺术家们也都乐意给公众创作他们想要的作品。正如17世纪，荷兰出现类似的新兴资产阶级观众时，艺术家们所创作的大多是农民生活场景、历史风俗、动物画，他们避

1　此处指约翰·默里公司，英国的一家出版企业，由创始人约翰·默里（John Murray，1737—1793年）在1768年创立，该公司出版了包括简·奥斯汀、拜伦、歌德和达尔文等人的作品。——译者

免创作需要很多背景知识的题材，而关注那些使人倍感愉悦和兴奋的、人们熟悉而亲近的题材。

甘巴特意识到当时在诸如皇家艺术学院年度展览这样的画家自己运作的场地里销售当代艺术品的机会是不够的。如果能通过一个有资质和想象力的经理人来活跃这一系统将有助于艺术家们获得理想的价格。甘巴特自己正是这样的一个经理人，他不仅销售那个时代英国最著名的画家——其中包括威廉・鲍威尔・弗里思、埃德温・兰西尔[1]、弗雷德里克・莱顿[2]和拉斐尔前派的画家——的作品，他还首次在伦敦的常规展览中带来了欧洲大陆其他在世艺术家的作品。19世纪70年代是甘巴特事业的鼎盛时期，据官方数据显示，每年有超过29 000件作品从法国进口，而20年前仅仅只有2000件。虽然并非所有画作都是由甘巴特购买的，但他绝对是一个助推力。有时他同时在伦敦市中心和其他郡市的租借场地里举办多个展览。这些展览有时会聚焦在一件作品上，从而凸显这件作品的重要性，这是呈现一个引起轰动的画作的新方式。

甘巴特对罗莎・博纳尔创作的《马市》的宣传是他作为一名优秀推手的教科书般的成功案例。这是一幅高244.5 厘米、宽506.7厘米的巨作，虽然当时还未有买家，但它1853年第一次在巴黎沙龙上展出时就引起了轰动。甘巴特发现这对英国观众而言是一个很理想

1 埃德温・兰西尔（Edwin Landseer，1802—1873年），英国画家和雕塑家，以动物画而闻名。——译者

2 弗雷德里克・莱顿（Frederic Leighton，1830—1896年），英国画家、雕塑家，擅长以学术风格描绘历史、圣经和古典题材。——译者

的画作：其主题可以吸引全国的爱马者，与此同时，大面积丰富的色调也可以向顾客保证这件作品的确物有所值。因此他在1855年7月安排了这件画作和艺术家凯旋般进入伦敦。这件画作刚刚好放在甘巴特在帕默尔街的画廊，悬挂好了之后，人们争先恐后地花1先令来观看这件作品。在此期间，艺术家本人也成了许多媒体关注的焦点，特别是她穿着男装和一头短发所散发出的男性气质。想必她也想炫耀自己在巴黎地区警局所获得的可以穿着男装的特许，因为当她创作《马市》时，周边环境都是男人，她如此着装也是为了安全起见。格雷森·佩里[1]可能也从大都会警局获得了类似的许可。维多利亚女王也喜欢上了罗莎·博纳尔的这件杰作，她要租借给白金汉宫一天。虽然女王最终没有买下它，但皇家的兴趣自然不会对甘巴特的声誉有什么不好的影响。在伦敦之后，《马市》又被送至格拉斯哥、伯明翰、谢菲尔德和其他一些地方城市展出，像旋转木马般愉快地转动着，观看的人络绎不绝。

第二年，甘巴特邀请托马斯·兰西尔雕刻了《马市》的版画（彩插6），发行量非常大，画作也最终于1857年的早些时候在伦敦以3万法郎的价格卖给了威廉·P.赖特，值得关注的是这个最终买家来自纽约。“两个卖马的人才抵得上一个画商。”维多利亚时期的一个画家J.C.霍斯利曾有些苦涩地嘲讽道。这种经济模式在甘巴特的运作下趋于成熟，交付给画商销售的画作犹如一个垂涎欲滴的樱

1 格雷森·佩里（Grayson Perry，1960—），英国当代艺术家、作家、行为艺术家，以异装癖闻名。——译者

桃，画商可以试尝三口。首先，你可以通过面向公众开放的付费展览挤出第一笔新鲜的收益，1先令一张票的话，一天大概可以进账20至30英镑。接着，你可以制作并发行画作的版画，热爱艺术的公众可能愿意花更多的钱购买它。此时你可能已经好几倍地回本最初投资在画作上的钱了，销售作品本身已经是一件锦上添花的事。有时甘巴特根本就不走最后一环，趁着正面的宣传势头，他会将原作直接捐赠给一家博物馆。原作基础上版画的大卖已经为他赚取了巨额的利润，因此对于画商而言，选择将这样一件已经被反复利用的画作捐赠给公共机构，而不是销售它算不上牺牲很大的经济利益。

这种经营模式在甘巴特事业的巅峰时期非常有效，不过也仅限于他的年代。随着诸如电影等更吸引眼球的娱乐活动的出现，无论是多么轰动的画作，公众愿意花钱观看一件作品展览的兴趣也大大降低了。而整个版画行业也受到新兴摄影技术的冲击，后者能够轻而易举地翻版流行的版画。当然，这都是在未来发生的，甘巴特的模式在19世纪50年代和60年代还是运作得非常顺利。英国19世纪中期最成功的画作之一是威廉·鲍威尔·弗里思的《德比赛马日》，画面描绘的是聚集在一起的公众观看赛马季最重要的比赛，这是一个壮观的全景画，充斥着许多孤立的逸闻趣事。作为吸引公众眼球的一个图像，它几乎是一件维多利亚时代画作所能达到的极致。观者沉浸在画面徐徐展开的各个独立故事中。仅仅是满当当的人物和复杂的情节，你就会觉得观画已经物有所值。它就像一部有诸多章节，让人读得心满意足的小说，或者是由丰富的提纲串联起来的很多小故事。作为1857年皇家艺术学院的年度大作，这件作品实在是

图4　威廉·鲍威尔·弗里思创作的《德比赛马日》，是一幅有着电影般魅力的维多利亚时期的版画作品。

太受欢迎了，警察甚至要警告画前拥挤的公众退后一些。

甘巴特在弗里思艺术生涯的早期就发现了他，他笃定弗里思是一个很有商业发展前景的艺术家，这有点儿像一个世纪之后卡斯特里对劳森伯格的认识。甘巴特直接到弗里思的工作室提出合作的意向，艺术家让甘巴特离开时拿一件作品去出售，并为之提出了一个十分具有挑衅意味的价格。不过，当甘巴特最终成功卖出这件画作时，弗里思成了他“一生挚友”。甘巴特并没有买下《德比赛马日》，可能是想到这件作品在皇家艺术学院展览时所引起的轰动，因此以1先令的价格在自己的画廊里展览就不是那么容易了。不过他的确以1500英镑的价格买下了画作的版权，这和雅各布·贝尔买下原作的价钱是一样的。这是一个精明的决定，他在接下来的版画销售中赚取了巨额利润。

甘巴特并不介意与体制外的艺术家们合作，他接纳并销售拉斐尔前派的作品，为他们提供了保守的皇家艺术学院拒绝给予他们的平台。他顺利地卖出了米莱斯和罗塞蒂的作品，不过他与霍尔曼·亨特的合作是最成功的。甘巴特知道亨特花了很多精力创作了一件新约主题的画——《在庙中找到基督》，他本能地意识到这将可能是一件引发销售轰动的作品。虽然这件作品中没有无数骏马，但它蕴含着宗教、戏剧以及为保证历史真实性而精心设计的诸多细节，这些元素呈现了强有力的整体效果。甘巴特的甜言蜜语和雄厚的经济实力哄骗住了亨特，他在甘巴特的劝说下没有将这件作品送至皇家艺术学院的夏季展览上首展，而是在甘巴特的精心运作下，出现在收费的单一作品展览中。这一次甘巴特斥资5500英镑既买下了画作，也买下了画作的版权，为此他不惜倾注全部资产（他能够接受如此价位说明两年前他以区区200基尼购买亨特《世界之光》的版权时一定赚取了高额利润）。1860年2月《在庙中找到基督》的展览在新邦德街的德国画廊里开幕。

前期准备工作正有条不紊地进行着。甘巴特是早期的公关大师，他的销售策略还包括邀请有影响力的评论家在不越界的情况下褒奖他正在销售的作品。例如1858年，他成功地推动和策划了约翰·罗斯金在曼彻斯特的讲座。这不仅力证了甘巴特的说服力，也再一次说明罗斯金古怪的善变，这个易怒且傲慢的评论家居然愿意为一个画商做这种事。对于甘巴特而言，就算罗斯金并不会立刻赞许他的某件画作，但是对那些虽然富裕，可迄今依然没有受到过真正艺术教育的人而言，艺术知识传播这件事至少对他今后的生意是有利的，因为教育将会带来对艺术的渴望。

甘巴特还邀请了《雅典娜》杂志的艺术评论家F.G.斯蒂芬斯为亨特的《在庙中找到基督》撰写一篇评论文章。斯蒂芬斯的评论非常全面，他仔细地分析并基本肯定了画作的细节。他详述了画家重点刻画的角色——宗教领袖拉比，考察了画作还原建筑内部细节的准确度，同时赞赏了画家塑造的那些优美形象。画商犹如一部电影的制片人和发行商，这一影片已经收到了不错的反馈，可以进入下一步推广了。这时大批的观众蜂拥而至，付费进入展厅观画。同时有一批参观者已经留下名字，预订版画。版画根据尺幅的大小不同而分为3英镑、5英镑和8英镑三个价位。精明的甘巴特成功为公众呈现了一件既充盈着视觉体验，又饱含宗教体验的严肃画作。

当代绝大多数成功的画商都有一个共同的特点，他们都非常善于利用技术，特别是便捷的通信技术的发展。这是一个演变的过程，从早先的电报、电话到飞机航运，在网络带来的各种机遇里达到高潮。不过最早，也可以说最关键的发明是铁路交通。甘巴特欣然接受这一新科技并不断出行：去巴黎、布鲁塞尔、根特、安特卫普；去伯明翰、曼彻斯特和格拉斯哥；去会见顾客、约见艺术家、准备展览。他相信市场全球化的潜力，甚至早在1857年，他就将画作运送到美国，尽管这一举动有些不成熟，他也没有卖出很多件。

当然，甘巴特并不是19世纪中叶有利可图的当代艺术市场中唯一的参与者，那时也有其他不同品行、学识和经验值的画商成了他的对手。1860年，从曼彻斯特扩张至伦敦的托马斯·阿格纽公司就是其中的一家，他们领军老大师的艺术市场已经超过一个世纪，但同时也会经营一些在世艺术家的作品。另一个竞争者是路易斯·维

图5　威廉·霍尔曼·亨特创作的《在庙中找到基督》，是一幅融合视觉逸事和宗教体验的流行版画作品。

克多·弗拉托，不过他自1835年从德国来到英国之后，事业的发展轨迹颇为与众不同，他首先经营的是老大师的作品，但在失败之后转而成为一名足科医生。弗拉托在一次外科手术中结识了一个长鸡眼的贫穷艺术家，手头上也有不少待销售的画作。弗拉托设法售卖这批作品并开始经营当代艺术这一更加有利润的领域。弗拉托虽然粗野且无知，但他有魅力、大胆而灵活。例如1848年，他卖给收藏家和工业大亨约瑟夫·吉洛特6幅画作，换来了14 020个钢丝针。

19世纪中叶最有票房吸引力的作品就是弗里思所创作的那种大尺幅画作，它与影片有类似的效果：人们等待着弗里思的新作无异于今天人们期待詹姆斯·邦德的最新电影。弗里思对一件成功的大片级画作的建议是："首先，必须要有一个具有戏剧张力的主要事件，接下来是勾起别人的兴趣”。艺术家在确立这种模式之后便始终坚持着这种创作，1862年，弗里思又创作了一幅内容设定在帕丁顿火车站的画作。和之前的《德比赛马日》一样，画面充斥着戏剧、人物和事件。不过这次是弗拉托购买了画作，而且不仅是画作本身，还有画作的展览权（为了不让画作在皇家艺术学院展览中亮相）和复制版权，据传言，其费用超过了甘巴特支付给亨特《在庙中找到基督》的5500英镑。在1862年的4月和5月的7个星期里，共有21 000人付费观看了这件作品。就算单张门票只有1先令，这也意味着1000基尼的收益。而事实上，弗拉托似乎在每周六将入场费提高到了2先令6便士。弗拉托对销售版画的执着甚至给弗里思留下了深刻的印象，弗里思写道：“弗拉托是成功的、能言善辩的，甚至有些步步紧逼那些不情愿的观者。我绝对相信登记购买版画中的许多人都是为了摆脱他的叨扰。”“愿上帝保佑你！”弗拉托曾说过，“在伦敦没有几个画商懂得如何与顾客周旋，你必须得总是围绕在他们身边，就像一个制桶匠总是围着桶转。”

甘巴特的《在庙中找到基督》和弗拉托的《火车站》有着异曲同工的效果，一件新作，尤其是众人企盼的画作，其商业运营成功的关键是避免作品在英国皇家艺术学院展览上亮相，将其“处女秀”放在画商所安排的时间和地点。有观点认为19世纪的画商仅仅是通过接受诸如印象派这种革命性的风格而势力渐长，后者由于其颇具争议的革新不被官方沙龙展所接受，故而难以找到买家。但是甘巴特和弗拉托证实了画商已经成为继皇家艺术学院或法国沙龙展之外非常有效的传播途径，他们并非是将空间让给那些落选者，而是为那些受欢迎的画家提供更有利可图的场所进行首秀。

在19世纪中叶，艺术与商业的紧密关系还可以从其他商业集团的行为中可见一斑，他们找到弗里思，不仅希望在他的画作中进行“产品植入”，更希望产品成为整个画面的主题。怀特利百货公司老板就曾和艺术家提议：如果您要去寻找充满事件和人情味儿的新主题，那就选择怀特利百货公司吧。如此，弗里思应该是能得到一笔不错的酬劳。尽管很诱人，但弗里思从未有过这样的想法。世纪末米莱斯著名的《气泡》就被皮尔斯买来为他们的肥皂打广告，紧接着还有一场非常成功的宣传活动。这些发生在19世纪的事充分表明了艺术正以前所未有的方式迎合着流行的趣味，这在某种程度上得归功于那些成功的画商。

弗拉托经手弗里思的《火车站》对甘巴特而言不仅仅是错过了一次商业机遇，更是对他职业尊严的一次打击。他希望自己依然是以最高价买下一件现代画作的人，他1863年致信给《雅典娜》杂志，希望澄清弗拉托购买弗里思画作的金额是4500英镑，另外750英镑是付给他不去参加皇家艺术学院展览的额外费用。如此，甘巴特为亨特画作支付的5500英镑依然是最高纪录。甘巴特似乎并未意识到弗拉托为如此牟利的生意所支付的这笔不高的费用事实上更突出其作为一名交易人的显著实力，因为弗里思自己预测弗拉托至少在《火车站》这一画作上赚得了3万英镑，可甘巴特如此行为不过是因为画商的那一点儿虚荣心。这里还需再强调一点，甘巴特找到了弗里思，出价1万英镑买下他的下一件作品，那是名为《早晨》《中午》和《夜晚》的一系列三幅街景画。这个委托从未真正兑现，但画商始终意在向世人强调自己依旧是最有财力的画商。

甘巴特的画商霸主地位可以追溯至1858年撼动伦敦的那场经济危机，许多画商都破产了，只有最优秀的挺了过来。当风暴平息后，米莱斯发现局势已变，以甘巴特为首的剩余画商比以前更加有权势。“我根本没有机会将画作卖给绅士们，画商们都太强势了，”米莱斯哀叹道，“买画的人没法和画家直接接触，只能与他们讨价还价。”米莱斯与画商们的关系，尤其是与甘巴特的关系是非常矛盾的，他逐渐认可了他们的实力，意识到这些画商是能够给他这样的艺术家们带来经济利益的。哪怕如此高傲的弗雷德里克·莱顿，这个早年远远避开画商交易活动的画家也最终屈服于甘巴特的商业诱惑之下。他在给母亲的一封信中写道：“我收到甘巴特的钱款后，立马将这笔钱投在了东部铁路的债券上，1000英镑换了4.5%的份额。”事实上，莱顿将他与甘巴特交易的收入所得投资到铁路债券上是明智之举，他立刻就从艺术界抽身。狄德罗想必也很是骄傲。

但是，之后人们察觉到甘巴特对米莱斯所施加的影响已经超过了艺术家的意愿。这种商业影响是否使米莱斯从早先拉斐尔前派的纯粹主义转变成了一个取悦大众的画家呢？在米莱斯创作《往昔之梦：伊斯姆布拉斯爵士在福特》的过程中，艺术家和画商有过一段不愉快的经历。米莱斯作画后拿给甘巴特看，甘巴特觉得画里马的头太大，于是米莱斯重绘，之后又被画商认为太小，米莱斯总是达不到画商眼中的完美。一旦将画商的建议考虑进创作中，那么作为艺术家安身立命的身份就岌岌可危了。可如今也已经很难不理会甘巴特，他当时正处在事业顶峰。甘巴特的传记作者杰里米·马斯写到，那是“在世艺术家的黄金时代”，而甘巴特“似乎是沟通艺术家和公众的一个旋转门”。他继续在帕默尔街的法国画廊举办成功的展览，资金也源源不断涌入。他举家迁到大道街的罗森斯泰德居所，起居娱乐无不富丽奢华。

1865年，在寻找有潜力的新艺术家以刺激英国市场的例行北欧旅行中，甘巴特偶然在安特卫普造访了劳伦斯·阿尔玛-塔德玛的画室。他立刻发现这个年轻荷兰画家的照相写实主义和他细致入微的历史写实主义题材的喜好在英国观众眼里蕴藏着巨大的潜力。说阿尔玛-塔德玛是甘巴特的产物一点儿都不过分，他将塔德玛带回伦敦并向他委托了24件作品，在之后的四年中，艺术家十分高质量地（并且按时地）完成了这些画作。在那个时代的画商影响下，这些画作都进行过非常仔细的定位，早期作品中阴沉的中世纪色调转变为鲜亮的色彩，充满对古典时期的追忆。题材本身也变成了一些轻松、温和的历史风俗画，其中的逸事多过对宏大历史事件的描述。阿尔玛-塔德玛以生动的技巧为我们展现往日的景象，展现了古人的日常生活以及与维多利亚时代的英国所进行的令人惊奇的对比。英国和美国的观众很喜欢阿尔玛-塔德玛画作中所暗含的讯息：看哪，古罗马人与你我一样，他们相爱，互相打趣，甚至收藏艺术。甘巴特总是能在每一年作品上市时想方设法地提升艺术家的市价。1870年，他又向艺术家委托了一个系列的48件作品，其中一件描绘的是一家罗马的艺术画廊，里面有一批当时的鉴赏家正在紧张地观赏着待销的画作。画面的中心是画商，而这显然是甘巴特本人（彩插7）。这是阿尔玛-塔德玛以一种挺有趣的方式向这个使他如此成功的画商致敬，就像毕加索以出色的立体主义风格表现他自己的画商——丹尼尔-亨利·坎魏勒。

当然，并不是每一个艺术家都那么好相处，性情反复且偶尔有些坏心眼的罗塞蒂对任何画商而言都是个挑战。但是，和米莱斯一样，罗塞蒂也发现将作品卖给甘巴特的好处：他画作的价格能够不断飙升。如果他以50基尼的价格卖给甘巴特一幅速写，后者随后以100基尼的价格出售，这就意味着罗塞蒂下一次卖同样类型的速写给一个私人买家时，他可以出价100基尼并指出这是甘巴特所给出的市场价。但是当甘巴特以200基尼的价格从罗塞蒂那买下他的《蓝色闺阁》，接着以1500基尼的价格卖给了一个名叫萨姆·孟德尔的曼彻斯特收藏家时，麻烦就来了。罗塞蒂一方面对飙升的价格感到震惊，另一方面也欣喜这将会影响到他作品的销售价格，他口无遮拦地和他的朋友们说着这件事。这个故事又传到甘巴特的耳朵里，他震怒地回击了罗塞蒂："如果任何一件作品的创作者将他卖给中介人的价钱公之于众，那么这个生意就彻底完了。"哦，这再一次出现了作品买价和作品再次出售价格之间的差价，这很诱人，但绝不能传到公众的耳朵里。如果是这样，画商就必须奋起反抗：艺术家必须理解高成交价从长远上看势必会提升艺术家未来作品的价格。30年之后，杜兰德-鲁埃尔和毕沙罗也有过一次十分类似的对话："我知道你是以1000法郎卖给我这件画作的，但如果你卖给别人的话必须得标价3000法郎，因为这是我销售你作品的价格，这个游戏必须得这么玩。"

罗塞蒂称甘巴特是"以艺术作为筹码在赌博"，这是对甘巴特很精准的认识，强调了甘巴特如何将金钱和艺术捆绑在一起并将艺术作为赌注，不过他的直觉对什么该卖、什么不该卖十分敏锐，他的这种投机事实上并没有什么风险。在写给画家詹姆斯·斯曼萨姆的一封信中，罗塞蒂向他解释了画商的策略和精准的商业判断："甘巴特对画作太熟悉了，也十分了解它们的市场力。他很了解哪些作品可以成功，罕见和稀少的作品他都会努力去争取，就算是没有署名的，他手上大多都是一些独家经营的作品，他也希望能始终在这方面保持他的优势。"

甘巴特的交易中有很多作品来自他独家代理的艺术家，其后果是这些艺术家越来越被标签化。因为甘巴特知道哪些卖得出，所以他鼓励旗下的艺术家们创作出更多同类型的作品。因此，在公众脑海中艺术家就被定型为创作某种特定题材的人：你想要阿尔玛-塔德玛的古典画，巴特勒夫人[1]的战争画，托马斯·辛德尼·库珀的牛。当艺术家离开自己最为人熟知（或有销路的）的领域之外就需要自行承担风险了，而冒险打破自己成名标记的艺术家是愚蠢和草率的。福楼拜《情感教育》里的阿尔努是艺术品交易中的一个极端的画商："他热衷于迎合公众，将有能力的画家引入歧途，腐蚀坚强的，耗尽虚弱的，并将名望赠予二流的。"甘巴特并不像阿尔努那般无所顾忌，但P. G. 哈默顿[2]在1867年的一段话中写道："设想一

---

1 巴特勒夫人，伊丽莎白·萨瑟登·汤普森（Lady Butler, Elizabeth Southerden Thompson，1846—1933年），专注于军事题材的英国历史画画家。——译者

2 菲利普·吉尔伯特·哈默顿（Philip Gilbert Hamerton，1834—1894年），英国艺术家、艺术评论家和作家。当代版画的热心倡导者，英国蚀刻复兴的重要理论家。——译者

下，画商如果希望以过往经验所证实的最有效的方式销售和推荐他的画作，那么不难推断，画商会鼓动那种虽然有失水准，但流行的艺术。”

不过如果甘巴特通过迎合公众兴趣使自己赚得盆满钵满，那他同样也让他的艺术家们变得富有。他是一个非常老练的市场操盘手，知晓拍卖作为提高当代艺术价格筹码的重要作用。弗里思或阿尔玛–塔德玛的作品（通常由甘巴特自己拍得）在佳士得以数千英镑成交的事实更证实了这一观点。在1882年佳士得的拍卖中，埃德温・朗的《奴隶市场》以6300基尼的惊人价格成交，这种轰动就像是21世纪的在世艺术家，例如杰夫・昆斯的作品拍出了数百万美金。新贵收藏家能够接受这样的价格，而公开拍卖也是没有猫腻的，这就是市场运作的方式。画商作为鉴赏家的传统角色开始延伸到对波动价格了如指掌的一种新的商业专家：在这里，画商成了市场的操盘手。

并不是所有维多利亚时期的英国人都对画商势力的崛起感到高兴，P. G. 哈默顿就把这一现象归咎于艺术收藏家的懒惰，他在1868年的一文中写道：“只要买家宁可花500英镑从画商那买画，也不愿花300英镑从艺术家那买同一件作品，那么画商的存在对于艺术家来说就是必要的。”罗斯金也抨击了为艺术品交易服务的那些受贿赂的评论家：“我们有一大批评论家，他们的满腹经纶对画商很有用，却对艺术家无足轻重。”罗斯金向来多变，都忘记自己也曾在1858年为甘巴特站过台。虽然他可能不喜欢这一点，但罗斯金也认为温和的评论家或学者是推动当代艺术交易链最有效的支持者之一。我们在现代主义到来之际将会看到更多艺术家、画商、评论家的这种三重组合。

甘巴特非常有人格魅力：他热情、富有激情、风趣幽默，会讨女人欢心，同时也是一个意志坚强的人。1866年甘巴特在圣约翰伍德的房子发生了爆炸，这场灾祸很可能会让弱者就此一蹶不振了。那是一次意外的气体爆炸，甘巴特当天正准备在他的罗森斯泰德居所举办一场华丽的化装舞会，这场意外导致了一些人受伤，另有一个侍者死亡。房屋的后半部分坍塌，绝大多数画作都毁于一旦。就在意外发生的前几天，伦敦城里的一家银行倒塌，造成了1900万英镑的损失，因此甘巴特的这场事故似乎可以被解读为艺术市场即将崩塌的预兆。但是甘巴特完全没有被击垮，他推迟了自己的化装舞会并重新整修了房屋。晚年退休后，他移居到尼斯城外一个更华丽的居所，依旧纵情欢愉。

与甘巴特有生意往来的人认为他是一个厉害的谈判家，虽精于牟利，但诚实。和许多画商一样，他对数字总是充满想象力，有时候甚至有些自负。1851年的一次人口普查，他提交的年龄是28岁，而事实上他已经36岁了。但乐观总是画商最关键的武器，有些画商更是善于夸大其词。并不是每一个艺术家都对甘巴特有正面的评价，埃德温·兰西尔爵士就曾有些偏激地说道："他只想着自己，对艺术或创作者（们）没有一丝关切，是一个无情而谄媚的骗子。"不过大多数和他交易过的艺术家还是喜欢他的，尽管甘巴特会给他们罗列应该入画的细节，例如风景画画家约翰·林内尔[1]曾在1851年写道："甘巴特想要的包括前景精心刻画的人物、动物和其他陪衬，题材和效果要尽可能完整，这也就意味着所谓的速写感是要避免的。"

甘巴特这一类画商就像双向无线电通信，他一边从顾客那接收他们喜好的清晰信号，另一边将讯息转播给艺术家。对流行的诉求进一步说明甘巴特和杜兰德-鲁埃尔以及沃拉尔这类画商的区别，甘巴特传达给画家公众所喜欢的，并告诉他们应该这么画；不久的将来所出现的是杜兰德-鲁埃尔和沃拉尔的模式，他们向公众传达艺术家的喜好，并且告诉公众应该怎样欣赏这样的作品。

1 约翰·林内尔（John Linnell，1792—1882年），英国版画、风景画、肖像画画家，是约翰·康斯太布尔的竞争对手之一。——译者

第三部分

现代阶段

第五章

约瑟夫·杜维恩：艺术家一般的画商

对现代艺术来说，第一次世界大战之前的那些年充斥着创新和革命，是一个很了不起的阶段，先锋的画商们在煽动这场革命中扮演了至关重要的角色。倘若没有沃拉尔、坎魏勒、卡西雷尔和赫尔瓦特·瓦尔登，现代主义的进程将会截然不同，他们的重要贡献将会在之后的章节中一一详述。不过他们的商业活动仅仅占那个时代艺术品交易比重的一小部分。1909年，美国取消了艺术品的进口关税，这促进了之后大批老大师画作的交易，包括杜维恩、科诺得勒、威尔顿斯坦和塞利格曼家族在内的许多画商大亨都有进口美国的生意，他们因此大赚了一笔：仅1913年这一年，杜维恩在巴黎的销售额就达到了1350万美金，这种势头一直持续到战后。1929年华尔街大崩盘时，杜维恩和威尔顿斯坦家族依然在积累财富，尽管经济危机对他们的许多顾客造成了巨大的损失，不过这也只是暂缓了他们成功的速度而已。

1936年，伦敦的英国国家美术馆的馆长肯尼斯·克拉克来到约瑟夫·杜维恩宫殿般的纽约画廊。克拉克记录了这个新晋封的弥尔班克的杜维恩勋爵以经营者的身份带他四处参观时的场景：

> 陪同我们参观的是一个名叫波尔特·伯吉斯的大块头男子，他在包装部门工作，具备作为一名安保人员的所有条件。自从他跟随杜维恩成为他的私人保镖之后，也逐渐对画家有所了解，甚至比杜维恩知道的还多。"我们到了，"当我们进入一个房间时杜维恩说，"这是一件巴尔多，波尔特，是巴尔多什么来着?"
>
> "巴尔多维内蒂[1]。"
>
> "对，就是巴尔多维内蒂，你认为这件怎么样?"
>
> "这可能是经过一些修复的。"（那实际上是谎称叫皮耶尔·弗朗切斯科·菲奥雷迪诺的画家重新绘制的。）
>
> "修复的？这不可能，波尔特，这件被修复过吗?"一阵沉默。"哦，他知道的，下一个，下一个。"接下来看的是一个头像。"这是波利，波利什么来着，波尔特?"
>
> "波拉约奥洛。"四周又无声了。
>
> 倘若展示的是杜维恩最喜欢的作品之一，他一定会对它来个飞吻。他的热情偶尔难以自抑，每当此时，波尔特就会说："请坐下，乔，冷静点儿。"之后这个大人物就会顺从地照做。

1 阿莱索·巴尔多维内蒂（Alesso Baldovinetti，1427—1499年），意大利文艺复兴早期画家。——译者杜维恩是一个跨世纪的人物，S. N.贝尔曼为他撰写的传记是艺术类最有趣的书之一。这个既果敢决断，又没有学院艺术史背景的天才画商出生于1869年的伦敦，世纪末是他事业的巅峰期。这是一个有趣的时间节点：1900年左右，美国和欧洲的社会与经济发展出现了一个完美的交汇，这对于精明又善于主动出击的国际画商而言十分理想。大西洋的一边出现了一群富有的美国人，他们拥有一切，唯独缺少历史和地位，而另外一边则有大批欧洲贵族，坐拥地位和历史却急需金钱。那么该如何改善这一状况呢？如何让欧洲和美国满意，并将地位和历史赐予后者呢？“老”欧洲丰富的艺术品是再完美不过的商品。杜维恩擅长的正是这种交易，他在低价购买和高价卖出这一讨巧的领域中占据一个有利的位置。他还和另一些人分享着这一领域，这其中就包括诸如伯纳德·贝伦森[1]和德国博物馆的馆长威廉·冯·博德这样的专家，杜维恩对他

图6　约瑟夫·杜维恩，“当他在场时，每个人都像是喝了酒似的”。

1　伯纳德·贝伦森（Bernard Berenson，1865—1959年），美国著名艺术史学者，主要研究文艺复兴时期艺术史。——译者

们出手很慷慨；另外还有一些接受没落贵族私下委托的那些唯利是图的中介，以及受到杜维恩鼓励，进行创造性表达的那些修复师。

一个惊人的数据显示，华盛顿的美国国家美术馆馆藏奠基人安德鲁·梅隆的收藏中，有50%都是杜维恩提供的。事实上据估算，进口到美国的最优秀的意大利作品总量的四分之三都经了杜维恩的手。从这一点上看，他开创了一种“文化洗钱”，即用美国富人的新钱与欧洲古典艺术做交换，他将这种新钱转变成了一种古老的文化资本。与此同时，在欧洲贵族手中的旧钱也已经悉数耗尽了。19世纪80年代以来，随着新世界里耕种面积的不断扩展所造成的供应过剩，直接导致了农业价格的崩盘，这让大多是艺术品买家而非卖家的英国贵族感觉到了经济压力。有地却没有现钱，他们环顾四周以寻找能够变现的资产，于是他们祖先的艺术收藏就是个显而易见的选择了。

约瑟夫·杜维恩的另一个名字叫乔，他出生在一个著名的艺术品贸易世家。20世纪初，由乔的父亲和叔叔创立的杜维恩家族公司就已经是一家在大西洋两岸都设有分支、关系网遍布各地的重要机构。当爱德华七世在威斯敏斯特教堂举办加冕礼时，他还招来杜维恩兄弟担任改善白金汉宫外观的装饰设计师，并要求他们装饰在威斯敏斯特教堂举办的庆祝活动。年轻的乔非常渴望进入绘画市场，1901年6月，他说服父亲以破英国绘画拍卖纪录的14 050基尼的高价购买了一张由霍普纳创作的18世纪肖像画。这里的意图很明确，说明乔从最开始就明确了一条简单道理：高价意味着优质，反之低价意味着品质堪忧。

1900年的前后五年，杜维恩家族的生意翻了三番，最初事业起步时他们连门店都没有，而如今华丽升级，他们开设在伦敦、巴黎和纽约的店面看起来就像奢华的私宅。乔的绘画买卖也十分火爆，除了英国肖像画之外，他还提供法国18世纪的大师以及伦勃朗或哈尔斯的作品，当然也有文艺复兴时期的意大利古典画作，这是乔所定义的美国富人的品味。在20世纪的最初40年，美国富人非常喜欢购买这些作品。由于市场流通量太大，乔一直不喜欢19世纪晚期艺术和现代艺术，他也不喜欢拍卖，那里的价格总是太出乎意料，而且还得需要额外的帮助。乔长期的生意伙伴爱德华·福尔斯评价他总是精力充沛、热情四射、野心勃勃，却不太有耐心。他对英国画派颇为了解，对法国和荷兰绘画有粗浅的认识，对意大利的艺术知之甚少。他出色的销售力弥补了鉴赏力的不足，对于意大利绘画，他聪明地意识到自己需要行内专家的帮助。他找到了贪婪、傲慢、无所顾忌却总是自相矛盾的伯纳德·贝伦森。他们所缔结的画商与学者之间的合作关系成为艺术品交易历史上最富有成效的组合，但也是——至少对贝伦森而言——最饱受诟病的一段。

1895年的意大利艺术展览会上，贝伦森开始被视为意大利文艺复兴艺术品交易中的专家。这个来自波士顿的年轻学者提供了一份展览中“可替代作品”目录，指出了所有的归属错误和糟糕的作品。事实上，他已经和科尔纳吉的奥托·古特孔斯特一起合作为伊莎贝拉·斯图尔特·加德纳购买重要的文艺复兴作品。这个有些古怪却非常积极的收藏家也同样来自波士顿，她大量购入画作，这次合作让贝伦森最早了解到在艺术品交易中应当避免踏入的雷区。他卖给伊莎贝拉三件伦勃朗的作品，其价格比他愿意公开承认的高得多，他这么做只是为了不让她多疑的丈夫发现事实。从这个不太磊落的事情中可以瞥见艺术品买入和卖出之间的价格弹性所打开的道德缺口。这对画商而言的确是个甜头，但如果你的顾客听闻这中间的落差究竟有多大时，可能很快就会变成苦头了。贝伦森总是想两全其美，这引来古特孔斯特的一段言之凿凿的指责："生意可不会是美好的。"在给贝伦森的信中他继续写道：

> 我并不会责怪像你这样的读书人不喜欢这样。但如果你想像我们一样挣钱，你就必须像我们一样这么做……如果你交给我们的画作并不适合加德纳夫人，那也没有关系。我们还是会向你买下它，或者给你利息。重要的是我们都能赚到钱，而与此同时，加德纳夫人也能闪耀出众。

贝伦森和他的太太玛丽成了从意大利走私艺术品卖给美国人的行家。玛丽在1899年曾写道："我不认为这是不妥的事，因为在意大利，这些画作将会因疏于保护而残破不堪。"贝伦森的方法是首先找到意大利当地画廊的监管人，以获得出口许可。他们将作品放在一个盒子里，此时以一件毫无价值的劣质画替代。之后这个盒子将会由监管人盖上印戳，但是之后会在别的地方重新打开，并换上原本要出口的画作。不同的时期有不同的标准。

贝伦森的存在让杜维恩既紧张又兴奋。杜维恩认识到英国18世

图7　重申对触觉判断重要性的观点的伯纳德·贝伦森。

纪的绘画基本上都有明确署名，而德国和佛兰德斯绘画需要的专家意见也不多，真正最投机的市场是意大利文艺复兴时期的艺术，这一领域有巨额的利润。贝伦森是意大利文艺复兴领域公认的专家，其价值无法估算。他所提供的专业向导可以使一件投机的画作成为定能牟利的作品。他的慧眼能够以权威性的口吻将作品的创作归属精确到某个艺术家，其中有一些是他真正发现的，也有一些是他杜撰的。

但是贝伦森也同样需要杜维恩，因为他需要钱。他虽然出身普通，可他对艺术的超凡经验带他进入了一个富足的交际圈，这往往会给专家带来一些危险的后果。伊塔蒂别墅令他魂牵梦萦，这座他心尖上的别墅位于托斯卡纳山上，异常昂贵。因此，贝伦森和乔在1906年签订了一项协议。如果乔是一个善于自我分析的人，他可能会发现他和贝伦森其实有很多的共同点，譬如他们都自负、野心勃勃、乐于享受奢华的生活方式、贪婪而富有魅力。但是对贝伦森做出敏锐判断的是乔的叔叔亨利，他也是杜维恩家族中最理性的人："他可能是对我们最有用的，不过我建议你谨慎，我们都知道他永远不会担任第二小提琴手，如果他不做指挥，他也要做领队，一旦我们与他的步调不一致，将会很麻烦。"

由于和杜维恩合作，贝伦森开始赚取丰厚的酬劳。据估算，他在1911年到1937年这26年间挣得了超过800万美金，这笔钱足够他买下和修整伊塔蒂别墅，修建一座16英尺的规整式花园，购买一辆符合他新地位的车并雇用一个男管家，这个男管家之后被罗杰·弗莱挖苦地形容为"学术生活的重要助手"。在杜维恩的组织结构里，高度的保密级别能够保护贝伦森。所有他应得佣金的交易信息都被记录在"X账本"中，这是一份只有杜维恩和他的副手福尔斯私下知晓的分类账目。有趣的是，贝伦森在杜维恩账本里的代码是"多里斯"。对古希腊了解的人会发现这个名字和"贿赂"这个词出自同一词源。

贝伦森在为杜维恩提供专业意见时是否真的有虚报呢？我们能够确定的是在他和画商合作的那些年里，他鉴定为真的作品越来越多。不可否认，贝伦森也开始痛恨自己陷入的这个浮士德契约，因为这是以牺牲自己的学术信仰为代价的。作为一名艺术史学者和鉴赏家，应该是不涉利害的公正的评判者，而事实上，他却总在诚信边缘徘徊，是拿着酬金的推手。隐秘而偷偷摸摸地加大自己的佣金就是越来越偏离诚信轨道的欺骗。"我很快就发现我与算命的、看手相的、占星的为伍，甚至不是自欺欺人的那种，而是一种明目张胆的江湖行骗。”这段话反映出贝伦森对自己在艺术市场上所扮演角色的苦涩和不坦诚。另外，他也提到了杜维恩的诱惑力：“这个贵族具备不用劝说就能令人信服的能力。”不过贝伦森自己也太过于热情，他褒奖画作时的美言对杜维恩而言成了一个非常有效的卖点。

一些明确的事件说明就算贝伦森还没有跨越那条道德的临界线，也已经与它近在咫尺了。1922年，杜维恩从贝伦森那里拿到他卖给金融大亨威廉·所罗门一批画作的溯源征书。据贝伦森晚年的伙伴和密友尼基·马里亚诺所说，贝伦森起初是拒绝为这批画作做名录的。但无论如何，这些还是出现在了“X账本”里。当然，所有进入到“X账本”里的部分，贝伦森都会有酬劳。在贝伦森的脑海中始终进行着数学运算：买家对一件明确创作者的作品会出更高的价，这意味着贝伦森能拿到更高的佣金（任何一笔售价的10%到25%）。另一件颇有争议的作品是威尼斯画派的一幅阿利奥斯托的肖像画，1913年杜维恩卖给百货公司巨头本杰明·奥尔特曼时，贝伦森准备赌上他的名声将其归为乔尔乔内的作品，完全无视自己在1896年就声称“这是一件提香年轻时的作品，或者是那件作品的复制品”。这想法变得可真快。

或许我们可以假定随着意大利文艺复兴杰作供给的不断减少，在杜维恩的压力下，贝伦森只能屈从于作品署名的乐观主义倾向，肯定了一些有争议的作品。正如梅莉·希可丝特[1]所分析的，贝伦

1 梅莉·希可丝特（Meryle Secrest，1930—），美国传记作家，主要撰写美国艺术家和收藏家。——译者

森鉴定不准确的其中一个原因是自20世纪20年代之后，他总是通过照片来判断，这也许是刻意为之。“贝伦森晚年的日记里表现出了他敏感的道德心和他对自己完美主义的期待，在浑浊而纵容的世界深处，他唯一能够不那么内疚的方式，就是从只能为他提供非常有限信息的证据中进行判断，因为他总是可以怪罪那些证据。”

贝伦森是一个要求很高的商业伙伴，他希望在自己参与的生意中获得最大化的利益，但不对真正的销售承担任何责任，这意味着他只分盈利，不担损失。他对这点非常明确，这犹如天主教堂秘密地拥有一座避孕套制造厂，他们非常乐意分享利益，但当一批商品有问题需要返厂时，他们是不会愿意接受这笔损失的。对于那些向艺术市场提供鉴定服务的专家而言，他们需要达到一个道德感的平衡（贝伦森也许是最知名和最出色的一个，但他绝不是孤例）。有一些人也会用一些模棱两可的语言来缓和良知的谴责，例如威廉·冯·博德曾说：“我从未见过佩特鲁斯·克里斯图斯[1]这样的画作。”这被画商认作对画作的终极称赞。但事实上，这却暗示了专家对这件作品真实性所产生的怀疑。由于人们都知道博德在晚年的时候招架不住年轻女性的魅力，因此柏林的画商为了得到博德对他们库存画作的溢美之词，总是派去非常有魅力的女秘书围在他身边，博德因此也时常伸出援手。雷奈·詹泊尔[2]一直是这些事件

1 佩特鲁斯·克里斯图斯（Petrus Christus，1410/1420—1475/1476年），早期尼德兰画家，从1444年开始活跃在比利时的布鲁日，他的画作受到扬·凡·艾克的影响。——译者

2 雷奈·詹泊尔（René Gimpel，1881—1945年），著名的法国画商。他的私人日记记录了他与艺术家交往以及艺术品的买卖交易，是了解现代艺术史和两次世界大战之间艺术品收藏与销售的重要文献。——译者

有趣的见证者：他记录了一个知名的艺术史学者和博物馆馆长马克斯·弗里德兰德是如何疯狂地被一个画商的太太吸引，后者为了从他身上获得对画作的肯定，不惜牺牲色相。詹泊尔写道："如果她和他睡，这个事情就可以迅速解决。有了这些署名，就能建立适合美国人的收藏！"

杜维恩能让人按照自己意愿做事的本事也是出了名的，在同时应对来自多方的挑战时，他能够出色地部署协作阵营赢取胜利。他通过各种方式说服他的主顾们、员工们、听话的专家们、修复师们、画商同行们、律师们、贵族的中介们，甚至皇室成员们按照他的想法行事。充沛的精力、始终如一的乐观主义精神和霸道的魅力都是他成功的重要因素，这往往令英国人觉得很了不起，因为他们认为那些是美国人才有的品性，而美国人也同样觉得惊艳，因为他们也以为那是英国人才有的气质。"约瑟夫·杜维恩做生意就像是要发动战争，专横无比，"在1920年9月的日记中，詹泊尔曾这么写道，"他是一个大胆的买家和令人招架不住的卖家，但他也有些孩子气，甚至孩子般地问我，人们是如何看待他和他的公司的。我回答他：'你是一个非常出色的卖家，也有非常出色的作品。''他们说得没错，你觉得呢？'"即便是杜维恩，有时也需要一些言语的宽慰。

在事业起步期，乔从父亲乔伊和聪明的叔叔亨利在纽约的生意中学到了很多。在事业全盛期，他也很幸运有一个支持他，而且十分出色的团队。有很多交易的细节事实上是由乔的哥哥爱德华和恩斯特在伦敦的画廊，以及爱德华·福尔斯和阿曼德·罗文格德在巴黎的画廊把关的，他们有好几次都帮助乔避开了性格的弱点，因为在艺术市场中过于热情往往是一件很危险的事。这时出现了一个名叫贝特拉姆·伯吉斯的厉害人物，他的名字直接来源于P.G.伍德豪斯爵士的小说，他在杜维恩的团队中扮演着越来越重要的角色。伯吉斯是在纽约港被聘用的（据传他自1915年被一家英国货船公司解雇后就在那里工作），他看到了杜维恩招聘门房的广告信息后去应聘，当时很多应聘者排起了长队。每一次伯吉斯被拒绝之后，他都立刻再次回到队伍中以新的申请者的身份重新应聘。他在第三次尝试后被雇用，并成了一个门卫，这个身份让他觉得有必要携带一把手枪。他的脸长得像个牛蛙，而他的街头智慧使他格外吃得开。他将禁酒令视为一个机遇而非限制，他利用麦迪逊大道的一家时尚的熟食店作为基地，为杜维恩的主顾提供非法烈酒。

伯吉斯的工作是收集小道消息，他大方地贿赂着杜维恩顾客的仆人们，以便获得可供杜维恩在与他们的雇主协商时能用到的私人信息。伯吉斯最引以为傲的是当安德鲁·梅隆任财务部部长时，“他晚上离开办公室的一个小时之内，他的废纸篓就搭上了从华盛顿到纽约的火车”。20世纪20年代在巴黎，他通过同样的方式知道莫里斯·德·罗斯柴尔德有便秘。正如书中最初提到的，杜维恩早上会给他的贴身男仆打电话了解他是否顺利排便，这决定了那天是否是为他推荐大师作品的有利时机。这种买通顾客家仆的策略屡见不鲜，不久以后，有个重要的画商发现了一个收藏家的男管家是一个敏锐的业余艺术家，为了让他帮自己迎合他的主人，他为男管家在伦敦西区举办了一场展览。伯吉斯对另一个杜维恩顾客的男管家朱尔斯·贝克也格外关照，甚至打算将他的儿子送进哈罗公学[1]。

艺术市场在一战之前发生着巨大的变革，许多领军人物的信心接近爆棚。1909年，杜维恩的对手雅克·塞利格曼买下了巴黎华丽的萨根宫作为自己的欧洲总部。他在那里接待来访法国的美国百万富翁并卖给他们作品。当然，他提供的不仅仅有绘画，还包括家具、银器、挂毯、彩陶、金盒。雅克·塞利格曼（他在获得美国公民之后将姓中的第二个n删掉了）生动地记录了他的父亲与造访萨根宫的美国大亨J. P. 摩根的聚会，再现了富有的收藏家和画商之间的关系。一下午的商业协商和美学论争后可能就敲定了价值50万美金的生意。日耳曼·塞利格曼曾说："伟大的交易必须得有些大动静，否则还有什么乐趣?"1914年雅克·塞利格曼以前所未有的50万美金，先期投资购买了华莱士－巴加泰尔[2]的收藏。这是一个巨大的赌注。不过，塞利格曼知道这些是由伟大的赫特福德侯爵[3]收集的，而当他在拉菲特街2号的房子看到这一藏品时，他发现那的确是可以与今天的华莱士收藏相媲美的作品。在战争爆发前的夏

---

1 哈罗公学是英国最负盛名的私立学校之一，1572年成立，位于伦敦西北角，主要招收13—18岁的男生。杰出校友包括英国前首相温斯顿·丘吉尔和著名诗人乔治·戈登·拜伦。——译者

2 "华莱士－巴加泰尔"指的是理查德·华莱士在巴黎近郊布洛涅森林的小型城堡巴加泰尔的收藏。理查德·华莱士（Richard Wallace，1818—1890年）是赫特福德第四代侯爵的私生子，英国著名艺术收藏家。1870年，他从父亲那里继承了大量的欧洲艺术收藏。——译者

3 这里指的是理查德·西摩－康威（Richard Seymour-Conway，1800—1870年），赫特福德第四代侯爵，常年居住在法国，致力于收藏艺术品。他在英国的故居就是如今位于伦敦的华莱士收藏馆。——译者

图8 J. P.摩根，对整容一无所知的富豪。

天，塞利格曼将所有的作品运到萨根宫并试图将里面的珍宝出售给亨利·弗里克和其他的国际收藏家。

20世纪早期也是美国富豪阶层的黄金时代，什么样的人能有如此惊人的财富，可以成为杜维恩和其他艺术商业巨头的常客呢？从言行和野心上看，这些富豪在那些年里基本上没什么变化，但是这些早期大亨有一个特点是很突出的——他们表面上并不怎么有魅力。可能当今的富人与百年前最大的不同点在于，21世纪的富豪阶层已经开始关注保养和美化自身（甚至是男性），肉毒杆菌、整容手术、染发和接发都被大量地用于抵抗岁月的侵蚀和无情的自然摧残，这突出了一个观点，即只要足够有钱，你就可以购买一切，甚至是永恒的青春。而这无稽之谈在1900年的美国是不曾有的。诸如本杰明·奥尔特曼、亨利·克莱·弗里克、皮尔庞特·摩根、P. A. B.怀德纳、亨廷顿家族的柯林斯和亨利，他们都是不拘小节和粗鲁的，唯有在艺术的温柔安抚下寻找救赎。这些人也都是白手起家：奥尔特曼是百货公司大亨，弗里克是钢铁巨头，摩根从事银行业，怀德纳经营肉类产业，亨廷顿家族经营铁路运输业。他们都知道让自己变得更文雅和绅士，同时也受到杜维恩所营销的那种艺术观的诱惑。艺术提供救赎，这个观念是由从艺术家转向顾问的玛丽·卡萨特在推进某个交易时常常使用的说辞。她曾用无情的言语刺激着她的主顾詹姆斯·斯蒂尔曼，在一件委拉斯开兹的作品前，卡萨特对他说："买下这幅画吧，像你这样富有的人是可耻的，购买它能够挽回你的声誉。"

贝尔曼认为20世纪初的富豪们还有一个显著的特点是沉默寡言，他猜测"也许拥有巨额财富和惜字如金之间有一种奇妙的联系"。另外他认为百万富豪们都说话缓慢，这是"为了避免自己落入承诺的无底洞"。这一特点一直延续到21世纪，不过我对此倒有一个不同的解读。我遇见的那些富人不会侃侃而谈是因为那太耗费精力。许多超级男富豪的情商和智商都放在了打高尔夫球上，事实上，他们大部分的精力，无论是社交上的，还是体力上的，都消耗在了这一活动中。他足够富有，甚至懒得去说完他要说的，说话本身所需要花费的力气对他而言都是对珍贵的时间和精力的一种浪费。于是他可以进一步地认为那些在世界上为他服务和满足他奇思妙想的（绝大多数人，包括他的妻子）必须立刻将频率调到他的频道，这样他只需以最简短的话语就能引导他们找到他要求的正确方向。事实上，沟通这件事本身都令他厌烦，从他半句话中常常出现骂人的话这一点就能感受到，记得有一个非常富有的顾客曾带我参观他的会客厅，他在准备为我介绍他收藏的一件作品时就说道："该死的马蒂斯，该死的不同寻常。"

尽管对杜维恩而言，钱比艺术重要得多，但他向他的顾客们所传达的讯息则是艺术的价值要远远高于金钱。通过购买伟大的艺术作品，他们买下的是不朽，是与莱奥纳多、波提切利和拉斐尔等伟大的艺术家做伴。虽然杜维恩曾被指责他给老大师们的画作过度抛光，但他声称富有的顾客们希望看画作的时候能够看到画面上反射出的自己。杜维恩对市场了如指掌，他很少在所谓的预售之前买下画作。他知道自己可以出资多少来购买一件作品或收藏，因为他深知有买家已经落入自己编织的通过购买艺术来获得永恒的梦中，必能说服其购买。杜维恩的第一个大笔买卖——鲁道夫·卡恩的收藏就是以这样的手段完成的。1907年乔和叔叔亨利花了420万美金买下这笔收藏，这一笔生意也开启了杜维恩和内森·威尔顿斯坦的生意往来，这两个画商常常针锋相对，却也总能让彼此获利。几乎同时，杜维恩还从柏林买下了著名的海纳尔[1]的收藏。此时，买家已经开始排队，包括奥尔特曼、怀德纳、J. P.摩根都参与竞买，同时想要这份收藏的还有阿拉贝拉·亨廷顿，她是柯林斯·亨廷顿的遗孀，曾经购买过伦勃朗的《亚里士多德与荷马的半身像》。很快，杜维恩就赚了第一笔，而且还有一些优秀的库存作品。阿拉贝拉·亨廷顿是画商理想的交易对象，她自己是富有而狂热的收藏家，还是一个可以轻松解开比她更富有的丈夫的钱袋的老手。1908—1917年，她和她的新丈夫，亨利·爱德华·亨廷顿（柯林斯的侄子）在杜维恩那里消费了2100万美金。当乔告诉亨利·克莱·弗里克，J. P.摩根的“弗拉戈纳尔之屋”在大都会博物馆展出时，他也表达了强烈的兴趣（画商利用一个重要的博物馆展示私人收藏，并通过博物馆展览的权威来刺激拍卖，这并不是第一次，

---

1 奥斯卡·海纳尔（Oscar Hainauer，？—1894年），海纳尔在1874年开始建立自己的收藏，一开始是一些当代绘画，之后扩展到装饰艺术。1897年海纳尔的遗孀将他的收藏进行编目、出版。——译者

也非最后一次）。之后，诸如奥尔特曼家族的收藏家们也都秉承着“生命易逝，艺术永存”这一原则，虽然以他名字命名的百货公司已经歇业，但他的名字被永远地印刻在大都会博物馆的展厅中。正如在英国，没人想看到塞恩斯伯里破产，但是就算最糟糕的事情发生了，这个名字依然会在国家美术馆的展厅中永存。而总是效仿他的顾客的杜维恩，也在泰特不列颠美术馆以他名字命名的画廊中享有不朽声名。

杜维恩以非常高的价格购买他的库存并开价是明智之举。在市场的平流层能够或多或少避免买到伪作。杜维恩非常了解如何买到最上等的佳作，这些都有精准的出处，是毋庸置疑的正品（通常在内部由贝伦森提供）。高价本身也能吸引一些特定的买家，他们通过支付最高昂的价钱来获得舒适、愉悦和高品质。而历史也证明最上等的作品总比泛泛之辈的作品升值更快（但总要考虑品味的变化，这是无法预料的因素）。

杜维恩商业模式中更隐晦的一层是中介，他们极其重要，乐于给杜维恩引荐贵族卖家和美国买家，并从中秘密收取费用，但为了保持在社会上的清白名声，必须对所收的佣金绝对保密。乔培养出了一批出色的英国中介，包括埃舍尔勋爵和法克勋爵，他们为杜维恩介绍了皇家的赞助。法克勋爵除了帮杜维恩完成一笔利益颇丰的生意之外，他还告诉杜维恩哪些贵族正陷入经济困境。作为回报，杜维恩帮法克勋爵的官邸免费购置了家具。贝伦森尖刻地形容杜维恩：“站在一张巨型贪腐网络的中心，他的势力从大英博物馆最底层的职员一直到白金汉宫。”贝伦森的忧虑在杜维恩1919年被授予爵士勋章时成为事实，之后他又在1933年成了世袭贵族。

杜维恩总对艺术品有些充满创意的想法，他能够将其重新剪裁成一个更讨顾客喜欢的形状。20世纪70年代，佳士得的古典部门可能会因为庚斯博罗的椭圆形肖像画而一筹莫展，但这绝不是杜维恩做事的态度。在他的指导下，商业上不太成功的椭圆形肖像画被剪裁成更符合市场的长方形，这样一来大家都开心了，毕竟顾客永远是对的。有时候杜维恩会收到一些更私密的请求，来自美国的顾客卡尔·汉密尔顿想要男孩子："大约十二三岁的青少年"，希望带回美国领养。不可思议的是，杜维恩居然应允了，他为卡尔带来了两个男孩子，分别来自法国和西班牙。可能正因为这件事，贝伦森向雷奈·詹泊尔讽刺道：

> 在佛罗伦萨，美国人成了搜寻少男少女的艺术爱好者，经营艺术品的中间人紧跟着老鸨的步伐，有时甚至身兼这两种身份。美国人以不可思议的代价投入这种声色犬马之中。画商不会只身犯险患上什么病，只是画被玷污了。

尽管贝伦森对杜维恩越来越有意见，却也不得不承认他是善于经营的艺术家。"他总是能让你出天价，榨干生意的最后一分利，之后也会毫不吝惜、大方慷慨地为你掏钱。""当你出高价购买无价之宝时，其实是赚到的。"杜维恩的这句营销说辞虽然简单，却让美国的百万富翁们十分着迷。弗里克找到一种实用的方式来安慰自己，认为杜维恩的高价事实上也是挺合理的，他发现腓力四世付给委拉斯开兹一件作品的价格大约是600美金，而杜维恩如今开价是40万美金。弗里克将这600美金以每年6%的利息从1645年算到1910年，他惊喜地发现花40万美金也是捡到便宜了。

就算是最伟大的画商，在讨论起他们的对手如何对待顾客时总有那么一点儿像修水管工。杜维恩在观察其他画商的艺术品时的反应，甚至比水管工在观察同行手艺活时更多出几分叹息和摇头。有一些细节可以判断：忽然的挑眉、充满怀疑的气息和厌世的摇头，诉说的不仅是愤怒，更是对人类贪婪的叹息。欣慰的是，至少在这种情况下，他是在保护天真的顾客——他的朋友们，因为杜维恩的顾客是他的朋友——避免他们犯下代价昂贵的错误。塞缪尔·N.贝尔曼曾记录道：

> 有次，十分德高望重的公爵考虑购买阿格纽提供的一件老大师的宗教画，这是英国一家著名的艺术品公司。他想让杜维恩帮他看看。杜维恩评价道："非常好，朋友，这很不错。但是我想你应该注意到了那些天使有同性恋的意味吧。"

还有一次，一个16世纪意大利绘画的潜在买家将一幅另外一个画商提供给他的作品拿给杜维恩看，"凑近了看杜维恩的脸庞，发现他的鼻孔在颤动，之后杜维恩遗憾地说：'我闻到了新鲜颜料的味道。'"

杜维恩从顾客那里收取巨额费用本是很心安理得的，但如果买家决定将画作重新卖掉就有点儿麻烦了。他最好的主顾们在非常罕见的情况下，也会将画作重新投放到市场上。此时杜维恩会想方设法维持画作的价格，他会让其他顾客以更高的价格买下它们，这有点儿像一场成功的庞氏骗局。肯尼斯·克拉克1936年造访杜维恩画廊时曾注意到一件所谓巴尔多维内蒂[1]的作品，这幅画的转手经历就提供了一个很好的例证。1910年，乔在贝伦森的建议下以5000美金的价格买下了这件作品，尽管当时被确认绝大多数都是被重新绘制的，而且是由卖家，一个名声不好却有想法的修复师修复完成的。即便如此，乔还是以62 600美金的价格卖给了威廉·所罗门。当威廉·所罗门想再将它出售时，乔又将它以105 000美金的价格卖给了更富有的顾客克劳伦斯·麦凯。当麦凯在大萧条时期破产时，乔又将画作拿回。因此，当克拉克造访时，它依旧悬挂在杜维恩的墙上，不过也没有放置太久，就在同一年，乔就把它卖给了塞缪尔·克莱斯，后者又将其捐赠给了华盛顿的美国国家美术馆。将其赠给华盛顿的美国国家美术馆是一系列转手的最后一环，这更确保了没有人因此失利。说服大客户们将他们的收藏捐赠给博物馆也是乔完成的一项出色的任务。这么做除了能让他们获得不朽的名声，也有减税的优势，他们也都很积极地响应这一做法，这是很天才的想法。按贝尔曼的话说，“这不仅可以使他们被世人所铭记，也能免于国内税收官员的造访。”亨廷顿、弗里克、梅隆、贝克和克莱斯都被杜维恩说服参与到这项公益事业中。事实上，为了

1 阿莱索·巴尔多维内蒂（Alesso Baldovinetti，1427—1499年），意大利文艺复兴早期画家。——译者

弥补初创期华盛顿的美国国家美术馆藏品的不足，1936年乔从库存中选取了价值2100万美金的画作和雕塑卖给了安德鲁·梅隆，这么做减轻了这个清教徒的愧疚，缓和了财富带来的痛楚，救赎的艺术就是通过艺术获得救赎。然而，颇为遗憾的是，不少杜维恩库藏中的“天鹅”在华盛顿重新变回了“鹅”：那件所谓出自巴尔多维内蒂的作品至今仍黯然存放在美国国家美术馆的仓库，其创作者依旧未知。

为了准备和一个潜在买家会面，杜维恩常常会策划一个角色扮演的环节，由他的秘书扮演顾客。他是通过不安来营造欲望的高手，第一次来找杜维恩的新买家通常都被告知今天可能没法在他那里买到作品。无论他看上了哪件作品都无一例外地已经为他人预留。阿尔伯特·拉斯克承认：“作为一个收藏的新手，我知道自己需要花费最高的价格去购买大师作品。但我没有想到的是，我还需要另外付一大笔钱来获得以最高价购买的特权。”

那是作为卖家的杜维恩。而作为买家，他在全欧洲都有属下替他奔波，如“游击战士一般四处寻获有好作品但缺钱的贵族们”。贝尔曼记录了他和英国卖家做生意时：“他不会浪费时间寒暄，而是直接谈钱。”他以惋惜的口吻告诉一个贵族卖家：“我不能只付你1.8万英镑，我坚持付2.5万英镑。”他对小数额的钱没有概念。在英国，他所扮演的角色是一个慷慨的丑角，是面对贵族的一个宫廷小丑；而在美国，他摇身一变成为一名英国贵族（当他被授予爵位之后，他在这一点上就更加自信了）。奥斯伯特·西特韦尔[1]认为杜维恩是“有亲和力的，有点儿像音乐厅舞台上小丑般的杂耍演员”。西特韦尔继续写道：“他在各个方面都十分机敏，我想……他很享受突出自己性格中愚蠢的一面，那成了他聪慧的一个掩饰，一个伪装。”另外，杜维恩还装扮成了一个慷慨的英国慈善家，这也是一个了不起的戏法，是一种文化上的偷梁换柱：他的确出资建立了英国的公共画廊，但正如西特韦尔所说：“通过向美国销售英国18世纪和19世纪早期的画作精品，如今我们虽有了画廊，但已经没了可供悬挂的画作。”

杜维恩过得比他的那些百万富翁顾客还要好。我时常想这是否会让顾客们在与一个画商讨价还价时内心起疑。但我想非凡的财富总能使巨富们更加安心。他们愿意多掏25%去和自己人做生意。因为诸如J. P.摩根这样的大亨，他们也经手巨款，赚得巨额收益。在日耳曼·塞利格曼文雅的词句里说道：“他默许画商也有同样的权利。”事实上，他早料到了。和许多顾客一样，杜维恩也并不是一个知识分子，他很少阅读，就这点来看，画商们直至今日也没有太大的改变。我曾经将我写的书赠予和杜维恩有些许相像的一个纽约重要的画廊主。“您觉得好看吗？”几个月后，我厚着脸皮问他，想听到些赞赏。他敷衍地告诉我：“哦，我读了，挺好的。”

杜维恩还是不免惹上了各种官司。1897年，新的美国税收法

---

1 奥斯伯特·西特韦尔（Osbert Sitwell，1892—1969年），20世纪上半叶英国重要的现实主义作家，来自英国著名的文学家族，伊迪丝·西特韦尔是他的姐姐。——译者

案对所有进口艺术品增加了20%的关税。1909年，这一项法案被取缔，允许一百年以上的艺术品可以享受免税政策，这个条款使得美国艺术市场更加自由。在1909年之前的那些“艰难岁月”里，杜维恩有两份账本——一份是真的，另一份则是为躲避美国海关的追查而虚构的。不幸的是，杜维恩旗下的一个告密者将这种做假行为告知了美国海关，直到1909年，杜维恩都受到了逃税的指控。这时，一个伟大的画商需要一个伟大的律师，于是杜维恩找到了路易斯·莱维，他为杜维恩这一指控和其他日后在美国的诉讼案件做辩护。这个指控最终解决了，罚款也从1000万美金削减到120万美金，尽管依旧是一笔不小的数目。好在乔十分满意这一问题最终得以解决，而且关税的免除将进一步打开美国市场。不过即便在1909年，一名国际画商也仍需要时刻保持心思决断，那一年伦敦施行了一项法令，对英国公司的海外分支征税，精明的杜维恩很快就将他的生意转到了纽约和巴黎，这也解释了1913年杜维恩在巴黎的销售额超过了1300万美金的原因，其中包括那年他花50万美金购买拉斐尔的《考佩尔圣母》，杜维恩几乎是立刻以70万美金卖给了P. A. B.怀德纳。

1920年，就在杜维恩被授予爵位的第二年，他公司的净利润达到了710 032美金，进入了更蒸蒸日上的十年，这期间他那已经十分闪耀的顾客名单中除了安德鲁·梅隆、伦道夫·赫斯特、朱尔斯·贝克和克劳伦斯·麦凯之外，新一代美国富豪也开始加入购买艺术品的行列。1922年，杜维恩说服威斯敏斯特公爵割舍出庚斯博罗的《蓝衣少年》，并将其以728 800美金卖给了亨利·爱德华·亨廷顿。最重要的是，当宣布这件作品即将离开大不列颠海岸时，杜维恩还在伦敦的英国国家美术馆策划了一个为期三周的告别展览。科尔·波特甚至为此写了一首歌——《蓝色少年布鲁斯》，以此纪念这一肖像画从“公园路华丽的画廊”到原始的美国西部边界的旅程。

《美丽的费隆妮叶夫人》画作事件是杜维恩摊上的另一个重要的官司，它一直断断续续地贯穿了整个20世纪20年代。这就像是杜维恩精心安排的一个娱乐活动，为他十年来单调的成功之路增添了些许亮色。虽然杜维恩并非是意大利绘画的鉴赏家，但这并不妨碍他公开武断地评价它们。雷奈·詹泊尔记录道：“他对绘画并不了解，他所销售的都有专家签字的支持。但是他的聪明足以使他钻了美国的空子，因为在这里，人们实在是知之甚少。”一个堪萨斯的女子安德雷·哈恩声称自己拥有一件莱奥纳多的作品，那是卢浮宫的《美丽的费隆妮叶夫人》的另一个版本。有人问杜维恩怎么看，他严厉地指责那不是一件正品。哈恩家族指控他搞砸了他们正在协商的销售。他们虽然也并没什么站得住脚的证据，却是非常固执的诉讼人，双方最终在1930年以6万美金达成了庭外和解。不过在此之前，杜维恩在法庭上亮相，并声称自己对真实性的评价确认无疑（尽管他承认自己也并不总能确定作品的署名）。虽然贝纳德·贝伦森在一次听证会上有着十分权威的一刻，但他本人是有些不情愿出庭作证的专家，雷奈·詹泊尔记录道：

律师问贝伦森：“你在卢浮宫对这件作品做过很多研究吗？”

“倾我一生，我已经看过它数千次了。”

“那这件作品是板上画作还是布上的?”

贝伦森思考了片刻，然后回答:“我不知道。”

“什么，你声称自己做过那么多研究，却无法回答这么一个简单的问题?”

贝伦森反驳道:“这个问题就像你在问我莎士比亚是用什么样的纸写下他那不朽的十四行诗一样。”

这是18世纪的鉴赏观念在贝伦森身上的傲慢体现，它强调了和一般的巧匠相比之下的优越性。贝伦森的角色是:“我不知道它是在什么介质上创作的，但我能欣赏它的美。”与之相对的巧匠则是:“我知道它画在什么上面，但我却不知道它是否是美的。”

20世纪20年代晚期，经济大萧条出现了。朱尔斯·贝克从杜维恩那购买了400万美金的画作但并未付款，可是他担心自己破产的消息会不胫而走，因此也不敢将画作退回。杜维恩也同样遭受着经济损失:1929年他的公司亏损了90万美金，而到1930年这个数字上升到了290万。不过他依然按部就班地生活，他的朋友卡劳斯特·古尔本吉安可能事先警告了他股票市场的崩盘，他及时地撤出了资金。在华尔街灾难之后的一个周六早晨，曾经以75万美金买下伦勃朗出色的《亚里士多德与荷马的半身像》的阿尔弗雷德·埃里克森前来拜访杜维恩，后者很快给他写了张50万美金的支票，虽然很慷慨，但自然是没有将当时购买的全款退还给他。不过，杜维恩应允他可以在时局好转之后以59万美金的价格再将画作购回。

这世间有很多种不诚实，例如第一代美国权势代表柯林斯·亨廷顿就曾被评价为“谨小慎微的不诚实”，倘若在21世纪的今天，他是那种能够在高调的遵纪守法幌子下进行可疑交易的经营者。但杜维恩是那种“兴奋的不诚实”，过于沉迷于自己的冒险。他可能从你口袋里掏了钱，但这个过程你却很享受，当然有时你能从他那里拿到一张不错的画，尽管你可能付了过多的钱。肯尼斯·克拉克评价道：“他令人无法抗拒，他的精湛表达和口无遮拦很有感染力，每当他在场的时候，每个人都表现得像是喝了几杯酒。”杜维恩总是冒险行事，他越过了自己不当地批评或褒扬一件艺术品时所布下的障碍，也总忍不住做出惊人之举。另一方面，贝伦森的不诚实则是潜移默化、慢慢渗透的，1934年他曾向肯尼斯·克拉克私下吐露说：“你知道，罪恶刚开始往往都是善良的。”

在包括杜维恩、塞利格曼、科诺德勒、阿格纽、科尔纳吉、威尔顿斯坦等画商的引导下，美国20世纪初的一代大亨都最珍视意大利文艺复兴时期的艺术，他们充满敬畏地愿意斥巨资购买那些作品。杜维恩通过重要的贝伦森作为中介，以更高层次的教育背景和专业知识来支撑这高昂的价格。譬如人们无法想象在19世纪末和20世纪初艺术品交易的刺激下，人们对乔尔乔内的狂热达到了何种程度。提香一直以来都是威尼斯画派中最知名且作品品相最优秀的领军画家。数世纪以来，国王、君主和贵族阶层都趋之若鹜地想要拥有他的作品。但是画商如今发现乔尔乔内还有更特别之处，除了天才之外，他还有浪漫的元素。他为16世纪早期的威尼斯画派增添了一丝欲罢不能的神秘欲望。沃尔特·佩特[1]在《乔尔乔内画派》（1877年）一文中充满想象力地建构了一个非常具有19世纪风格的梦幻场景：一些牧羊人在阿卡迪亚的田园风光中，伴随着飞溅的水流的声音吹奏着笛子。

除了对才华和浪漫的追捧之外，乔尔乔内由于英年早逝而更引人关注。瑞特灵格在提及乔尔乔内时曾说："他33年的短暂人生给艺术品鉴定专家们造成了一些困扰。"但对精明的画商来说则蕴含着很大的商机。事实上，他的作品量有一定的弹性，比提香的作品更加稀少，也并没有人确切地知道乔尔乔内何时落幕，提香几时登场，但人们公认的是他对提香早期的风格更有影响，而非反之。艺术品交易利用了这些因素，使得乔尔乔内比提香更受追捧。

1937年，杜维恩试图从阿伦德尔伯爵那里购买一件美丽的《圣诞图》，这一事件是杜维恩和贝伦森最终的冲突，也终结了他们的生意合作关系，争论的焦点是贝伦森是否打算将这件作品归为乔尔乔内，而非提香，如果是前者，那必然价值更高。1913年贝伦森就已经为了将画作卖给奥尔特曼，而将《阿里斯托肖像画》的作者从提香转而归为乔尔乔内。但是这一举动让他内心有愧，或者心有不满，因此他拒绝再一次在杜维恩想要的作品上署名。20世纪中期乔尔乔内作品集的缩水可以视为贝伦森对自己卷入艺术品交易里深感悔恨的直接体现，他重拾了严格的学术标准，由他经手的只

1　沃尔特·佩特（Walter Pater, 1839—1894年），英国著名的散文家、文艺批评家、作家，英国19世纪唯美主义的重要奠基人，其重要著作包括《文艺复兴：艺术与诗的研究》（*The Renaissance: Studies in Art and Poetry*）。——译者

有三四件被确认是乔尔乔内的作品。贝伦森在世的时候，乔尔乔内的画作成了一个禁区和不断缩减的领域。直到贝伦森过世，按照杰拉尔德·瑞特灵格的话来说："乔尔乔内的名字才不仅仅是沙哑的低语。"虽然创作者依然在提香和乔尔乔内间没有定论，但杜维恩依然成功地以收益可观的价格将《阿伦德尔的圣诞图》卖给了塞缪尔·克莱斯，这也是他完成的最后几笔交易之一。

乔是一个有趣的生意伙伴，总有孩童般的幽默感。阿格纽的迪克·金塞特回忆起1938年的夏天，年轻的他曾经和杜维恩一起吃晚餐，杜维恩只与他谈论板球，问他杰克·霍布斯是不是史上最出色的板球运动员。此时，另外一个客人，更有美学趣味的艾迪·萨克维尔-韦斯特试图将对话引向歌剧，并提到《唐·乔万尼》。"啊，唐，对了，现在我认为唐·布莱德曼是当今最优秀的板球运动员……"杜维恩说道，丝毫不领会韦斯特的意图，依旧只顾着说板球。杜维恩的交际圈有些了不起的人物，他受到廷臣、同僚甚至是首相的欢迎。拉姆齐·麦克唐纳[1]就完全被杜维恩的魅力折服，这几乎让他从一名社会主义者变成了社交名流。杜维恩的招待是日夜不息而奢侈华丽的。爱德华·福尔斯的妻子让·福尔斯描述杜维恩的眼睛是"放光彩的、能催眠的蓝色双眸"。杜维恩的门厅有一个大水族箱，但是他向让·福尔斯坦言，自己看着那些不动弹的鱼有些不安——它们什么都不做——因此有点儿想用一笼子的猴子取而

1 拉姆齐·麦克唐纳（Ramsay MacDonald，1866—1937年），英国著名工党领袖。——校者

代之。杜维恩太太因为气味而反对这个想法，但是杜维恩并不认为那是个问题，他可以不断用香水掩盖住气味，这也无疑是对他艺术品交易的一个隐喻。

第六章

威尔顿斯坦帝国

威尔顿斯坦家族对他们自己的历史和运营模式几乎是完全缄默的，并不愿透露一些没有必要的信息，他们认为艺术界应该关注更有意义的事。我们所知的是家族事业最早由内森·威尔顿斯坦在普法战争之后开创，他从法国东北部的阿尔萨斯老家来到巴黎，并开设了第一间画廊。他偏爱的是法国的18世纪艺术，这一时期的艺术在他的努力下发展为一个繁荣的艺术市场。丹尼尔·威尔顿斯坦不屑于任何伪善的谦虚，他曾直言："华托、布歇和弗拉戈纳尔在沉默了一个多世纪之后，直到我祖父的出现，人们才真正认识到他们的价值。"

威尔顿斯坦家族的画廊生意风生水起，之后又扩展到纽约，再到伦敦（他们甚至在风头最旺的几年在阿根廷的布宜诺斯艾利斯开设了分支画廊）。内森的儿子乔治参与了家族生意，他们经营的艺

图9 丹尼尔·威尔顿斯坦，他的书揭露了家族生意的隐秘。

术品范围也在不断扩大，包括了伟大的文艺复兴杰作、重要的印象派画家及现代艺术。乔治是一个严肃的权威专家，作为艺术史家的他编纂了重要的现代艺术家作品名录并筹建了一家传奇的艺术图书馆。除此之外，威尔顿斯坦家族还建立了自己的情报信息库，聚集着有关世界上最受追捧的画作收藏地的秘密信息档案。他们在第二次世界大战期间遭遇了一些小插曲，有传言称威尔顿斯坦家族曾和纳粹分子做生意，但时过境迁，在乔治的儿子丹尼尔的经营下，威尔顿斯坦家族的生意在战后那些年更加兴旺。

丹尼尔·威尔顿斯坦1999年出版的《艺术商人》是一本很有趣的书，它为我们梳理了威尔顿斯坦家族官方历史中含混不足的内容，丹尼尔·威尔顿斯坦在书中提供了艺术品交易和家族生意过程中的一些个人记忆。这本引人入胜的回忆录出其不意地突出了威尔顿斯坦家族无私奉献的一面，而此前，这个家族一直以来都是和贪婪的成功联系在一起的。回忆录中显示挣钱似乎并不是他们经营的首要目标：不，那只是他们学术使命之外的一个令人欣喜的意外收获，通过买家的支票本，他们为幸运的顾客重新发现法国18世纪艺术的魅力，为美国财阀大亨提供意大利伟大的文艺复兴时期的艺术品，还赢得了许多重要的（且昂贵的）印象派画家的专卖权。一些来自利益冲突方的不怀好意的窥视并没能阻碍他们同时进行艺术史料的收集和市场权力的扩张，那是一项必须完成的事业，是威尔顿斯坦家族为了艺术界的最大利益而乐于承担的事业。

尽管如此，丹尼尔·威尔顿斯坦的书仍揭示了如何成就20世纪的顶级画商，他记录了祖父给他的诸多意见，其中蕴含着威尔顿斯坦家族的生存哲学和经济模式的重要原则。内森曾说："只有两件事是最重要的：爱法国和去卢浮宫。"这是简明扼要，却令人振奋的一句话，传达了爱国和专业性是高于一切的。内森之后又说："丹尼尔，你只能去经营故去艺术家的作品，因为活着的艺术家是非常难打交道的。"尽管在那之后，威尔顿斯坦家族也偶尔打破这个原则，涉足当代艺术，其中最著名的是20世纪20年代与保罗·罗森博格的合作以及更近期的与佩斯画廊的合作，但这些都不是家族最辉煌成功事业的主体。内森的第三条智慧法则是："我们的专长是找到一顶可能会引领潮流的帽子，并先于所有人戴上它。"这真是些睿智的建议。

内森对伟大画商的定义是有胆识和有能力买下整套藏品的人。在一战前的黄金时代里，这也使杜维恩、塞利格曼、科诺德勒和威尔顿斯坦家族脱颖而出，成为老大师作品市场丛林中参与角逐的重要猛兽。除了杜维恩、科诺德勒和威尔顿斯坦之外，另一个为美国百万富翁提供欧洲珍宝的来源是塞利格曼的巴黎公司。创始人雅克·塞利格曼于1874年，16岁的时候离开德国前往法国。和内森·威尔顿斯坦相似的是，他的成功也建立在“画商应该既是鉴赏家，也是商人”的信念上。因此画商应该将他所销售的那些作品视为自己的收藏，以彰显自己对那些作品的信心，这一点非常重要。一个顾客选择一个画商是因为欣赏画商的品味，想买下他的藏品。顶级的画商不仅出售艺术品，更是在营销自己的品味。而只有当你自己有出色的品味时，你才有资格去营销它，或者起码你团队中有人具备这种品味。这些画商权贵斥巨资买下整个收藏，通常是已故者的收藏，他们有足够雄厚的经济实力可以不慌不忙地、一件件地出售作品，获得可观的收益。大胆购买、耐心销售，这是威尔顿斯坦家族的成功秘诀。但也有一些令人不快的时候，当一个富有的顾客来到威尔顿斯坦家族生活的如宫殿般的宅邸时，他环顾四周，对内森夫人冷冷地说道：“你这地毯很不错，想必是拿我们的钱买的。”

雅克·塞利格曼属于老一代的画商，对他而言，作品的艺术品质比作品归属这样的细节更重要，这是18世纪理想鉴赏家的遗风。即便是绘画，和欣赏画作品质这种核心问题相比，画作出自何人之手只不过是一个微不足道的细节。这种高傲的想法没有一点儿经济价值，帮他从寻找画家的难题中解脱出来。塞利格曼的这种蔑视还波及大部分的艺术史家，后者的知识和记忆优于他们的鉴赏力。塞利格曼对新一代美国收藏家太过于依赖“专家”颇为不满。内森对此也深有同感。

内森是一个很精明的生意人，而且对于试图扩展全球业务的画商而言，他们依然有大幅度涨价的机会。雷奈·詹泊尔曾记录内森和他的父亲（两人曾经在世纪之交一起合作过一段时间）如何在伦敦科尔纳吉的密室里发现了华托的《诗人的梦》。他们以1万法郎的价格买下，十年后以15万法郎的价格出售。虽然雷奈·詹泊尔和威尔顿斯坦家族自1919年分道扬镳，但他的日记里依然不乏对内森经营之道的褒扬，称赞他是一个天才商人。内森曾成功地购买过一批英国藏品并对画作进行了清洗，由于英国画作的画面表层总有一些糟糕而变形的黄色釉彩，因此清洗后就有了惊人的发现。内森也深谙营销之术，当1907年威尔顿斯坦和杜维恩画廊买下精彩的鲁道夫·卡恩的收藏时，内森就说服卡恩的继承者将他们的住处对外开放，允许画商在画作原始的语境中向他们的美国顾客展示这些作品，这一惊人之举效果显著。

商业帝国的困境在于其内部争论、意见不合和心生嫉妒的情况会蔓延至整个家族，并不断导致生意中的断层，威尔顿斯坦家族也不乏内部关系的紧张。父子都常常不和，更别说兄妹、夫妻、继母和继女之间的关系了。年轻的乔治·威尔顿斯坦就被母亲教导去监视父亲内森，并将他的不忠汇报给自己。由于内森对漂亮女人没有抵抗力，这种事发生得似乎还不少。但乔治自己也是个浪子，他事业生涯后期的欠妥行为之一正是与他的商业合作伙伴，保罗·罗森博格的太太发生了婚外情。

内森最终于1934年离世，他自始至终都很反感当代艺术，也完

图10 乔治·威尔顿斯坦，商人、学者和浪漫主义者。

全不能理解自己的儿子为何要参与其中。他的死加速了乔治和姑姑伊丽莎白关于画廊存货的一场充满敌意的法律纠纷，这场纠纷直到14年之后才最终达到和解。丹尼尔称他的姑姑是“又蠢又丑的轻佻女人”，但他说起自己父亲时的语气也没什么很深的父子亲情。

威尔顿斯坦家族对于涉猎当代艺术的态度始终是矛盾的，但通常只要能确保牟利，他们还是乐意去做的。于是，正如我们所见，他们第一次在和保罗·罗森博格的合作中开始涉足这一领域，此时他们代理的艺术家是毕加索。毕加索的作品能够确保收益，而且画家在20世纪20年代早期的作品大多依然是具象的，这也给他们些许宽慰。之后艺术家开始转向了立体主义，这在内森·威尔顿斯坦看来是一个笑话。乔治选择了与保罗·罗森博格而不是他的哥哥列昂斯进行合作，那是因为——按丹尼尔的话来说——列昂斯虽然聪明，有一些梦想，但完全没有商业头脑；而保罗不仅脚踏实地，且十分有趣，生来就是个生意人。做生意就得不惜一切代价避开有空想的人，因此保罗才是正确的选择。

虽然是与保罗·罗森博格的合作，但乔治·威尔顿斯坦在与毕加索签署条约时也违背了他的所有原则。买下一个艺术家所有的作品意味着你要将十件作品中不怎么样的八件作品和另外两件不错的作品一起出售。毕加索察觉到乔治不满先锋艺术，嘲笑地和他说："我们今天应该卖什么呢？立方体？圆形？正方形？任何你想要的。"不过尽管如此，威尔顿斯坦家族还是确保在游戏中处于上风，为了保险起见，他的办公桌上有两部电话，其中一部是联系保罗·罗森博格，另外一部则是直接打给毕加索的画室。他考虑到毕加索的家离罗森博格的画廊实在是太近了，虽然他的确信任他的合作伙伴，但是也没必要冒险。他们本身就是波堤街的邻居。两人最终在1933年不欢而散，按照丹尼尔·威尔顿斯坦的话来说，保罗·罗森博格和乔治·威尔顿斯坦两人是"为了一个女人闹翻了"，这个女人就是保罗·罗森博格的太太。这件事的负面后果是威尔顿斯坦对他们共同代理的艺术家——毕加索慢慢失去了控制。

也许这是最好的结果。威尔顿斯坦家族中并没有人真正有兴趣销售当代艺术。丹尼尔的确曾在20世纪90年代通过和纽约的佩斯画廊合作，获得相当不错的收益，但是你能感觉到他心并不在此。他告诉我们，与当代艺术打交道的麻烦是："那些活着的艺术家总是叫嚣着自己以往创作的一切都是些糟糕的狗屁玩意儿，而他明天创作的将会是了不起的天才之作。"当然，丹尼尔的说法没错：正当你建立起有趣且完整的格哈德·里希特的早期作品收藏时，你却发现艺术家本人公开表示与那些作品决裂。丹尼尔同样不喜欢为顾客们提供艺术家还未创作的画作的预留服务，他称这种行为是把“艺术变成了集邮”。阿尔内·格利姆彻[1]和佩斯画廊都在一段时间里为威尔顿斯坦家族服务。格利姆彻吸引威尔顿斯坦家族的理由可能和保罗·罗森博格相同，他们都是非常优秀的商人，而非危险的空想家。

丹尼尔·威尔顿斯坦将艺术品交易视为某种战争，就军事作战而言，安全意味着一切。他说自己从未讨论过自己的库藏，那是他最珍视和秘密的武器：他称其为“战争的生命线”。关于威尔顿斯坦家族在库藏室中的珍品引得收藏家和其他画商遐想不断。另外，丹尼尔提到内森有一个至理名言，即有自尊的画商没有权力将任何一件作品留下作为自己的收藏，它必须投放到市场。不过，对威尔顿斯坦帝国而言，幸运的是，乔治和儿子丹尼尔·威尔顿斯坦并没有遵循这个原则，他们将那些杰作放入地下室并就此封存。威尔顿斯坦家族的库藏室如今依然是个传奇。据最近在法国的诉讼案件显示，直至今日，没有人知道库藏室里究竟收藏了哪些珍宝，甚至连家族成员也并不全然清楚。事实上，20世纪的大部分时间里，人们总有一个不安的疑虑，一个收藏家无论何时从一个画商那里买下一件重要作品的时候，威尔顿斯坦家族可能总有一件更好的。法国《现实》杂志曾在1959年推测，除了提香、委拉斯开兹、伦勃朗、鲁本斯、弗拉戈纳尔和华托的多件作品之外，威尔顿斯坦家族的库

1 阿尔内·格利姆彻（Arne Glimcher，1938— ），美国画商、画廊主、电影导演，也是佩斯画廊的创始人。——译者

藏里至少还有20件雷诺阿、15件毕沙罗、10件塞尚以及10件梵高的作品。乔治·威尔顿斯坦迄今为止已经出售了和保罗·罗森博格分道扬镳之后分到的所有250件毕加索的作品，也许是那段记忆太过痛苦，抑或是乔治从未真正欣赏过毕加索的画。

丹尼尔·威尔顿斯坦不仅对家族所经手的所有贸易内容闭口不言，而且也会保密他们顾客的身份信息，他尊重他们的隐私。他曾严肃地声称："这是一个画商的第一要务。"这是对职业诚信所履行的义务。不过威尔顿斯坦家族如此迫切地隐蔽他们的顾客，也是为了防止其他画商有机会接近他们。事实上，除了安布鲁瓦兹·沃拉尔这样与他势均力敌的竞争者之外，他并不太在意其他画商，只是对他们的异样举动感到好笑。例如有一个来自巴黎的画商拉斐尔·杰拉德，他重绘了德加的芭蕾舞女孩的画作，用更令人愉悦的洋娃娃般的人头取代了原本如猴子般的人头。秉持着同一个原则，他也总是将他购买的每件风景画中的牛群涂抹掉（他认为那可能会影响画作的销售）。科诺德勒是威尔顿斯坦家族不怎么喜欢的，也是他们长期以来为富有的美国人提供杰出艺术品的一个竞争对手，虽是一个无用的画商，却是一个出色的高尔夫球手，当面对一件鲁本斯、毕加索或莫奈的作品时，他唯一的美学评判就是"这件作品如埃菲尔铁塔一样，是举世无双的"。同样，其他画商也并不怎么喜欢威尔顿斯坦家族。海因茨·贝格鲁恩[1]曾经在威尔顿斯坦画廊

1 海因茨·贝格鲁恩（Heinz Berggruen，1914—2007年），德国画商、收藏家、评论家和策展人。20世纪50年代至70年代，他在巴黎开设的画廊里曾为包括马蒂斯和毕加索在内的众多现代艺术家举办过80余次展览。——译者

一间供他使用的展厅里，与巴塞尔博物馆的馆长交易毕加索的《意大利女人》，贝格鲁恩回忆道："当馆长观赏这件作品时，我发现一双大而黝黑的眼睛透过未完全关上的门缝观察着我们，这就像置身于希区柯克的电影。之后滑动门慢慢被推开，威尔顿斯坦先生进来了。"他试图让馆长对自己库藏中一件"更重要的老大师作品"感兴趣，这让贝格鲁恩更加恼火。

威尔顿斯坦家族势头最盛的时候最善于利用作战中的间谍行为和骗术，他们与主要的竞争对手科诺德勒和杜维恩总是处于随时迎战的状态。丹尼尔记录了他如何在17岁的时候被派往伦敦去投标即将上拍的布歇的作品。约瑟夫·杜维恩发现他在市区，并决意邀请他共进晚餐，之后又不依不饶地质问着他此次来的目的，丹尼尔则坚持说自己是来参加一个大学的课程。杜维恩大声咆哮、愤怒不已，之后又打电话给丹尼尔的父亲——乔治·威尔顿斯坦，同样是咆哮加愤怒地说道："你背着我，派你的儿子来买布歇的作品！"威尔顿斯坦也大声地吼回去，并愤慨地说道："你到底什么意思？丹尼尔是过去参加一个大学课程的。"风暴最终平息了，在一阵沉默之后，两人协商道：

"你不认为我们应该事先安排一下吗？"

"好吧。"

"我们五五分？"

"五五分。"

之后，丹尼尔便直接回巴黎了，他已经不需要再为拍卖在那里逗留了。

杜维恩与贝伦森的合作通常被视为贝伦森交易生涯中最主要的，但丹尼尔可并不这么认为。威尔顿斯坦家族的一个最高机密文件夹中的信透露了他们和贝伦森所签署的一项秘密协定：在警告杜维恩之前，贝伦森首先否定威尔顿斯坦寻获的所有作品。协定最终在双方互相指责、撕破脸之后失效，此前，贝伦森坚持从他介绍的每一笔交易中抽取50%的佣金，这无疑加速了双方关系的破裂。丹尼尔认为作为给专家的佣金，这笔费用实在是“耸人听闻”。内森直呼：“他是一个骗子！我对他没有丝毫尊重。要价如此，他何不自己就做一个画商得了！”詹泊尔1925年1月的日记里写道：“贝伦森忌恨威尔顿斯坦，痛斥他并声称：‘那个男人到处散布我是一个骗子的谣言，说我很容易被收买。要不是还有其他事情做，我早就告他们诽谤了。’”事实上，威尔顿斯坦家族可是一个危险且很难和解的对手，能置人于危险之中。乔治·威尔顿斯坦曾在一则访谈中坦言：“我知道斯大林如何思考，我们思考的方式是一样的，说到底，斯大林还有那么一点儿像我呢。”

在很多年里，威尔顿斯坦的代表和代理人的布局是十分复杂且触角广泛的，每一个人都在各自的地方发掘可以投放到市场上的优秀作品，从而使威尔顿斯坦家族可以最早下手。从东京到苏黎世，从伦敦到布宜诺斯艾利斯，各地都有一个当地的代理人负责向乔治或丹尼尔汇报。作为一个收集隐秘信息的机构，威尔顿斯坦家族甚至可以给许多国家的情报服务提供一些宝贵的经验，他们极少会发生失误。1956年威尔顿斯坦被控告在他们纽约的对手科诺德勒公司的电话线中安装监听器。威尔顿斯坦坚称自己清白，但是依然为

“一个威尔顿斯坦的雇员”付费给纽约电话公司的雇员，让他安装监听这一事实道歉。当然，虽然深表遗憾，但这一切真的与他们无关，只是那个犯错的员工将不会有年终奖金。

关于威尔顿斯坦家族在二战期间交易活动的话题已经有过许多讨论，尽管的确有一些不光彩的成分，但必须强调的是：事后诸葛亮地去评判乔治·威尔顿斯坦的行为也是有失公允的。1940年的他并不知道这个战争将会如此恐怖地拖延五年之久。没有人能想到。人们普遍猜测这一战争顶多不过持续数月。没错，巴黎的确是被德国人占领了，但在1870年，德国军队上次来的时候并没有占领太久。因此，提前做一些打算也是情有可原的，这样待到和平到来，生意也可以就此恢复。与此同时，对威尔顿斯坦家族而言，当时的重中之重是保护藏品并暂时撤离到美国，当战争的浪潮真的冲到你的岸上，还有一些零散的生意可以做时，也可以趁机赚上一笔。毕竟就算是在战争年代，人们也依然需要购买和销售画作。威廉·布坎南可以作证。

早在1937年，威尔顿斯坦抓住了一个机会销售高更的《海滩上的骑马者》，这是纳粹“净化”公共收藏中的堕落艺术行动中，从科隆的瓦尔拉夫-理查尔茨博物馆中被卖出的作品（彩插8）。这次购入是威尔顿斯坦与纳粹艺术画商卡尔·哈伯施托克[1]合作的第一笔生意，之后画作被卖给了美国人爱德华·G.罗宾逊。丹尼尔·威

1 卡尔·哈伯施托克（Karl Haberstock，1878—1956年），画商，曾交易纳粹劫掠的艺术品。——译者

尔顿斯坦在自己书中第87页对这件作品的来源叙述有误：他声称这件卖给罗宾逊的作品是乔治1936年从德累斯顿购买的，出自奥斯卡·施密茨的收藏。不过在那个时候，威尔顿斯坦家族并不是直接或间接与纳粹画商合作的唯一画商。20世纪30年代的最后几年，国际艺术品交易必须直面一个道德问题：你是否会回避，不与从德国博物馆买作品的画商合作？你是否会拒绝参加如1939年卢塞恩的费舍尔画廊所举办的堕落艺术拍卖那样的活动，只因那样的收入会让一个可恶的政权获利？还是你认为那是保存重要艺术作品的最佳方式而选择参加？因为如若不然，那些作品将会被这个可恶的政权付之一炬。许多受人尊敬的画商都选择了后者。

1940年6月德军入侵法国时，乔治·威尔顿斯坦将329件作品存放到巴黎的法国银行，另外82件作品交由卢浮宫，但绝大多数库存都留在了画廊的展厅以及巴黎外的居所。这其中的许多作品最终被戈林掠夺。乔治·威尔顿斯坦躲到艾克斯，将生意交由经理罗杰·德奎伊打理。德奎伊在几年前被派往伦敦工作，十分深谋远虑，乔治·威尔顿斯坦曾形容他是“能够吸引盎格鲁-撒克逊人的那种法国人”。德奎伊还是位优秀的卖家。他被及时调回巴黎，看看他的吸引力对日耳曼群体是否也奏效，他的确成功了。1940年10月德奎伊为卡尔·哈伯施托克和乔治·威尔顿斯坦在艾克斯安排了一场重要的会议。他们之间的对话内容不得而知。据参加过这次会议部分会谈的丹尼尔·威尔顿斯坦所说，哈伯施托克提出如果乔治·威尔顿斯坦回到巴黎并继续进行交易，他可以享受“名义上的雅利安化[1]”。哈伯施托克当然也打着自己的算盘，和威尔顿斯坦家族的合作将会使自己为纳粹搜集伟大艺术品的这项工作变得容易得多。乔治拒绝了这个提议，他自然也有自己的计划。哈伯施托克当时有许多提议，其中包括将威尔顿斯坦巴黎库存中的堕落艺术运送到纽约，投放到美国的艺术市场。乔治当时还很担心巴黎的威尔顿斯坦档案落入纳粹之手，那份档案中不仅有法国私人收藏的名作详情，甚至还有那些收藏家的名字和地址。幸运的是这份档案被威尔顿斯坦家族的员工格里沃夫人藏匿到了一个安全的地方。乔治·威尔顿斯坦之后前往美国，并给德奎伊指示让其继续在法国进行购买，再运送到美国销售。

在德奎伊的掌舵之下，生意继续：例如1941年，瑞士收藏家埃米尔·布尔勒造访巴黎，从德奎伊那里购买了两件雷诺阿、一件格勒兹和一件大卫的作品。1942年，德奎伊以6000万法郎的价格将威尔顿斯坦的一个老顾客，酒商艾蒂安·尼古拉斯的两件重要的伦勃朗画作通过哈伯施托克，卖给了正在酝酿中的“元首博物馆”。1943年年初，威尔顿斯坦的生意正式成了德奎伊自己的生意，但在此之前，他不得不和德国当局否认自己在1939年之后还与威尔顿斯坦有过来往。与此同时，乔治·威尔顿斯坦也在纽约十分恼火，质疑为何运送自己存货的船被拦截在波尔多？为何德奎伊没有买更多的作品并运送到纽约给他？

1 “雅利安化”是纳粹政府在1933—1945年间将犹太财产转化为非犹太财产的一项反犹政策。——译者战争期间的纽约有很多生意可以做，销售的机遇也是很多的。大量欧洲画商和收藏家的到来推动了市场的繁荣。帕克－贝尼特宣布1941年是他们过往12年中成绩最好的一年，营业额超过去一年的54%。在所有新抵达美国的画商中，威尔顿斯坦和罗森博格是最主要的。年轻的丹尼尔·威尔顿斯坦也曾为海军提供资源，他为海军司令部的高层军官提供非常有魅力的女秘书们。

战后乔治·威尔顿斯坦依然和德奎伊见面，但已经不与他有生意上的交集。当尘埃落定时，威尔顿斯坦家族还是感激德奎伊的，若不是他，他们的事业不可能在战后还能有如此规模。而且和罗森博格比起来，他们的库存艺术品落入德军之手的要少得多。1949年，法国法庭撤销了对他们的指控，因为尽管艺术品买卖是在画廊和敌军之间进行的，但没有证据显示他们是自愿的。战争期间，威尔顿斯坦家族有意将那些在战火中丢失的重要作品归还给原主人。例如他们和波兰的恰尔托雷斯基家族一起努力寻找一件弥足珍贵的拉斐尔的画作，还和德国的沙尔夫家族签订了合约，帮助他们寻回1945年被苏联红军士兵没收，之后藏于圣彼得堡艾尔米塔什博物馆的印象派收藏。尽管这些努力都没有回报，但他们证实了威尔顿斯坦家族渴望纠正历史的错误。丹尼尔·威尔顿斯坦回忆他们还曾和纳粹德国的外交部部长约阿希姆·冯·里宾特洛甫的女儿做生意。良心已经在挣扎了，那么起码得在生意上赚她一笔。

威尔顿斯坦档案是一个庞大而令人敬佩的知识库，于19世纪由内森·威尔顿斯坦始创。丹尼尔曾说，无论何时，内森只要去见一个收藏家，就会把自己在那里看到的所有作品都用笔记的形式记录下来。这一项事业之后由乔治继承，他是一个天生的学者。之后家族还以每年10 000本的规模建立了一个大型的图书馆。乔治开始编辑品质和评论兼优的作品的全集。在丹尼尔看来，画商理应是最优秀的专家，因为那是他们安身立命的根基，犯错的代价太大。学者型的画商从纯粹的意义上讲是一个杰出的理想。

威尔顿斯坦档案，也就是后来的威尔顿斯坦研究所收集了很多出色画商和专家的档案，这其中就包括杜兰德-鲁埃尔和弗朗索瓦·达尔特，后者是雷诺阿和西斯莱的重要权威。现如今，学院的运作虽然沿用了同一个名称，但已经从威尔顿斯坦艺术品交易的商业领域中独立出来，被公认为是研究包括高更、莫奈、雷诺阿和马奈等许多重要艺术家的权威机构。研究所做了许多非常出色的工作，这两个实体之间也避免相互渗透。丹尼尔·威尔顿斯坦不仅经营艺术品，也是公认的研究莫奈的权威。在市场运营和学院研究领域中似乎有分隔的一堵墙，但墙中间却开了一扇门，丹尼尔可以跨过这扇门，且唯有他可以如此。他解释说："我是研究莫奈、高更和马奈的专家。"那他是否曾对画作的真实性表示过怀疑呢？"大部分时间，我是100%确定的。如果我只有95%确定，那我依然会坚持是原作，但这的确有失误的可能性。而如果我只有90%的确定时，我就会持否定态度了。"这种确认与怀疑的刻度很值得玩味，尤其是当画作的主人很可能恰好在界限内或在界限外。但是艺术权威说到底依然是一种艺术，而非科学。

如果没有强大的道德品行作为导向，那么威尔顿斯坦家族作为画商的势力和作为艺术家作品真实性的最终裁决机构的影响力将

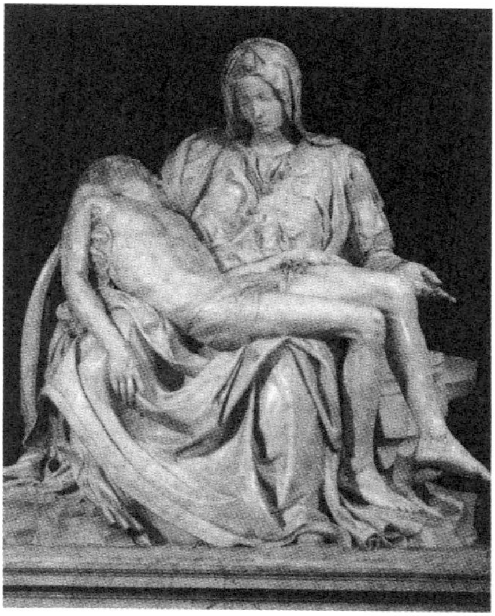

图11　米开朗琪罗创作的《圣母怜子》，即使是丹尼尔·威尔顿斯坦也未敢交易它。

会出现利益冲突。丹尼尔曾解释为缓和这种冲突所需的权力制衡："有一件事我绝对不会做，如果我对这件作品感兴趣，我一定会告诉收藏家我将会把作品纳入名录中。尽管我当时不出价，我也会告诉他我感兴趣，但他应该先在别的地方询价之后再过来找我。如果我想要，那我的出价会比他在其他地方获得的价格高那么一点儿。"多疑的人可能会问，倘若其他画商认为是正品，而你却否定了作品怎么办呢？这的确是个棘手的问题，但就我自己的经验而言，威尔顿斯坦研究院在大多时候都是准确的，可能比大多数机构的准确率更高。当然，研究机构和画商之间这层屏障的坚固性需要时时检查。

威尔顿斯坦家族在超过一个世纪的日子里都已经习惯于傲视群雄了。他们经手的总是最好的，无论在艺术领域还是在赛马场。丹尼尔·威尔顿斯坦还提到他们与教皇保罗六世进行生意协商这一个几乎不可思议，但也颇为可信的故事。教皇了解到不断繁荣的艺术市场以及这将给梵蒂冈艺术收藏所带来的巨大的经济价值。如此财富如何与教会缓和贫苦民众的使命相一致呢？丹尼尔·威尔顿斯坦被请来询问售卖米开朗琪罗《圣母怜子》的可能性。丹尼尔表现出了令人敬佩的克制，他劝告教皇不要这么做。当然这也可能是因为他被当时的情况冲昏了头脑，当即鲁莽地提出无佣金的服务。丹尼尔惊呼道："一个犹太人卖米开朗琪罗的《圣母怜子》，我一定会被钉在十字架上的。"教皇温和地笑着回应道："反正你也不会是第一个。"

第七章

销售新艺术：保罗·杜兰德-鲁埃尔

保罗·杜兰德-鲁埃尔的生活和事业总是自相矛盾。他是一个先锋艺术运动的拥护者，也是一个彻头彻尾的政治革新派，尽管信仰虔诚，却也总能为了利益不惜一切代价；他既是一个傲慢而聪慧的艺术批评家，也是拍卖市场无情的操控者；虽然他是困顿的印象派画家们毋庸置疑的救星，但也同样将他们束缚于经济不利的专属合约中；虽然自诩为一个坦诚的精英主义者并不屑于大众的品味，却也依旧会为赚点儿钱而接手一些符合大众品味的作品。1911年，阿诺德·本涅特[1]曾造访当时已成名的画商的住处，他发现鲁埃尔对美术有极佳的鉴赏力，但对工艺美术一窍不通。他收藏的画作都非常棒，但他的家具装饰却简直是场灾难。

1　阿诺德·本涅特（Arnold Bennett，1867—1931年），英国现实主义作家。——译者杜兰德–鲁埃尔和印象派的关系比任何一个画商和一场艺术运动的关系都更为紧密，他是这场运动的推动者、拥护者、捍卫者和资助者。如果没有他，艺术史可能会变得不一样，并不是指其最终的发展轨迹，而是其发展的速度——这也是有史以来我们第一次如此评价一个画商对艺术史发展的影响。他的形象看起来有点儿像一个古怪的军人，全然没有常常与艺术市场贵公子挂钩的那种浮夸。阿塞纳·亚历山大褒扬了他的成就，却形容他是“微胖，个头中等，脸上很干净，两旁有短灰色的毛发，留着洗瓶刷一样的胡须，浓密的眉毛显得既严肃又流露出一丝质疑”。有人认为推动新艺术的人必然在艺术和政治上都保持着反叛和革命精神，而杜兰德–鲁埃尔是这一说法的完美反例。这一个在绘画上支持革新和变革的领军人物是一个虔诚的天主教徒，而且是一个顽固的保守主义者，他最大的愿望是希望在法国恢复君主制，基于此，爱弥尔·左拉1886年曾不满地称他是“一个没胡须的矮个子男人，性情冷酷，顺从牧师的教导”。

针对当今画商的政治取向所进行的一项研究显示，这些人通常更偏向右翼政府，因为艺术交易是商业活动，收益更加受到右翼政府的保护。即使在21世纪，处在当代艺术最前沿的人也并不倾向于激进的左翼，但这在某种程度上折射出所谓的先锋艺术已然成为一种新的正统。如今，人们所期待的艺术应该是新鲜且大胆的，从这方面来看，艺术已经不再具有反叛和革命性了。但是对于杜兰德–鲁埃尔而言，当时的环境却并非如此。他是第一个现代意义上的

图12　保罗·杜兰德-鲁埃尔，一个矛盾的男人。

当代艺术画商，他所对抗的是一个根深蒂固的观念，即一幅画应该是什么样的，这是一场似乎不可能赢得的战争。他追求的是某种震惊。雷诺阿当时的说法可能是准确的："我们需要一个彻底的革新者来捍卫我们的作品，那时花花公子被称为革新派。杜兰德-鲁埃尔起码不会被视为一个巴黎公社社员而遭枪击。"雷诺阿又指出了鲁埃尔一个令人惊讶的特点——大胆无畏："这是一个非常优雅的资产阶级人士，一个好丈夫和好父亲，忠诚的修道者和基督徒，实际上也是一个不折不扣的赌徒。"

杜兰德-鲁埃尔是一个当之无愧的精英主义者。在他看来，政治上的平等抑制了人们理解什么是好的新艺术。"在民主的岁月中，是大众来评判，来决定风尚。而由于大众事实上对所有事都是无知的，特别是艺术，因此他们抓住的至多是二流作品。这是我们议会政府和全民选举权系统的致命弊端。”他的政治观点和商业活动都是基于他的宗教信仰。鲁埃尔记录道：“通常情况下，在我完成一笔不确定生意的前一夜，我都会去教堂请求上帝的帮助，而主也总会帮助我。”上帝究竟能给画商的祷告多少眷顾，倒也是个悬而未决的神学问题。是不是可能比足球运动员要少一些，但比那些房产商和银行家又高那么一些呢？19世纪70年代和80年代有许多难熬的日子，那时杜兰德－鲁埃尔可能正将自己寄托于和上帝之间的特殊纽带。兴许直到最后，上帝也并不那么了解艺术，但他却知道自己喜欢什么，他喜欢印象派画家们。

杜兰德－鲁埃尔现象是一个充满创业精神的时代里艺术与商业冲击下的产物。甘巴特已经展现了卖给新富阶层的艺术品能够获得怎样的成功。19世纪下半叶，投资艺术的观念已经成形，而且投资当代艺术家的作品被认为是回报率最高的。莫泊桑《漂亮朋友》里像沃尔特先生这样的大亨也在购买绘画作品，他向主人翁透露自己艺术投资的策略：

> “我在隔壁房间还有一些画，不过它们都是不太知名，也不太出色的艺术家们的作品……目前我正在购买一些年轻人的，应该说是特别年轻的画家的作品，存放在室内，等以后他们出了名再展出。”之后他又压低声音说：“现在是买画的好时候，画家们都饿着肚子，因为他们身无分文，身无分文啊。”

画商在19世纪中期扮演着越来越重要的角色，他们在文化和经济上是艺术家与新兴的、不断扩大的资产阶级顾客群之间的中介。从某种程度上看，杜兰德-鲁埃尔是巴黎的甘巴特，但两人又有一个重要的不同点：前者明确表示对先锋艺术的认同和支持。他的成就是预见了印象派的潜能，并作为一个充满活力和创造力的经营者竭尽全力地推广它。

生于1831年的保罗·杜兰德-鲁埃尔比印象派画家们都年长一些。他的父亲也涉足艺术品交易，经营着画作，同时还是艺术家画材的供应商。这一点很重要，说明年轻的鲁埃尔就有与艺术家直接接触的机会。他被现代艺术吸引，被正在创作的画家们吸引。他开始经营人气见涨的巴比松画派，这一领域贯穿了他的整个职业生涯，这些生意既能够支持他对印象派的兴趣，也能够给该画派提供资助。他也同样经手一些学院派画家的作品，“与卖我欣赏的画作相比，我发现卖学院派画作更轻松，这有利于公司的发展，因为我们可以通过满足不同类型艺术爱好者的品味来扩展我们的业务，其收益也能够允许我们更全面地资助那些很难卖出作品的画家朋友。”那些“不同类型的艺术爱好者”可能指的正是鲁埃尔所轻视的那批“抓住的至多是二流作品”的人。

但是学院派画家和他们的欣赏者实现了鲁埃尔提出的一种生意模式，他甚至发展出一种策略，即通过在年度展览前拜访那些受欢迎画家的画室，去预留“任何我认为可能会流行的”，从而比沙龙体系本身更早占得先机。“这也解释了为什么从19世纪60年代开始一直到1874年，大部分在沙龙展上引起轰动的作品——还包括为数不多的奖章获得者——都已经被我直接从画家那里购买了。”用同样的方式，甘巴特在伦敦也削弱了皇家艺术学院销售艺术的能力，而鲁埃尔的例子再一次说明画商供货正取代官方艺术的大型年度展览，成为销售艺术家作品最敏锐和有效的方式。

1870年，杜兰德－鲁埃尔为躲避普法战争来到伦敦，他在新邦德街168号开了一家新画廊。有些讽刺的是，他是在伦敦才和同为避难者的莫奈与毕沙罗见了面，并第一次直接从他们手里买下画作。战争结束后，杜兰德－鲁埃尔回到巴黎，他在莫奈和毕沙罗的介绍下认识了雷诺阿、西斯莱和德加，并购买了他们的作品。1872年1月，他突然顿悟自己不仅是一个目光敏锐的画商，而且对艺术抱有极大的热情，能够被艺术作品深深打动。他在另一个画家阿尔弗雷德·史蒂文斯的画室中看到了两件马奈的作品，他立刻买下它们并在第二天来到马奈的画室，以3.5万法郎的价格买下画室里全部的23件画作。

新艺术究竟为何如此吸引杜兰德－鲁埃尔，使他如此深信不疑地支持？根据他自己的回忆，那是1855年，他在世界博览会上第一次看到德拉克罗瓦作品时的感受。它们“绚烂的色彩，精致又和谐”，这在他看来意味着“现代艺术已经超越了学院派艺术，它们最终让我大开眼界，使我更加确信我也许能够以我力所能及的方式，让他们的作品被世人所理解和欣赏”。他的热情起初是以德拉克罗瓦为首的那批1830年画派的艺术家，而后又聚焦到印象派画家身上。

自那之后，杜兰德－鲁埃尔的事业就和印象派画家的发展紧紧联系在一起。他大量购置他们的画作，并在他们困难的时候以每月津贴的方式帮他们渡过难关。正如莫泊桑小说中的沃尔特先生所做的那样，他也同样是购买年轻画家们的作品，并搁置着等待着他们成名。只不过和沃尔特先生不同的是，他自己是艺术家们获得财富和声望的中介。提高他们的声望（与身价）是一段十分漫长，又不免让人心灰意冷的过程，一直到19世纪80年代晚期才开始有回报。

不过如果人们认为杜兰德－鲁埃尔自19世纪70年代早期就只专注于全心全力推广印象派事业的话，那可就想错了。他在巴黎和伦敦已经是一个非常成功的画商，他的日常工作依旧更多地集中于销售那些保守的艺术家的作品，那也是他主要的收入来源。1873年3月，他以9.6万法郎的价格购得德拉克罗瓦的《萨尔丹那帕勒斯之死》。1872年，他仅在让－弗朗索瓦·米勒身上就花费了39万法郎。他在印象派画家身上花的小几百法郎是他对未来的投资。1872年7月11日，他甚至购买了库尔贝的《集市归来》，那是19世纪最反教权的作品，描绘了醉醺醺的牧师在乡间小道上乘马车前进的场景，但此时，杜兰德－鲁埃尔克服了他作为天主教教徒的顾虑，成功以50%的利润迅速脱手卖出。

当然，不可否认的是，在19世纪70年代至80年代的这十年，杜兰德－鲁埃尔为资助印象派画家投入了越来越多的钱（有时他也入不敷出了）。他非常努力地为这些艺术家朋友加油打气。在1882年给莫奈的一封信中，鲁埃尔写道：

这是你要的1500法郎，我希望同时能带给你的，是克服每走一步所要面对的无数困难的勇气……我十分理解你看到一直创作的这些画作市场反应不佳时的沮丧心情……相反，我相信你从未比如今更确定自己所走的这条路，或者还会有更棒的灵感……我想很快就会有你所盼望的回报，之后你可以再斟酌——如果你希望，我们可以一起思考——你可能会喜欢做什么。有些国家气候更温和，我常常和你提到威尼斯……始终保持自信吧，你比你想象的更接近成功，没有时间再垂头丧气。

1884年10月他告诉毕沙罗："给我画一些漂亮的风景画吧，就像你当初廉价卖给海曼的那件，那是很棒的作品，我也想有一件。去寻找一些令人愉悦的主题吧，那是成功的关键。你可以先暂缓人物的创作，或者仅仅将人物作为背景，我觉得风景画更容易卖出去。"他也向莫奈建议如何创作更受市场欢迎的风景画，但这些建议让莫奈感到不安。在1884年11月的一封信中，莫奈写道：

你曾建议我要尽量提高画作的完成感，说失败的原因主要在于此。于是每当我创作时，我得考虑做了些什么，我该怎样做，这让我很是难受。另外关于画面的釉色，或者说光滑的效果，只是因为那是公众所要的——我想我永远无法赞同。我会将几幅画作整理好并亲自带给你。

在坚持自己观点的画家和鼓励艺术家，但也需要卖出画作的画商之间依旧存在着一种相互的博弈。

随着他的艺术家们在19世纪80年代和90年代逐渐成功之后，专营权这件事就成为日益困扰杜兰德－鲁埃尔的问题。莫奈和其他一些画家开始时不时地打破这种局面，甚至开始与其他画商合作，比如乔治·珀蒂以及伯梭－瓦拉东画廊的提奥·梵高，杜兰德－鲁埃尔对此很不悦。在1892年写给多疑的毕沙罗的一封信中，他向艺术家解释了艺术品交易中经济往来的复杂局面。有两件事是画商一定会避免他的主顾们了解的：一方面，如果顾客是买家，那么绝不能让他知道卖家的购买价，没必要让他得知而心烦；另一方面，如果顾客是卖家，甚至是画作本身的创作者，例如毕沙罗，画商也必须尽可能地不让他了解最终的卖价。当然，这一局面偶尔也会被打破，让不该得知的人知晓了价格实情，此时就亟须画商以格外圆滑的方式来挽回局面。这种论证被用来解释为什么作为卖家的画家在任何情况下都不应该接受来自画商对手的高竞价。虽然这种理由很难令人信服，但杜兰德－鲁埃尔还是大胆地提出来了，正如甘巴特斥责罗塞蒂时的那样。

1892年11月23日，杜兰德－鲁埃尔写信给毕沙罗：

> 如果某人不愿通过像我这样的可怕画商，而是直接找你买画，那么你的出价必须是你给我价格的三倍，只有这么做，我才能依旧体面地销售你的作品，假如事情能像我预想的那样成功的话，我便能付给你越来越多的钱，这样一来，我们可以共赢。

四天之后，毕沙罗回信道：“我决定按照你建议的定价，向买家索要了三倍的价格。但是我无法承诺只把画卖给你，那样只会让我们双方都感到难堪。”

艺术家们啊！耐心的杜兰德－鲁埃尔隔天回信道：

> 我要的既是明确的，也是公平的。我想要全权代理你的作品，这样并不会出现你所担忧的让我们双方难堪的情况，反而是避免竞争的唯一途径。正是由于竞争的存在，我才没能抬高你作品的价格，因此只有我获得完全的垄断权才可能赢得这场竞争。正是在这样的操作下，五六年前我才能以吸引人的价格在美国出售莫奈的画作。而如果在过去五年中，价格并没有怎么上涨，那是因为其他画商也有莫奈的作品，这样自然对彼此都是不利的，这种竞争会导致大家仅满足于5%的盈利。正是由于我全权代理了雷诺阿的作品，所以我才能最终将他捧到他应有的地位……我会处理好一切的，但我需要你保证不再将画作卖给他人，哪怕有更高的出价。

毕沙罗在劝说下动摇了，他在12月19日向儿子卢西安透露：“我相信此刻还是最好让杜兰德－鲁埃尔全权代理吧。”

杜兰德－鲁埃尔找到了销售“艰难的”当代艺术的新方法，他意识到，为了使人们理解和购买，这些画作需要专业的阐释者。他改变了传统的做法，将公众的注意力从单个作品转移到艺术家和他们作品的时间跨度上。他率先为莫奈、雷诺阿、毕沙罗和西斯莱举办了个人展览，这一策略被视为是“气质的推广”。与此同时，他出版杂志和画册来宣传和解读他销售的画作，于是，批评家在这一环节变得愈发重要。人们在杂志和报纸中阅读的现代艺术评论将有助于他们理解并接受当代艺术。1881年莫奈在写给杜兰德-鲁埃尔的信中坦言："没有出版，我们什么都做不了。"

杜兰德-鲁埃尔声称在艺术品销售中，重要的是艺术而非销售。在他的回忆录中，他多次责怪自己"表现得过于像一个爱好艺术的艺术家"，而不太像一名"商人"。他将一个自私自利的画商形象打造成了理想主义的先锋和毫无私心的英雄，甚至在发现、理解和推动艺术新人时，自己也变身为一名艺术家。他曾在1869年写道："一个真正的画商应该也是一个有见识的爱好者，在必要时能够为他自己的艺术理念牺牲暂时的利益，同时，他也应该去对抗投机者，而不是与他们同流合污。"哪怕在1896年，印象派画作的销路已经很好的时候，他也始终坚持如此："我对我所购买的［作品］依然很挑剔，如果我的选择没有那么严苛，那么我可能会比现在有更大的顾客群。"纵观杜兰德-鲁埃尔的职业生涯，你会发现当他敏锐地发现一个经济机遇时，他始终是一个精明的执行者。他预见了巴比松画派的不断升值，他被印象派画家吸引的原因之一必然也是他们具有投机的潜力。他相信他们的作品是好的，因此也坚信他们的作品会升值，于是获利最大化的途径就是始终维系对他们作品的独家代理权。杜兰德-鲁埃尔曾经数次操控拍卖市场，1872年他曾经出资4万法郎购买米勒的画作，他通过秘密代表的不断竞价，人为抬高了作品的价格，从而制造了人们热捧米勒的表象。他还会时不时地在拍卖行"匿名地购买莫奈的作品，从而让公众认为这是卖给一个收藏家的”，这也是他推广印象派画作的策略。1901年他向雷诺阿透露：“在公开拍卖中拍出高价是至关重要的，无论价格是真是假，这是我们获得重要成功的唯一途径。”杜兰德-鲁埃尔似乎在暗示，虽然价格被操纵上涨似乎是一件不那么让人心安理得的事，但这也确实是你的作品获得应有升值的唯一方法。嗨，这样一来是不是也让我变得有钱了？哎哟，这我还真不曾留心过。

21世纪成熟的当代艺术市场的特点包括有效地将艺术家商品化、支付给艺术家固定的薪金、精心挑选作品参加商业展览、通过不同价格区间支持艺术家的创作、监控作品的市场价并在必要时操控作品拍卖中的表现来稳定价格曲线，这些特点在19世纪最后25年，保罗·杜兰德-鲁埃尔推广印象派时都已经初现雏形。这并不容易，人们对印象派最初的敌意是有清晰记载的，印象派作品的随意、缺乏完成感和鲜艳的色调都令沙龙常客们感到震惊。购买印象派画作的那些人只是一小股怪异的狂热者，这其中并没有真正的有钱人。在19世纪70年代和80年代所举办的数次印象派画展中，成功出售的作品非常少，而且价格也都很低。杜兰德-鲁埃尔购买艺术家作品的标准——哪怕是莫奈的画作——价格是300法郎，有时候在拍卖会中，画作拍出的价格甚至比这个更少。

除此之外，1871—1885年，法国贸易遭遇了循环往复的繁荣与萧条，这足以使一个现代经济学家崩溃。首先是普法战争，接下来的两三年是战争之后的复苏，人们挣了些钱。1874年印象派举办第一次群展时，法国又遭遇了一次经济衰退。1880年局面出现了好转，这次因为修建铁路而出现了一次经济复苏，杜兰德-鲁埃尔再一次大规模地购买印象派的画作。高更曾以告诫的语气说道：“他很快将拥有400幅作品，这些是很难出手的。”这一论断不幸在1882年又一次的经济危机中应验了，其后果直接导致了杜兰德-鲁埃尔背负超过100万法郎的债务，他不得不尽快出手一些重要的作品。从这一点上，我们可以将杜兰德-鲁埃尔的命运和安布鲁瓦兹·沃拉尔进行对比，后者早期（1895—1905年）也是以低价大量购买画作，主要是后印象派画家们的作品，但由于当时经济波动较小，他的开销也少一些（没有妻子和家庭需要养），因此在价钱飙升之前并没有抛售的必要，他始终保留着那些库存画作，这也解释了为何沃拉尔在过世的时候比杜兰德-鲁埃尔更加富有。

19世纪80年代早期是杜兰德-鲁埃尔事业的低潮期，回首这段岁月，他甚至在回忆录中提到他策划的那些展览对他商人的身份并不有利。他写道：“展览对艺术家们来说是很好的，他们可以不断地打响名声，但这并不有利于销售。”人们一次性看了太多的东西，就会变得迟疑，他们咨询和聆听着其他观展者的意见，往往并不会立刻购买。另外，在一个大空间内，所有作品都显得小了，因此作品的标价感觉上会比在小空间展示时的标价要高。”杜兰德-鲁埃尔为自己感到遗憾，他妒忌那些每次都能卖出一件作品，而根本用不着举办展览的画商。不过他举办的个人展览在19世纪90年代之后越来越成功。莫奈的系列作品就是这么销售的，展览中陆续展出了干草堆、白杨树（彩插10）、大教堂，伦敦风景和威尼斯风景。此时的杜兰德-鲁埃尔不再抱怨销售的情况了。毕沙罗有些眼红地提及莫奈的白杨树系列时说:“莫奈举办了他的展览，全部画作销售一空，每件作品的价格都在3000法郎至4000法郎。”

如果想知道杜兰德-鲁埃尔究竟如何看待印象派，他又是否真的相信这种新艺术并不是昙花一现，那么翻看杜兰德-鲁埃尔的回忆录可能会一无所获。大多数时候你能找到的都是关于价格的详细记录：在早期最困难的时候这些画作的价格有多低，经历了一代人之后价格又是如何飙升的，这对画商而言是怎样的慰藉和满足，以及偶尔在价格上涨之前就脱手卖掉的遗憾。另外，阅读杜兰德-鲁埃尔和艺术家们的通信，我们能发现他的确是为他们着想的，能够在短期内为他们做出经济上的让步和牺牲，因为从长远上看，他对他们还是很有信心的。

19世纪80年代中期，杜兰德-鲁埃尔必须为印象派画家们寻找新的市场，他果敢地跨越大西洋，向西迈进。虽然这一举动并没有立刻给他带来成功和财富，但是一个转折点。历史终究还是对鲁埃尔偏爱有加：他成功地在对的地方利用了两场重要战争的余波。第一场战争是1870年的普法战争，不稳定的法国社会尤其需要一种全新的、革命性的艺术在危机中站稳脚跟；第二场战争则是美国内战，战争激发了非凡的创业精神，并最终创造了世界上任何地方都无可比拟的财富。19世纪末是美国经济扩张的关键时期，人们在采矿、钢铁、铁路和建设上积累了大量财富。幸运的是，当杜兰德-鲁埃尔勇敢地向西迈进时，富有的美国人也同样在向东寻找自信，他们在欧洲的文化，特别是巴黎的文化中重塑自己。

美国人对法国很着迷，他们的倾慕更是一直延伸到艺术领域，因此，和欧洲人相比，他们能更加宽容而开明地接受印象派这种全新而令人震惊的艺术。当然，这并不意味着印象派一出现在美国，每一个亲法的美国人就会排队购买。但哪怕只有一小部分人欣赏，也足够让杜兰德－鲁埃尔动了心思，他计划1886年在纽约举办一个展览。正如法国评论家西奥多·杜雷[1]所说：“美国并没有旧欧洲的那种偏见，那里的氛围更适合新奇的事物，也更加友好，新艺术只需克服与以往艺术在形式上的不同表象所引发的震惊。”杜雷的判断是正确的：美国的确是一个更容易接受新兴艺术的年轻国家。

杜兰德－鲁埃尔1886年在纽约举办的展览不仅是印象派历史上的一座里程碑，对艺术品销售历史而言也同样意义非凡。他带去了300余件作品，其中包括23件德加的、48件莫奈的、42件毕沙罗的、38件雷诺阿的、15件西斯莱的以及3件修拉的作品，另外杜兰德－鲁埃尔的点睛之笔是还带去了55件受推崇的主流艺术家们的作品，那是给公众的定心丸。杜兰德－鲁埃尔在给艺术家方丹－拉图尔的信中写道：“别认为美国人都是愚昧无知的；相反，他们其实比我们的法国收藏家更少一丝愚蠢和保守。”

那么这第一次展览的结果如何呢？当时成交了展览画作的20%（按价格来算），总价17 100美金。杜兰德－鲁埃尔总结道：“这次展览我虽然没挣多少钱，但依然是非常成功的，我对未来充满信心。”

1 西奥多·杜雷（Théodore Duret，1838—1927年），法国记者、作家、艺术评论家，是印象派最早的支持者。——译者在接下来的两年里，他又六次跨过大西洋前往美国。1889年，他对美国市场已经有了充分的信心，并决定在纽约开设自己的画廊。雷诺阿记得有一场早期的展览是在老麦迪逊广场的花园举办的，他晚年时回忆道："人们会在拳击比赛间歇去看一看我的画作。"无论真实与否，这说明了杜兰德-鲁埃尔欣然以应变的方式去开拓新市场——不惜利用他天主教教徒的身份。他担心托运来的雷诺阿的裸体［画作］会让美国的新教徒感到不安，可能会在海关处被扣押，于是他打探到了检察长，发现他是个罗马天主教徒。于是杜兰德-鲁埃尔决定在一个周日的早上拜访他，并和他一起参加弥撒，招摇地在奉献盘中放了一大笔钱。这些画作最终顺利无阻地进入美国。杜兰德-鲁埃尔在美国市场上施展着他出色的创造力和精明的策略，其中雷诺阿的《克拉皮森夫人》就是一个例子。这件作品是1882年，由克拉皮森先生委托定制的，但他对雷诺阿最终完成的作品非常不满意并拒绝接受。于是杜兰德-鲁埃尔自己买下了作品，改名为《玫瑰花丛中》后送往美国市场。与某位先生的妻子这样的具体肖像画相比，感伤环境中的一般女性美更加吸引人，这件作品最终在1886年找到了一个美国买家（2003年的苏富比拍卖中，它又一次以2350万美金拍出）。

杜兰德-鲁埃尔在回忆录中写道："我在大西洋彼岸的成功也对法国市场触动很大，那些曾经不敢买马奈、莫奈和雷诺阿作品的人，以及那些只愿意付几百法郎的人如今决定和美国人出同样高的价钱。就这样，价格在慢慢往上涨，购买的收藏家人数也在不断增多。"19世纪90年代的时候，杜兰德-鲁埃尔的画廊被收录进贝德克尔[1]的巴黎旅游书中，那是有文化和想法的游客想要考察法国现代艺术的第一站，尤其是美国人。玛丽·卡萨特是生活在巴黎的美国艺术家，她是首次来购买艺术品的那些紧张的美国买家的顾问，她和她的顾客之一，来自美国的钢铁大亨弗兰克·汤普森之间有过一段沮丧但发人深省的经历。卡萨特向他介绍了一个没有杜兰德-鲁埃尔知名的小画商波蒂埃，卡萨特说："波蒂埃拿给他两件或三件莫奈的画作，很便宜，但他却更愿意从杜兰德-鲁埃尔那花3000法郎购买。我猜想他可能是那种喜欢买贵的买家。我对波蒂埃提供的画作的品质完全没有疑问。"这是早期画商以自己的画廊品牌为他代理的艺术家加分的实例。一件杜兰德-鲁埃尔提供的莫奈画作比一个不知名画商提供的同样画作更受追捧，也更昂贵。

不过，同时期有另一批经营新画派的对手也开始崛起，挑战着杜兰德-鲁埃尔的绝对地位。1887年是一个关键的时间点，那一年伯梭-瓦拉东画廊放弃了他们自1866年就代理的学院派画家威廉·布格罗，在文森特·梵高的弟弟提奥·梵高的建议下开始经营莫奈和其他印象派画家的作品。不过杜兰德-鲁埃尔最重要的对手是乔治·珀蒂，珀蒂的画廊十分奢华，他在一个格外优雅的环境中展示着这些作品，非常吸引一部分美国人。莫奈很欣赏珀蒂销售时突出的华丽气质，并写信给杜兰德-鲁埃尔建议他们一起合作。"不可否认公众很着迷于此，因为这些画作被布置得非常棒，加上那豪华的内部空间，这一切都太美，给公众留下了深刻的印象，于

1　贝德克尔（Baedeker），1827年成立的德国出版社，率先出版全球旅行指南。——译者

是批评的声音也不见了。”这是将印象派绘画重新包装为奢侈品的第一步。

杜兰德-鲁埃尔也并非在他不断成功的过程中没有享受，日记作者茹尔·德·龚古尔在1892年6月记录画商的家庭生活时曾写道："杜兰德-鲁埃尔在罗马街有一间很大的公寓，屋里摆满了雷诺阿、马奈和德加等人的画作，卧室的床头悬挂着一个十字架，餐厅里有可供18位宾客就餐的餐桌，每一个客人面前都摆放有六种不同的玻璃杯。热弗鲁瓦告诉我，印象派艺术的餐桌每天都如此铺设。”成功人士更喜欢彰显成功，正如前文所探讨的，画商们奢华和追求高品质的生活方式更能让富有的顾客们安心。但是有一个群体对如此奢华的排场感到不满，那就是画商所代理的艺术家们，尤其是他们觉得自己的画作卖得并不好的时候。1894年11月，从未像莫奈那般受到市场欢迎的毕沙罗与美国收藏家昆西·亚当斯·肖碰面，两个人都有些义愤填膺。毕沙罗写到自己很赞同肖的观点："他痛恨所有的画商，特别是杜兰德-鲁埃尔，这并非是无理由的，他抱怨画商认为自己有操控品味的任务，只展示那些他们认为好卖的画作。”

说起乔治·珀蒂，正好有一个有趣的问题，雷奈·詹泊尔形容他长着一张“发情的、肥胖的、脑积水的雄性动物”的脸。丑陋的外表是否会影响一个人成为优秀的艺术商人呢？在珀蒂身上就未必。我曾经认识一个意大利收藏家，他买画之前必须和画商见上一面，评估一下他妻子的长相。我猜想他可能有某种逻辑，一个画商可能没办法决定自己的长相，但是他的妻子能充分体现他对美的认识。虽然杜兰德-鲁埃尔夫人很年轻的时候就过世了，但是杜兰德－鲁埃尔夫人的画像依然展现了她非常美丽的容貌。毫无疑问，乔治·珀蒂夫人是非常有魅力的。而且就算差强人意，据当时的记载，乔治·珀蒂的情人也的确是非常漂亮的。她是美丽的阿黛尔·卡奥森，之后的兰多尔福－卡尔卡诺侯爵夫人。

左拉在准备他描写艺术世界的小说《杰作》（1886年）时，曾整理了一些巴黎不同艺术品商人的素材。小说中对赫克托·布拉姆[1]的描写使我们了解到画商是如何讨好那些如莫泊桑笔下的沃尔特先生那样有着投机本能的新买家。根据左拉的描述，有一些"愚蠢的收藏家，他们对艺术一无所知，他们买画就像买股票市场上的证券"。如果布拉姆希望一个艺术家的作品卖出更高的价格，他会这么告诉买家：

> 我可以5000［法郎］卖给你，如果你明年还给我，我出价6000法郎买回。我将会给你签一封确认函……

在那一年他在好几件作品上用了同样的方法；他将证券在股票市场上的升值方式运用到艺术市场中，在这样的操作下，一年后，收藏家不会愿意以6000法郎的价格重新卖给他。如果买家非要归还给他，那么由于价格已经上涨，他确定自己能以7000法郎的价格再卖给其他的收藏家。

这预示了21世纪画商对当代艺术市场的操控。但这种成功只有

1　赫克托·布拉姆（Hector Brame，1831—1899年），画商，在事业早期曾和鲁埃尔一起合作经营印象派的画作。——译者

在对一个艺术家的创作进行垄断时才能实现，而且除非所代理的艺术家的作品能够始终保持同样的品质，否则也并非一个长久的商业戏法。

将印象派介绍给美国是很有意义的一件事，如今杜兰德－鲁埃尔又开始向德国宣传这一艺术流派。有三个重要人物影响着德国接受法国印象派，他们分别是马克斯·利伯曼[1]、哈利·凯斯勒[2]和博物馆馆长雨果·冯·楚迪。19世纪90年代，他们都在杜兰德－鲁埃尔的巴黎画廊里头一回欣赏到印象派的作品。杜兰德－鲁埃尔在柏林与保罗·卡西雷尔的合作意味着许多印象派画作能够在德国找到销路，甚至进入德国的博物馆。杜兰德－鲁埃尔在给保罗·卡西雷尔的信中写道："博物馆是我们最好的宣传。"他是对的：经由画商、收藏家至博物馆，德国是为数不多的，迅速引发对印象派欣赏热潮的地方。自1899年起，杜兰德－鲁埃尔在卡西雷尔画廊举办了一系列高水准的法国现代展览。卡西雷尔所出版的杂志里的艺术批评文章也对印象派的欣赏起到了推波助澜的作用。在我们已经引用的一篇褒奖杜兰德－鲁埃尔的文章中，阿塞纳·亚历山大总结道："在创作表现与涵盖现代社会的美的庞大系统中，画商是关键一环。"这是对现代主义之后艺术品交易新观念的解读。

20世纪早期，杜兰德－鲁埃尔作为印象派画家经理人的身份已

1 马克斯·利伯曼（Max Liebermann，1847—1935年），德国版画画家、印象派风格在德国的主要推动者，他自己也收藏了重要的法国印象派作品。——译者

2 哈利·凯斯勒（Harry Kessler，1868—1937年），外交官、作家、现代艺术的赞助人。——译者

经根深蒂固。他明显对印象派之后的先锋艺术家毫无兴趣，极少有画商会有特别的热情经营自己下一代艺术家的作品。杜兰德－鲁埃尔很少关注塞尚、高更或梵高，他也从不关心野兽派和立体主义。杜兰德－鲁埃尔晚年时曾评价塞尚的作品被过于“高估”了，“将他的画作和莫奈以及其他印象派画作放在一起显得格外无趣”。他嘲笑那些“傻瓜们声称只有塞尚、梵高和高更是大师”。不过这并不妨碍他通过交易塞尚的作品来赚钱。玛丽·卡萨特曾建议美国收藏家露易西纳·哈夫迈耶出售她收藏的两件塞尚的作品，因为她判断画作的价格（在塞尚刚离世之际）已经飙升得离谱。杜兰德－鲁埃尔对艺术市场的敏感度比卡萨特要尖锐得多，他以每件7500法郎的价格抢到了塞尚的两件作品，两个月后以3万法郎的价格卖给了著名的俄罗斯收藏家伊万·莫罗佐夫。杜兰德－鲁埃尔将印象派画作带到海外的努力对现代主义的发展带来了始料未及，却意义深远的影响：如果1896年杜兰德－鲁埃尔没有将印象派的画作送到莫斯科参展，那么年轻的瓦西里·康定斯基就不可能看到促使他从事抽象艺术的莫奈的《干草堆》。

杜兰德－鲁埃尔甚至最终将这股热潮带到了伦敦，当地居民对印象派接受的缓慢可是出了名的。1905年在格拉夫顿画廊举办的法国现代艺术展吸引了1.2万人观展，展览展出了300件德加、马奈、莫奈、雷诺阿、毕沙罗和西斯莱的作品。这次展览虽然不能在英国收藏家中立刻掀起购买的热潮，但是印象派的这股风还是吹到了伦敦并留了下来。作为这一画派的全球推动者，杜兰德－鲁埃尔是至关重要的。他再一次证明了真正成功的艺术交易是会想方设法地通过长途汽车、船运、火车以及之后的飞机，不断开拓海外市场。

杜兰德-鲁埃尔经手的最叫卖的依旧是莫奈的作品。系列画作是画商们的理想，那是在一天的不同时间、不同光线下对同一个题材进行视觉上的惊人再现。10幅或20幅画作同时在鲁埃尔的画廊里展出，有些甚至在颜料还未干透的时候就已经卖出：这其中包括1891年展出的《干草堆》、1892年展出的《白杨树》、1895年展出的《鲁昂大教堂》、1904年展出的《泰晤士河风景》，当然还有莫奈晚年最专注且多产的《睡莲》系列。1908年，杜兰德-鲁埃尔想到了如何巧妙地回应莫奈创作过于多产的观点，他宣布将在自己的纽约画廊举办一个莫奈新作的大型展览；之后在展览开幕的一周前突然宣布展览取消。这次取消的真正原因可能是由于莫奈的拖拉，没有在截止期前完成所有的画作，但是杜兰德-鲁埃尔给媒体的解释却实在是精妙：

> 昨天克劳德·莫奈将自己投入三年心血，市值近10万美金的画作付之一炬，因为他认为那些画作并不令他满意……

杜兰德-鲁埃尔告诉《纽约时报》的记者，尽管他对未能如期举办这次展览感到失望，但莫奈先生的这一举动更加证明了他是一个真正的艺术家，而非一个制造者。

这是杜兰德-鲁埃尔的灵机一动，他向美国收藏家再一次强调了莫奈绝不是一个绘画工厂，同时也为画商在纽约市场上提供的下一批作品有了另一重品质的保障，因为那些已经通过了画家自己的严格把关。

杜兰德－鲁埃尔销售印象派画作天赋的最后一个小插曲出现在他的下一代，保罗的儿子约瑟夫·杜兰德－鲁埃尔如何让邓肯·菲利普[1]在1921年购买雷诺阿的《船上的午宴》，这是一个教科书般的案例。邓肯·菲利普夫人为我们讲述了这个故事："我们受邀来到约瑟夫·杜兰德－鲁埃尔的家中用午餐，我们很高兴被安排入座在令人陶醉的、充满活力的雷诺阿名作的对面。"她不经意间透露了约瑟夫·杜兰德－鲁埃尔精彩的销售之道：邀请最重要的顾客共进午餐，将他们"不经意地"安排坐在最名贵的一件作品的对面，这成了画商常常使用的一种计谋。这一次约瑟夫·杜兰德－鲁埃尔赚得盆满钵盈，菲利普夫妇以12.5万美金的巨额成交价购得了雷诺阿的这件作品。

有些讽刺的是，1920年保罗·杜兰德－鲁埃尔晚年的时候被授予了法国荣誉勋章，可表彰的并不是他对艺术发展所做出的贡献，而是在国际贸易上所取得的成就。从1891年直到过世，杜兰德－鲁埃尔购买的画作数量是惊人的：根据公司库存名册上的记载，画廊购买过近12 000幅画作，其中有超过1000幅莫奈、1500幅雷诺阿、800幅毕沙罗、400幅德加和400幅西斯莱的作品。阿尔伯特·巴恩斯[2]博士在1915年给杜兰德－鲁埃尔的信中写道："我的收藏几乎是

1 邓肯·菲利普（Duncan Phillips，1886—1966年），艺术收藏家、评论家，他的现代艺术收藏构成了华盛顿菲利浦收藏馆的重要组成部分。——译者

2 阿尔伯特·巴恩斯（Albert Barnes，1872—1951年），美国化学家、商人、艺术收藏家、作家、教育家，也是位于费城的巴恩斯基金会的创立者。——译者

你生意的附录。”大名鼎鼎的哈夫迈耶收藏中超过一半的印象派画作都是从杜兰德-鲁埃尔那里购买的。

杜兰德-鲁埃尔一生最重要的成就是什么呢？他可以说是在艰难的当代艺术领域里做顾客的解读者和教育者的第一个画商。你很难找到在艺术品销售的历史上有另外的先例，当然，这可能也因为印象派是历史上首次出现的难以欣赏和理解的当代艺术。杜兰德-鲁埃尔也是第一个在新艺术中占有一席之地的画商：他建立了一种经营模式，即买进年轻、尚未成名的画家的作品，等他们逐渐被人赏识和名声在外的时候再出手销售，巧妙地利用了画作前后价格的落差。杜兰德-鲁埃尔认定印象派是可以实现这一奇迹的画派。何以见得？他为何有这种洞察力？可能正如雷诺阿在谈及印象派诞生时所说的：“我只描绘明亮的色彩，因为必须描绘明亮的色彩！这并不是任何理论的结果，这是蔓延在空气中的诉求，是每个人潜意识里所感受的，这并非我个人的体会。”也许这就是成功的先锋画商所拥有的：被赋予了独特的感性直觉。

左拉曾说，一件艺术作品是“在性情之中见造化之一隅”。这一定义来自印象派的经验，也契合当代哲学关于客观物质世界与人认知的主观性之间关联的研究。这一点很重要，因为它强调了一件艺术作品是由艺术家独有的气质所决定的，并赋予了它独有的风格特征。因此当一件印象派画作被投放到市场时，同时打包在一起的也包括艺术家的气质和性情。画商们总是在寻求新鲜的东西，如果说甘巴特是将题材作为品牌推动着维多利亚时期的绘画，那么此时画商们主打的就是艺术家的个性了。以后印象派为代表的现代主义的发展，特别是梵高的表现主义，更加突出了艺术家的个性。当画商邀请公众去购买作品时，这种气质就变得更加重要。事实上，左拉又颠覆了曾经说的话：一件艺术作品如今是“透过造化之一隅见性情”，这是包括沃拉尔、坎魏勒和罗森博格等下一代现代主义画商将要面临的挑战。

第八章

充实的安布鲁瓦兹·沃拉尔

19世纪末的法国，经营现代艺术的商人们总会有些独到之处：他们固执、脸皮厚且喜爱不寻常之物。1887年，21岁的安布鲁瓦兹·沃拉尔刚来到巴黎的时候是一个殖民地的居民，一个外来者。他在留尼汪岛长大，那是法兰西帝国在印度洋上的一个遥远的边缘岛屿。或许他能够很快地接受新艺术的其中一个原因恰好是这个外来者的身份。沃拉尔个子很高，有点儿笨拙，决定了的事就会坚决执行，除此之外，他还有些不可理喻，是个强烈的反叛者。这些性格都将一个画商塑造成了许多公众眼中代表艺术家应战的疯子的形象。

沃拉尔刚到巴黎时并没有决定成为一名艺术品商人，而是被家人送去学习法律，但他很快就发现自己最开心的时刻是在塞纳河边的二手摊上翻看版画和素描。在放弃了法律学习之后，沃拉尔全职为一家名为“艺术联盟”的经销商公司工作，这家店主营诸如爱德华·代巴－博桑[1]这样的沙龙艺术家的作品，提供表现乡民在如画般风景中的一些温和的外光派风格的画作。沃拉尔第一次在唐吉老爹的商店里看到了塞尚的作品，这个年迈、衣着破落的巴黎公社同情者也常常资助新兴的艺术家，沃拉尔曾说：“唐吉老爹很高兴看到和自己一样的反叛者。”沃拉尔知道塞尚与他能相谈甚欢，他和爱德华·代巴－博桑却不会，于是1893年他开始单飞，并在拉菲特街开了家有些寒酸的画廊，专门经营先锋的当代艺术。沃拉尔声称他的画廊将成为包括德朗[2]、马蒂斯、毕加索、鲁奥[3]和弗拉芒克[4]等所有年轻画家的“某种朝圣地”。不过沃拉尔举办的第一场重要展览是爱德华·马奈的作品展，他从艺术家的遗孀那里购买了一系列的速写作品。有趣的是，沃拉尔和杜兰德－鲁埃尔投身于现代艺术都基于他们早期对马奈的兴趣，只是对于沃拉尔而言，真正的转变是他发现了塞尚，1895年11月他为塞尚举办了一场著名的个展。

我们并不知道沃拉尔第一次看到塞尚作品时有怎样的感受，但他声称那是“正中一击”，当人们在面对新颖而不可思议的艺术作

1 爱德华·代巴－博桑（Édouard Debat-Ponsan，1847—1913年），法国学院派画家，以寓言类、乡村场景和东方主义题材为主。——译者

2 安德烈·德朗（André Derain，1880—1954年），法国画家、雕塑家，和马蒂斯一起创立了野兽派。——译者

3 乔治·鲁奥（Georges Rouault，1871—1958年），法国画家、版画家，作品以野兽派和表现主义风格为主。——译者

4 莫里斯·德·弗拉芒克（Maurice de Vlaminck，1876—1958年），法国画家，野兽派的代表人物，以色彩鲜亮的风景画闻名。——译者

品时，偶尔会体验到顿悟的瞬间。如果他们是画商，那么前方的道路就变得清晰明确：这就是他们将要推广的艺术家，要让他名扬天下，自己也能从中牟利。沃拉尔在他画廊里展出的作品要么是从唐吉老爹（他于1894年过世）的财产拍卖中拍得，要么是从普罗旺斯艺术家那里直接购买的。沃拉尔对于塞尚的重要性坚信不疑，购买他的作品也丝毫没有犹豫。在之后的十年，直到1906年塞尚过世时，沃拉尔几乎垄断了这个画家所有的速写和绘画作品。艺术家与画商之间的热情是相互的，1902年2月，塞尚在给查尔斯·卡莫恩[1]的信中写道："我很高兴听说你也喜欢沃拉尔，他是真诚和严肃的。"塞尚对沃拉尔也同样重要，格特鲁德·斯泰因曾提到："与塞尚的交往是沃拉尔一生最重要的奇缘。"那时塞尚创作的超过三分之一的作品都是由沃拉尔经手销售的。

另外，沃拉尔也购买并展出梵高的作品。他和当时已经在南太平洋定居的高更的合作是比较特殊的独家代理，尽管签的是一个有些寒酸的合约。毕沙罗曾赞同地说："沃拉尔只对年轻人的绘画感兴趣，我相信我们一直在寻找的就是这样的画商，他只喜欢我们画派的作品。"

正如我在前文所提到的，沃拉尔是个单身汉，从未踏入过婚姻意味着没有养家的经济责任，这对一个画商来说是很有利的。与他的命运不同的是，早年就成了鳏夫的杜兰德-鲁埃尔为了抚养六个

1 查尔斯·卡莫恩（Charles Camoin，1879—1965年），法国风景画画家，以野兽派风格为主。——译者

年幼的孩子，没办法保留他的库存而不得已以便宜的价格出手了很多作品。另外，沃拉尔的生活方式也不同，他常常在位于拉菲特街的地窖举办著名的晚宴，食物包括咖喱鸡（用他从留尼汪岛带回来的秘方烹饪）。他的客人们大多都是艺术家，塞尚、雷诺阿、德加、福兰[1]和雷东是最主要的常客。

沃拉尔在回忆录中记录了他与一个潜在买家在他画廊里的一段对话：

> "这些塞尚的速写怎么卖?"
>
> "你想要一件、两件还是全部的三件?"
>
> "只要一件。"
>
> "这样的话，3万法郎。"
>
> "那如果我拿两件呢?"
>
> "那就8万法郎。"
>
> "我不理解，那如果我拿全部三件呢?"
>
> "三件15万法郎。"
>
> 我的顾客很是震惊。
>
> "这其实非常简单，"我说道，"如果我卖给你塞尚的一件作品，那么我还有两件留下。如果我卖给你两件，我只剩下一件了。而如果我将全部三件都卖给你，我就一件都没有了。不是吗?"

1　让-路易·福兰（Jean-Louis Forain，1852—1931年），法国印象派画家、版画家，曾参加过多次印象派群展。——译者

在复述这段对话时，我是感到有些惭愧和不安的，因为这有悖于所有重要拍卖行运作的关于营销的概念。在由经济学和行为科学专业的稚气未脱的美国人所举办的几周讨论会和培训课程里，他们往往都会强调一个简单的中心思想，即客户第一。别告诉他怎样交易对你最好，得告诉对方为什么这个交易对他是有利的，在这里，画商应该强调拥有三件大师作品比拥有一件更让人愉悦这一点。很遗憾，沃拉尔并不赞同这种观点，但更令人困惑不解的是——至少对新面孔的美国人来说——尽管如此，他却依旧可以在画作销售上如此成功。

从职业生涯的最早期开始，沃拉尔就以非传统的营销策略而闻名。有一次在出售一件福兰的速写时，他开价120法郎，买家还价到100法郎，之后他非但没降，更涨到150法郎。正如沃尔特·费欣菲尔特[1]曾说的，虽然沃拉尔和他的艺术家们很亲近，也很受他们的欣赏，但他自己对顾客的态度却是有些轻蔑的。沃拉尔曾写道："在画作交易时，必须时刻警惕那些顾客，有的时候，比如说没必要和顾客解释应该从哪个角度欣赏一幅作品。"他还喜欢在买家们的荒谬行为中找乐子，尤其有这么一批鉴赏家，他们曾目睹三个"疯子"（塞尚、高更和梵高）画家作品价格的不断飙升，相信下一批能够如此奇迹般涨价的作品最有可能是由其他疯子挑选出的。于是，他们想到一个主意，建立一个投资基金，"由愚笨疯狂的人跟

1 沃尔特·费欣菲尔特（Walter Feilchenfeldt，1894—1953年），塞尚的研究者，曾为保罗·卡西雷尔工作，负责其在柏林和阿姆斯特丹的画廊。——译者

图13　毕加索为安布鲁瓦兹·沃拉尔创作的立体主义风格肖像画（1910年），画风令沃拉尔无法理解。

图14　雷诺阿创作的一件石版画，画中是安布鲁瓦兹·沃拉尔。

着一个团队的代表前往巴黎，其目的就是将这个精神错乱的人挑选出来的作品运回”。沃拉尔觉得最好将生活理解和欣赏为荒谬剧场上演的一出戏。他开心地回忆艺术批评家阿尔伯特·沃尔夫是如何回应请他写文章评论其作品的一个艺术家：“褒奖的文章开价25路易，批驳的评论需要50路易。”

沃拉尔很了解自己，知道自己的缺点，他曾在回忆录中写道：“我始终遗憾自己没有随和、活泼的个性。”他理想的顾客是美国收藏家阿尔伯特·巴恩斯博士，沃拉尔曾很言简意赅地描述了这个买家的优点：“他会毫不犹豫地挑选这个和那个，之后径自离开。”虽然我很怀疑沃拉尔是否真的得意（并利用）自己被评价为一个耍心机的人，不过他的确很喜欢在销售中耍一些小把戏，他利用一些伪装和欺骗，做一些类似侦探的调查并制造出竞买的紧张感。在回忆录中，他以欣赏的口吻讲述了一个自己欣赏的同行，为造访一个拒绝和画商做交易的收藏家而将自己假扮成一个美国私人收藏家的故事。沃拉尔在与对手交战时是十分残酷的。他曾和同样经营先锋艺术的可怜的女画商贝尔特·威尔（一个前卫艺术的同行，一个不免让人觉得应该被更殷勤对待的女士）竞争，在以令人发指的低价拿下了雷东的作品之后，他还依旧大言不惭地告诉艺术家别将作品卖给她，因为她会破坏作品的价格。

1901年，沃拉尔在巴黎给年轻的毕加索举办了他的第一次展览，这说明他的触角已触碰到先锋艺术的最前沿。画展于6月24日开幕，共展出了64件匆忙集结的画作以及数量不明的速写作品。这次展览既不盛大，也鲜有宣传。沃拉尔的展示技巧向来不佳，而毕加索当时也不过是刚到巴黎，还是个名不见经传的20岁西班牙小伙子。那时沃拉尔究竟看中了毕加索什么呢？我想应该是一种活力，预示着野兽派一贯绚烂的色彩，洋溢很与众不同的西班牙式的热情。那次展览最后卖出了一半的作品，这已经是相当不错的成绩了。不过沃拉尔在那之后并没有继续和毕加索合作：他不喜欢画家之后的“蓝色时期”[1]。1906年，沃拉尔又重新燃起对毕加索的兴

1 “蓝色时期”主要指毕加索在1901—1904年间，以蓝色和蓝绿色为主要颜色进行创作的时期。他在这一时期的代表作包括《生命》（*La Vie*，1903年）、《老吉他手》（*The Old Guitarist*，1903年）。——译者

趣，他销售了画家“粉红色时期”[1]的一些作品。但是立体主义，用约翰·理查森的话说，“彻底地击败了”沃拉尔。立体主义风格的毕加索更容易吸引学院派画商丹尼尔·坎魏勒的关注。颇为讽刺的是，毕加索曾在1910年以立体主义的风格为沃拉尔画了一幅肖像画。画商们可从不是多愁善感的人：沃拉尔非常高兴地在两年后将这件肖像画以3000法郎的价格卖给了俄国收藏家伊万·莫罗佐夫。

1904年，沃拉尔也为马蒂斯举办了他的第一次个展，但错失了与他合作的机会。马蒂斯最终在1909年将自己签给了画商小伯恩海姆。不过，沃拉尔的确和一个野兽派画家合作过，1905年11月，马蒂斯将德朗介绍给了他。沃拉尔有实力把赌注押在不知名的艺术家身上，而且能够大量地买入他们的画作，他曾花3300法郎购得了德朗的89件画作。据说，当他将那些画作装进车里时，几乎都没有看一眼。不过他对推广德朗的艺术已经有了规划，其中之一就是将画家派往伦敦。杜兰德－鲁埃尔刚刚为莫奈的伦敦画作系列举办了一场成功的展览，这给沃拉尔和坎魏勒都留下了深刻的印象。1906年，沃拉尔想让德朗创作一系列伦敦题材的画作；坎魏勒也试图让毕加索这么做，但没有成功。乍一看，灰色调、浓雾深锁的伦敦对于野兽派画家而言，的确是很不一样的地方，这再一次说明了画商对艺术发展的影响。德朗创作的伦敦系列非常棒，这些成了野兽派发展历程中很重要的里程碑，而倘若没有沃拉尔，德朗也不会创作出这

1 “粉红色时期”也称为“玫瑰色时期”，主要指毕加索在1904—1906年间的创作。这一阶段画家的创作对象主要集中在小丑、马戏团演员等，颜色以活泼的红色、橘色、粉红色和大地色调为主。——译者

样一批作品。这些画作和莫奈1901年的系列一起对后世的画商有着积极的意义。伦敦有许多富有的收藏家，而他们也非常喜欢购买那些描绘周边熟悉场景的现代艺术大师的作品（彩插9）。

沃拉尔的库存账簿有趣地记录了他买入价和卖出价之间不断扩大的落差。例如1906年的春天，他从维克多·谢阁兰[1]那里以600法郎的价格购买了一件高更的自画像；在不到两个月的时间里，他就以3500法郎的价格转手卖给了瓦格拉姆亲王。1899年12月，他以总价600法郎从塞尚的小叔子手里买下了两件风景画。从沃拉尔留存下来的一封信件里，我们得知他很遗憾没能再多付一点儿，因为“静物和花卉作品远比这些未上釉的风景画更受欢迎”。不过，当他在1906年4月，以高出不少的价钱将其中一件风景画卖给德国收藏家卡尔·奥斯陶斯时，必然绝口不提画作没有上釉以及静物画更受欢迎，1922年3月他将另一件风景画以超过10万法郎的价格卖给克利夫兰的科埃时自然更是如此。20世纪的头十年，在塞尚作品价格迅速飙升的市场环境中，沃拉尔对塞尚画作的近乎垄断意味着他可以选择时机并挑选他想卖出的画作。此时，沃拉尔的经济前景不仅仅是稳固的，更是非常乐观的，这使他能够自由地去探索其他领域，尤其是出版行业。

---

1 维克多·谢阁兰（Victor Segalen，1878—1919年），法国海军军医、民族志学者、考古学家、作家、诗人、艺术理论家、文学评论家。他曾循着高更的足迹，以波利尼西亚之旅开始了他的第一次远行。到达波利尼西亚后，他在一次简陋的拍卖会上购得了高更的几件油画、素描和手稿作品。谢阁兰还曾于1909年、1914年和1917年先后多次参加中国的考古远征，拍摄了众多石窟造像、陵墓石刻等。——译者

沃拉尔与艺术家们的亲密关系体现在为他创作的多幅肖像画中：其中就包括雷诺阿、塞尚、博纳尔，当然还有毕加索，他们都曾为沃拉尔创作过一些令人印象深刻的作品。毕加索曾说："世界上最漂亮的女子入画的次数也没有沃拉尔多。"这个画商给毕加索留下了难以忘怀的视觉形象，甚至在其晚年，当毕加索切一片牛舌时，他还将其拿起来谈论其造型和这个画商的样貌有几分相似。无论是外在还是精神上，沃拉尔的影响都是不容小觑的，这兴许也是画家们最着迷的一点，维亚尔[1]曾形容他是"严肃的、讽刺的、气场强的、生机勃勃的"。

揶揄反讽是沃拉尔性格中的一个重要的特点。雷奈·詹泊尔曾记录德加因为价钱而背弃沃拉尔时，他挖苦道："你只能指望那些没有才华的艺术家遵守承诺。"一战期间，沃拉尔的反讽更加有增无减，作为荒诞剧中讽刺的调味剂，冲突的环境中不乏反讽的成分。沃拉尔曾借虚拟角色佩雷·尤布之口写了一系列简短的小故事，在《佩雷·尤布在医院》中：一个高级医疗工作人员（五条杠）如何为一个受伤的士兵截肢，并痛斥了一个普通的军队外科医生（两条杠）如何能无耻地在不手术的情况下治愈了相似的病情。之后沃拉尔说："审查机构强硬地拒绝出版我的故事。"他继续写道：

之后，我想通了，也更欣赏这种战场上的策略。这让我更

1 爱德华·维亚尔（Édouard Vuillard，1868—1940年），法国画家、装饰艺术家，是19世纪末法国纳比画派的代表人物之一。——译者

轻松地了解一切职位等级以及一般的常识是如何自相矛盾的，就像一个“四条杠”的并不比“两条杠”的聪明两倍。很显然，在这个故事里，当职位高的人失败之后，职位低的人就算治愈了伤员，也只能被视为是无效的。我以这种方法写作我的《尤布战争》，这一次顺利通过了审查机构的审核。

和收藏家比起来，沃拉尔对艺术家更为偏爱，这是他整个画商生涯的一个特点。不过，他也对新艺术的收藏群体做了很有趣的观察：和法国收藏家相比，他更喜欢德国的。他发现了两国收藏家有一种“令人费解的矛盾态度”，“法国人秉性好争辩，但在面对艺术中的新潮流时却又变得很保守，他们非常需要一种确定性，很担心被人欺骗；而德国人则截然不同，虽然面对集体规则会出于本能地服从，但热情地拥抱未来的所有预期。”

在“画廊空间”内展示艺术品向来不是沃拉尔的强项。当时人们对他画廊里乱糟糟的描述说明他如果生活在百年后的今天，一定会在国际拍卖行为其员工提供的针对“提高客户体验”的一系列课程中获得启发。格特鲁德·斯泰因和利奥·斯泰因[1]第一次造访沃拉尔的画廊时就发现他很难理解自己的需求。格特鲁德·斯泰因

1 格特鲁德·斯泰因（Gertrude Stein，1874—1946年），美国小说家、诗人、剧作家、艺术收藏家。格特鲁德·斯泰因自1903年迁居巴黎并开设了著名的沙龙，吸引了现代主义众多的文学家和艺术家。利奥·斯泰因（Leo Stein，1872—1947年），美国艺术收藏家、评论家，格特鲁德·斯泰因的哥哥。——译者

说："这是一个神奇的地方，看起来一点儿也不像一个画廊。一些油画组合成了一面墙，屋里的一个角落里大大小小的油画被一层叠一层地放着。"和乔治·珀蒂那样的画商在豪华的场馆，以极具感染力的技巧销售完全不同，沃拉尔是一个神秘的囤货者。他从不硬性推销，格特鲁德·斯泰因之后形容他："[是一个]皱眉的大块头、皮肤黝黑的男人，但这其实是沃拉尔心情不错时的样子。如果他真的不高兴，他会拿一个巨大的框子靠着玻璃门抵到街上，他的双臂伸过头，两只手分别放在大门的左上角和右上角，满脸怒容地望向街上。那时再也不会有人想走进来。"

斯泰因兄妹起初希望从沃拉尔那里买一件塞尚的风景画，这也不稀奇，可沃拉尔带着他们看东看西，就是唯独没有他们想要的题材，他还常常上楼走开，回来的时候先是拿了一件画苹果的静物，之后又拿了一件人体背影的画作，再后来是"一件大尺幅的画作，里面有一点儿风景的片段"。他们问："是否有小幅的风景画？"此时正好有两个帮佣女工下楼离开，格特鲁德·斯泰因甚至在想，这个名叫保罗·塞尚的艺术家是否真的存在，或许那些作品是刚刚两个女佣在后屋依照业主的要求现场创作的，只是双方在交流上不够顺畅。

不过，玛丽·卡萨特很欣赏作为画商的沃拉尔，1913年12月，她写信给朋友兼顾客的哈夫迈耶太太："杜兰德-鲁埃尔不愿购买德加的那些画作，沃拉尔不仅乐意买下，再出售时还赚了不小一笔。沃拉尔在画商这一领域真是一个天才，他似乎能够卖掉一切。"这究竟是怎么做到的？鲁斯·巴克文[1]回忆道："和沃拉尔做生意是充满挑战的，因为他大多时间并不殷勤鼓励买家购买他的画。"当哈夫迈耶夫人亲自去找沃拉尔购买塞尚的作品时，他将这个顾客晾在一边干等着，依旧继续和另一个艺术家对话。哈夫迈耶夫人暗示他自己可能要误船了，沃拉尔不失礼貌地回答她："夫人，我相信您可以搭乘下一班船。"哈夫迈耶夫人也的确这么做了。当然，问题的关键依旧在于那时若要购买塞尚的画作，沃拉尔是唯一的渠道，这种运营模式对他非常有利，垄断给了他得天独厚的优势，使他能够更享受这种放松的状态。他有着很好的国际人脉，也深谙外借大量藏品的好处。例如，他曾将作品借给柏林的卡西雷尔画廊举办系列展览，也曾在1910年和1913年分别将作品借给罗杰·弗莱举办伦敦的后印象派展览以及纽约的军械库展，他比任何一个欧洲画商在纽约军械库展上卖出的作品都要多。

沃拉尔晚年和一个旧友的妻子加莱夫人关系亲密，不过他并不是一个好相处的人。随着年纪渐长，他的单身汉习性更是明显：丹尼尔·威尔顿斯坦记得沃拉尔年老时总是格外担心自己感冒，而且病态般的吝啬，威尔顿斯坦尖声说道："沃拉尔会舍弃什么东西？哎哟，别逗我了。"不过他的语气中倒也透着一丝嫉妒和钦佩。威尔顿斯坦曾经在20世纪20和30年代与沃拉尔有生意往来，那是一种与猛兽决斗的感觉。他回忆道："我们可能一周会去他的住处一到

---

1 鲁斯·莫里斯·巴克文（Ruth Morris Bakwin，1898—1985年），美国著名的儿科医生和艺术收藏家，她的收藏囊括了梵高、马蒂斯、塞尚、高更和毕加索等。——译者

两次，试着从那里买些画。他几乎把所有东西都堆叠在地上，如果你想从他那里买一件塞尚的画，你得向他询问雷诺阿的画，不是塞尚，绝不能提塞尚，而是雷诺阿……之后如果幸运的话，他说不准会拿出来一件塞尚的作品。”这究竟是荒谬，还是他有意在利用自己的优势，抑或是一种微妙的营销术？也许三者皆有吧。

沃拉尔的名字会让人想到生财有道，在年轻的让·雷诺阿（画家的儿子）的脑海中，美国的货币单位不是美金，而是沃拉尔。1915年格特鲁德·斯泰因将纽约艺术批评家亨利·麦克布莱德介绍给了沃拉尔，亨利观察道：“沃拉尔是一个身材高挑、充满紧张感的人，他认真、单纯，努力将自己的名字与现代艺术的发展联系在一起。他喜欢一只眼紧闭、一只眼微闭，这使得他脸上总像是有一条倾斜的线条。”丹尼尔·威尔顿斯坦在多年后形容他：“魁梧，声音如男中音般浑厚，总是戴一个贝雷帽盖住他的秃头。”雷奈·詹泊尔则评价他“像是头警觉的老熊”。

1920年3月，沃拉尔告诉利奥·斯泰因，和卖画相比，如今他更喜欢写书，特别是当人们为投资而购买艺术品的时候。他反对将艺术作为投资并不是像其他人所抱有的那种高尚想法，认为艺术比钱更重要，而是因为艺术市场已然呈现不可阻挡的上升趋势，让他恼火的是，作品的新主人将会比他卖给他们时获利更多——如果他能再把作品留得久一点儿，那么利益就可能是他的。这简直是无法容忍的，他朝斯泰因抱怨道：“这么做不过是让其他人获利。”还不如全都不卖了。

当然，“捍卫”或推广新艺术都是建立在那些介绍给公众的新艺术家的作品价值将会不断增值的基础上，这是1875—1925年这半个世纪以来的经验，也是画商的经济状况能正常发展的至关重要的根本前提。这对于潜在的买家而言也是一个非常有说服力的观点。这些作品现在看来是有些奇怪，但是在10年到20年之后，这种怪异很可能就摇身一变成为备受推崇的优点，因此很可能会价值连城。如果一名投资人在股票市场上选择了一只在今后涨幅特别惊人的股票，那么人们会称赞他有灵敏的商业嗅觉。而如果一个投资人选择了一个艺术家，其作品在之后的几年上涨速度显著，他不仅会被称赞有敏锐的商业目光，还会被赞赏有一种更可贵的能力——美学鉴赏力。当然，一个精明的画商自然也有这种眼光。

但一战之后，沃拉尔在艺术上的所得已足够支撑他避开买卖绘画的常规路线，他当然也偶尔会拿下一笔获利丰厚的买卖——例如1923年11月，他以十分可观的10万法郎的价格，将两件毕加索“蓝色时期”的画作卖给了美国收藏家约翰·奎因[1]，不过此时他的重心已经逐渐转向了他的出版计划。罗杰·弗莱曾在1925年拜访过沃拉尔，他发现沃拉尔更愿意谈论文学而不是艺术，特别是他的“尤布”故事系列，弗莱觉得那故事“挺蠢的”，但“赢得沃拉尔信任的最好办法，就是欣赏他的出版物并对此表现出浓厚的兴趣。事实上，许多人都发现这是打开他家里无数名作收藏的秘密房间的唯一钥匙”。

1　约翰·奎因（John Quinn，1870—1924年），美国律师、收藏家，也是后印象派和现代艺术的重要赞助人和收藏家。——译者沃拉尔对自己的出版事业能将艺术和文学相结合感到发自肺腑的开心；书籍出版中的版画复制使他有机会近距离地参与到创作中，而不像画作那样只有艺术家参与。他也特别擅长于此：既善于出点子将艺术家的作品与文本相匹配，也善于制作图版。他最成功的作品是毕加索的沃拉尔系列版画，那是毕加索创作的最知名的一组蚀刻版画，这一套包括100张版画的书于1937年出版。书中的大部分都是在1930—1934年期间完成的，那可能是毕加索创作力最旺盛的阶段。沃拉尔很聪明地放任毕加索自由创作，呼之欲出的题材与狂野的、试验性的印刷效果结合：弥诺陶洛斯、斗牛、情人，收尾的是1937年创作的三张蚀刻的沃拉尔肖像画。

成功的画商必须得四处撒网，沃拉尔就是这么做的，而且得接受——打个比方——并不是所有被亲吻的青蛙之后都能变成王子。同样，一个出版商也得尽可能吸引大量的优秀作家，而出版的书籍也不一定都能获得成功，沃拉尔拥挤的画廊里还积压着许多现今已被淹没的许多画家的作品。1894—1911年画廊记录的大量资料显示，沃拉尔曾经举办过大量如今已不知名的画家的展览。现如今谁还听说过保罗·沃格勒、安德烈·西奈、勒内·塞索或皮埃尔·拉普拉德呢？沃拉尔也一定是看中了他们的某些特质。不过当你转过头看看他所经手的那些成功艺术家的名字——塞尚、梵高、高更、博纳尔、维亚尔、毕加索、马蒂斯、德朗、鲁奥、凡·东根[1]，

1 凯斯·凡·东根（Kees van Dongen，1877—1968年），荷兰裔法国画家，野兽派的主要代表之一。——译者

你就会发现他的成功率是相当惊人的。他也许是持一把散弹枪，但他十分清楚要对准的方向。沃拉尔对画作的判断给雷诺阿留下了深刻的印象。他的行为总让人摸不着头脑，经常有些漫不经心，雷诺阿说：“他有点儿像疲惫的迦太基将军。”但是只要他站在一幅新作面前时，他总能有最佳的状态。“有些人争论不休，在发表意见之前，先将整个艺术史拿出来做对照，不断地进行比较。”但是沃拉尔不同，雷诺阿判断道：“在画作面前，这个年轻人狡黠得就像猎场上的猎狗。”

图15　奥迪隆·雷东创作的《良心》，这幅画的题材对于画商来说比较难出手。

正如所有的画商都曾做过一些令人遗憾的事，沃拉尔也受到过些许争议。他在雷诺阿晚年时与其来往密切，也对这个艺术家十分敬仰。不过他对雷诺阿画室遗作的处理方式受到了不少史学家的诟病，沃拉尔曾将大尺幅的习作分别裁切成更好卖的单独作品。这一方法至少满足了20世纪80年代的日本市场，它提供了源源不断的作品，对日本人而言，真迹比质量更重要。如果我们仔细研究一下沃拉尔的库存账本，还会发现他偶尔会故意疏漏塞尚作品的销售额，记录还显示出一些潜藏的假账，这么做是为了隐瞒他从塞尚家族买来的价格是远远低于他所卖出的价格。还有对待高更上，马蒂斯在

1952年曾说“沃拉尔对高更非常不厚道”。沃拉尔被指责，他在高更晚年给塔希提岛系列作品的价格实在是低得可怜，不过客观一点儿来看，当时并没有人愿意出更高的价格，那些作品很难出手。甚至利奥和格特鲁德·斯泰因第一次在沃拉尔的画廊里看到高更的作品时也“感觉它们糟糕极了”。据丹尼尔·威尔顿斯坦所言，博纳尔也是沃拉尔这厚颜无耻行为的受害者，他描述了沃拉尔是如何从艺术家的画室里拿回一批画去“考虑”，之后博纳尔忘了沃拉尔拿去了哪些作品，最后只能以低于市值不少的价格卖给他。但问题是这些作品都是未署名的，沃拉尔也不敢回头再索要艺术家的签名。丹尼尔·威尔顿斯坦刁钻地评论道：“也许在留尼汪，人们是这么卖香蕉的，但这是博纳尔的作品啊！”

在探索艺术品交易的历史中，还有一个领域几乎完全无人涉足：那就是艺术品修复者在画商的成功里所扮演的角色，他们的关系紧张且隐蔽，却可能会让大胆的研究者有所收获。当然，像杜维恩那样的画商，如果不了解他在作品修复中的活动，那么我们对他的认识就是不完整的。沃拉尔也是如此：他所经手的大量德加作品中的一部分就曾因此受到指控。1917年，他在德加财产拍卖中购得了一大批画作，但只有一小部分经过了他的修复师的修复。仔细观察这些首次出现在德加画室里的作品，以及后来在财产拍卖中的作品照片，你会发现有一两件作品进行过微调：加上了一张脸，拉直了一条腿。问题是尽管这种状况可能只偶尔出现过一两次，但无端的猜测会波及所有沃拉尔经手的德加作品，这显然并不公允。德加是沃拉尔特别尊重的艺术家之一，他经手了艺术家的大部分作品就是一个明证，而且这些作品也没有经过丝毫的改动或修复。沃拉尔喜欢大批量买进画作，在这种情况下，出现一两个有缺陷的是难免的，沃拉尔偶尔会忍不住将其交由修复师进行一些想象的重构。也许这并没有忠于艺术家的记忆。马克斯·利伯曼不是曾经也说过：“艺术史家的职责是将艺术家糟糕的画作列为伪作。”在这里，沃拉尔可能还要补充道：“画商的职责是将画作以最好的状态呈现。”他还可以引用18世纪皮埃尔-让·马里特的理论为自己辩解：“一个有经验的鉴赏家有资格为了让真相凸显而改进一件速写，这只有专家才能察觉得到。”

沃拉尔有没有道德感呢？此时，你的耳边可能会听到丹尼尔·威尔顿斯坦嚷嚷着：“你别逗我乐了。”不过，沃拉尔一直收藏着奥迪隆·雷东一件名为《良心》的素描作品，暗示了对错得失的判断或许始终萦绕在他的脑海中。雷东作品全集的作者亚历克·威尔顿斯坦对这一件特别的作品做了以下评价：

> 人成了自己良心的载体，那是一个人脸模样的巨大的细菌。人在这个比他自己更大、更沉重的包袱下是脆弱的，他走向冥想的虚无之境的边缘，臂膀伸向前，却踟蹰要不要把自己置于如人类般神秘不可测的深渊，这个人能跳起来，轻松地跨过去吗？又或者，是良心不断地压垮他，让他如此费力地站在高处，艰难地栖息着吗？

当然，沃拉尔从未卖掉这件素描也是因为他几乎找不到任何一个买家。可能他的顾客们——购买绘画的公众们——并不愿意像他那样去应对这一话题的挑战。

关于沃拉尔的财产，包括刚刚提到的那件雷东的作品，在很多年里都是人们的谈资。他是如此成功的一个画商，能够为自己和后代秘密地购置很多大师的名作珍藏，想到这一点总令人感到兴奋。威尔顿斯坦家族的私人库存在某段时间就像是一个艺术世界民俗学的一部分。沃拉尔也是如此，没有人知道在他死后会有多少遗产浮出水面，甚至连死亡本身也被蒙上了一层神秘的面纱。那一年是1939年，我们虽然可以确定沃拉尔是死于一场摩托车交通事故，但尚不知他的头是否撞击到了他车上运输的马约尔[1]的雕塑。如果事实果真如此，那么这个故事又多了一丝象征的意味。约翰·理查森对这场意外有另一种推测，他认为沃拉尔事实上是死于阴险的巴黎画商马丁·法比亚尼精心策划的阴谋，后者能在沃拉尔的庞大遗产中获利。由于二战的爆发，若要完全了解沃拉尔财产的走向是很不容易的，其中有一部分可能被一个前雇员偷走并转移到了巴尔干半岛地区；另外一批由法比亚尼从沃拉尔的兄弟卢西安那里买来，经船运从法国出发抵达美国。如果这是谋杀阴谋的最后一幕，一件始料未及的事也阻挠了这一计划，运送这批货物的船被百慕大的英国当局拦下。由于担心这些画作一旦出售将会抬升德国货币的汇率，因此所有的物品都悉数充公。一个更具讽刺性的历史事件是，负责

1 阿里斯蒂德·马约尔（Aristide Maillol，1861—1944年），法国雕塑家和画家。——译者

充公的这个男子是一个名叫彼得·威尔森的年轻情报人员，若干年后成了苏富比拍卖行的主席。这些是经彼得·威尔森之手，却没有立刻被诱骗到他的拍卖锤之下的为数不多的优质收藏，很遗憾，他不得不将这批货物送到加拿大暂扣五年。沃拉尔遗产的余下部分多年来一直被密闭收藏在巴黎的一家银行。经过漫长的法律协商，让彼得·威尔森略感宽慰的是，苏富比最终在2010年接受委托并对这笔遗产进行拍卖，苏富比最终用“沃拉尔的珍宝箱”来为他的传奇收藏宣传造势。

如果杜兰德-鲁埃尔没有投身印象派，那么现代艺术发展会呈现出怎样的面貌？20年之后，如果沃拉尔没有发现并推广塞尚的绘画，现代艺术又会有怎样的发展？沃拉尔对塞尚的推崇（以及他对高更和梵高相对少的投入）在20世纪早期为这些艺术家打响了名声。如果沃拉尔没有安排那些画作在德国、美国、意大利，甚至英国展览，那么这些对于立体主义和抽象艺术至关重要的艺术家是否还能有今天如此广泛的影响力？这并不是要声辩如果没有这些最早经营现代艺术的先锋画商，现代艺术就销声匿迹了，但它发展的力度和速度将会截然不同。

第九章

丹尼尔-亨利·坎魏勒——纯粹主义画商

后印象派和野兽主义慢慢被公众接受要归功于画商安布鲁瓦兹·沃拉尔；他早先也对毕加索感兴趣，但当毕加索开始尝试他无法理解的立体主义时，就与他分道扬镳了。真正理解立体主义的画商是丹尼尔-亨利·坎魏勒，他成了这场艺术运动最重要的推手。

坎魏勒是日耳曼人，非常固执和苛刻，也没什么幽默感。二战后和他有生意往来的另一个画商海因茨·贝格鲁恩曾形容他有着普鲁士教务长般的严格。坎魏勒是个天生的禁欲主义者，1937年，艺术市场仍然处于低潮期，他的老朋友，也是他的老主顾收藏家赫尔曼·鲁普夫带他出去吃晚餐，事后他一本正经地观察道："我已经不再习惯仅仅为了吃花那么多钱。"如此克己寡欲在艺术品交易的圈子里并不常见。贝格鲁恩曾回忆道："他喜欢笑，但从不会开怀大笑。他太过于遵纪守律，绝不会尽情享乐。"不过，他是不依赖

图16　坎魏勒如同“普鲁士教务长般严格”。

自己的个人魅力来做生意的那种画商。他非常珍视艺术，销售艺术品如同将智慧和美的特权赠予了那些从他那里购买的幸运儿。他的画廊也不是什么奢华的场所，贝格鲁恩说他甚至不在画廊里装饰鲜花：“里面的一切都有些枯燥得不近人情。”

坎魏勒没有步步紧逼的销售方式，他认为自己经手的画作不需要太多的推销。他既不夸夸其谈，也不讨价还价，因为自己挑选出的那些卖给顾客的作品本身就有足够的说服力。如果想要获取打算购买的作品的更多信息，那应该由买家来开启与画商的对话，而这本身应该是有一定挑战性的。坎魏勒的传记作者皮埃尔·阿苏里说道：“他的意图是将一个商业成功转变为一场道德胜利。”这意味着坎魏勒对艺术品交易的使命感超越了肮脏的唯利是图，而这种高尚属性本身自然也可以是一个极为有趣的商业策略。

20世纪早期重要的俄罗斯收藏家伊万·莫罗佐夫和谢尔盖·希楚金都从坎魏勒手上买了大量的画作。画商会给他们寄去毕加索最新待售画作的黑白照片，通常会附加上一封简短的信。这些信件完全没有费尽心思推销的话，只是陈述着肯定的结论："这是一件重要的画作。"同时他还会标上价格，他希望能让人感觉到这是无法讨价还价的。但偶尔他还是会和气地降点儿价，美其名曰："只是让你开心一点儿。"但这往往是暗示着当他不得已做出让步时，顾客可能表现得有一些不太尊重人。坎魏勒一战前的另一个顾客亨利-皮埃尔·罗什曾记录道："在立体主义的初期，坎魏勒带我在他的小画廊里见到了毕加索和布拉克的立体主义作品，他没有解释只言片语，只是将这些作品介绍给我，这一举动足以说明一切。他有那种昭告天下的霸气，在他看来，立体主义一诞生便成经典。"

在立体主义普遍不被人理解，公众也不愿意购买的情况下，坎魏勒早期依然大力地支持这一流派，这是一种英雄主义的作为。也由于他曾遭遇过两次世界大战的无情挫败，更为他增添了一股身陷逆境的希腊悲剧英雄的气质。在一战爆发之际，他留下画廊和库存在巴黎，自己流亡到瑞士。他本可以在那时把存货都运送到纽约，不过他觉得没有这个必要。和当时的许多人一样，他想着战争也不过是几个月的事。虽然坎魏勒完全沉浸在法国的文化和艺术环境中，但他没有费心去放弃自己的德国国籍，于是他所拥有的一切都被认为是"敌军财产"，而被法国当局扣押。1919年，他回到巴黎，为索回自己的财产四处奔走，可最终也没能要回自己的库存，痛心疾首地看着他此前收藏的800件珍贵画作在市场常常以出奇低的价格被拍卖，因为整个市场不景气。一战期间，他是因为德国人的身份而被剥夺了财产；1940年悲剧再次重演，而这一次是因为他犹太人的身份。他本想在法国的乡村安静地渡过第二次难关，无奈的是1946年他不得不从头再来。换作那些对自身公正（和正义）不太坚定的人，可能早就一蹶不振了。

坎魏勒最早的愿望是当一名音乐家：

> 我好奇可能正是这同一种冲动让我最终成了一名画商：我知道自己并不是一个创造者，如果选一个好听点儿的词，我更像是一名中间人，因为我本身并没法成为一个作曲家。之后，我对绘画有了兴趣，就找机会去帮助那些我所认为的伟大的画家，做他们和公众之间的媒介，为他们扫清障碍，减轻他们经济上的顾虑。如果画商这个职业有什么道德正当性，我想那只能是这些。

另外，这个职业需要你对自己的判断力非常有信心。坎魏勒曾在一个音乐厅说："我最大的快感是当面对漫长的嘘声时，我依旧会为自己喜欢的一段音乐鼓掌。对待绘画也同样如此：我乐于去捍卫我所钟爱的。"

一战前的巴黎不乏对手们喝倒彩的情况。接连不断的新艺术浪潮不断冲击着怒气冲天的公众：印象派、野兽派和坎魏勒所代言的最难理解的艺术运动——立体主义。正如他自己承认的，这种对抗令他感到格外兴奋。他很享受1904年在鲁埃尔画廊所举办的莫奈系列展览上所看到的，他回忆道：“我看到两个出租车司机站在杜兰德-鲁埃尔画廊的窗外，充满着愤怒和不悦，他们攥紧了拳头，疾呼：‘凡是展出这些破烂玩意儿的地方都应该被砸了窗户。’”

坎魏勒成长于德国曼海姆一个家境良好的犹太人家庭。音乐之途挫败后，他也拒绝了进入家族银行工作的机会，20世纪的最初几年，他来到巴黎成了一名艺术商人。即使有家族的一小笔钱作为支撑，这也是一个大胆的决定，当然，更大胆的是他还投身到举步维艰的新艺术推广中。他从未怀疑自己对新艺术的喜好，不过也在之后坦言就算是他本人，也是需要时间去吸收和理解这些艺术的。他看卡耶博特收藏的印象派画作的第一个反应也是很困惑的：“一开始整个展厅都让我失望，这也说明每个人对新风格绘画的欣赏和理解都不是一件易事。起初我发现我无法欣赏这些画作，不过是一些难以名状的色彩，但之后我逐渐意识到我眼前展现的是一个崭新的世界，对我，对所有人而言，都是全新的。”他很快确定了自己必须经营年轻的，还在世的艺术家们的作品，甚至都不是近期过世的，诸如塞尚那样的艺术家。“我认为那个时代已经过去了，至少在我看来如此，而我的角色应该是为我同时代的艺术家们而战。”

艺术的新奇和破界的确会刺激某种才能的出现，和杜兰德-鲁埃尔、沃拉尔以及二战之后的利奥·卡斯特里一样，坎魏勒毫无疑问也拥有这种才能。不过若想在这一领域成为一个成功的画商，需要的是格外的固执和坚毅，甚至还需要一点儿厚脸皮。坎魏勒后来曾反思说：“我想除了我，只有两个画商——杜兰德-鲁埃尔和沃拉尔没有将买下的画作贱卖。”你并不一定需要魅力、阿谀奉承和三寸不烂之舌，你坚定的信念往往就能成为你最重要的推销法宝，坎魏勒是一个最好的例子。20世纪早期现代艺术的著名收藏家罗杰·杜蒂勒尔提到坎魏勒时曾说：“他更像一个老师，而非画商。事实上，我已成了他的门徒。”

坎魏勒对从销量好的艺术家身上赚钱这件事兴趣并不大，他只需对他经手的艺术家有足够的信心。那么，坎魏勒是怎样找到他想要捍卫和宣传的在世艺术家呢？早先是独立艺术家沙龙展，这个巴黎的年度展览中展出了一些先锋艺术，他在那里第一次看到并购买了德朗和弗拉芒克的作品。晚些时候他经人介绍认识了毕加索，造访了画家在蒙马特的画室，立刻就迷上了毕加索的作品。他很快意识到，若要成为当代绘画领域的成功画商，他就需要拥有艺术家们的创作，他想获得独家代理权。因此，像杜兰德-鲁埃尔那样，坎魏勒也签下了一些艺术家，为他们提供经济支持。他是他们热心的雇主，当然，这也可能是他一厢情愿的想法。“我记得有一天，那天是月末，艺术家们来拿他们的钱。他们到了之后就模仿起那些工人，脱帽放在手上说道：‘老板，我们来拿薪水咯！’”

坎魏勒和毕加索最早的交集是在1907年，他是为数不多很快就理解可怕而现代的《亚维农少女》的革命性影响的人。虽然他们两人的性格截然相反，也的确是不太可能的组合，但是他们的合作却是十分高效的。坎魏勒在艺术家最忧郁、难熬的时光为他提供了经济保障。艺术家和画商都对大多数的艺术批评家嗤之以鼻，事实上，任何毕加索作品的评论都被他们认为是毫无根据的。例如，当坎魏勒写信给毕加索，称他们的一个忠实的顾客并不喜欢他最近的作品，毕加索回信写道："没关系，我很高兴他不喜欢。照这样下去的话，我们将惹恼整个世界。"不过，坎魏勒也知道如何把握和毕加索谈论他的作品时不惹恼他的分寸。据说在立体主义发展的早期，毕加索曾从一辆巴黎公交车上偷走了一个警示乘客的标牌："不要和司机说话。"每当有人喋喋不休地失了分寸时，艺术家就会把那块牌子拿出来展示。

1910年12月18日，毕加索最终和坎魏勒签署了三年的独家销售合约，规定的作品定价从100法郎的素描至3000法郎的大画。这比1905年毕加索直接从自己的画室卖出的要价高一些，那时一件素描的定价是50法郎。（作为参考，1法郎可以供工人买一顿非常便宜的午餐，于是毕加索的素描价格就从50份廉价午餐涨到了100份。）坎魏勒给毕加索的价格是他所代理的所有艺术家中最慷慨的，他与包括布拉克、格里斯[1]、德朗、弗拉芒克和莱热等艺术家都签署了独家合约。他们都清楚坎魏勒的购买价和出售价间可能有一倍的差价。当然，坎魏勒对市场的把握是很敏锐的。若干年后，他费力地向布拉克解释自己为什么需要独家代理权，因为市场上的新画作总是比已经展出过的作品更值钱，哪怕是同一件作品。正如我们在前文就已经了解的，新鲜度几乎是画商们最为珍视的品质。

1 胡安·格里斯（Juan Gris，1887—1927年），在法国工作和生活的西班牙画家，立体主义的代表人物。——译者仔细看一下坎魏勒和毕加索签署的合约细节，我们还会发现一些有趣的内容，合约中除了特别标明一件素描100法郎、一件水粉200法郎之外，还规定了油画不同尺幅的不同定价：250法郎一件小画、1000法郎一件中等尺幅以及3000法郎一件大画。坎魏勒自然不是唯一以这种方式向艺术家支付费用的人，但事实上，无论是有意或无意，这种以尺寸来界定价格是在画商角度去量化艺术的一种尝试，这与罗马帝国时期以重量来定价的最后一招也只有一步之遥。这样一来，画商们就将画家看成了制作产品的手艺人：你得到的越多，就得相应地多付钱。你不会考虑诸如美或天才这些不可量化的因素，这些都会让艺术家的计费方法更复杂。不过，当画商与买家做交易时，他们则会选择完全相反的态度，这时他销售的是才华，是全然关乎美学的，而绝不是尺幅这般乏味的界定。正是画作中的不可量化和主观因素才能够让画商从买家那里索取更高的价格，这是与和艺术家的交易完全颠倒的。

坎魏勒是否有觊觎收入麾下，却没有成功的艺术家呢？似乎没有，尽管他欣赏马蒂斯，但当艺术家1909年和小伯恩海姆签署三年合约时，坎魏勒也没有很沮丧。当然，也没有其他的立体派画家更让他感兴趣的了，他已经发现了毕加索、布拉克、莱热和格里斯的独特，而且他十分坚信，是这些艺术家组成了真正的立体主义。他义正词严地谴责例如梅津杰[1]和格列兹[2]这些艺术家，认为他们不

1 让·梅津杰（Jean Metzinger，1883—1956年），法国画家、作家、批评家、诗人，他是立体主义最早的评论者。——译者

2 阿尔伯特·格列兹（Albert Gleizes，1881—1953年），法国艺术家、理论家、哲学家，自诩为立体主义的创始者。——译者

过是立体主义风格拙劣的模仿者，完全没有领会其真正内涵（彩插11和彩插12）。那么谁可以为这种理解正名呢？对于坎魏勒麾下的立体主义者可以，当然，还有他自己。

对独家代理权合约系统表达不满的批判者们认为，这一合约虽然使画商成了画家的保护者，但也同时和收藏家与投机者勾结，成了剥削者。不过，坎魏勒是个难得的理想主义者，他认为当画商和艺术家必须统一战线，在公众的反对声音中捍卫作品时，这种合约是合理的，他将其视为一种慷慨的行为。更愤世嫉俗的沃拉尔则认为，称画商是慷慨的，这可不是一个赞美之词："就像采矿者购买了一些土地，他希望在那里发现金子，而你却认为这对卖给他土地的人是一种慷慨。"坎魏勒很反对签署那种艺术家必须在规定的时间内交出几件作品的合约，与艺术家签署这种合约的简直是"应该枪毙的罪犯"！艺术家和画商签署合约的目的是："使艺术家可以没有经济负担地专注于创作，仅此而已。如果你告诉他，他必须创作多少件作品，那么这一切就都完了。"

和其他一些画商不同的是，坎魏勒的私人收藏对他而言并不那么重要。他喜欢绘画，出于对艺术家事业的助益，他很乐意去出售任何一件他爱的画作。他曾说："我不是一名收藏家。就像圣彼得，我是得人渔夫[1]，而非得画渔夫。"在这些艺术家中，令他最高兴的

1 "得人渔夫"出自《马太福音》(4:18—20)，耶稣在加利利海边行走，看见兄弟二人，就是名叫彼得的西门和他的兄弟安德鲁，正在把网撒到海里去；他们是渔夫。耶稣对他们说："来跟从我，我要使你们做得人的渔夫。"他们立刻撇下网跟从了他。因为圣彼得本是渔夫，所以耶稣就把渔夫的名称稍微改变成"得人的渔夫"。作者在这里化用此典故，意在强调坎魏勒在意的是人，不是画作本身。——译者

图17　毕加索创作于1910年的立体主义风格的坎魏勒肖像画。

是发掘了胡安·格里斯，因为格里斯是一个很严肃，甚至有些禁欲主义的人，这一点和坎魏勒非常相像，他们之间的通信也表明两个人心有灵犀。不过，坎魏勒和他代理的所有艺术家都有着频繁的书信往来，信中交流的既有他们作品的进展，也有他们实际的生活状况。一战前的最后一个夏天，格里斯、毕加索和布拉克在法国南部的塞雷创作，坎魏勒与他们定期通信，他是唯一了解立体主义关键阶段发展情况的人。和其他正在进行革新创作的艺术家交往密切的画商一样，关键问题依然是画商究竟对这些创作有何种程度的影响。在《无所不知》杂志1912年对坎魏勒的采访中，他曾试图解释立体主义。记者并不理解这一画派，不过坎魏勒的真诚依然给他们留下了深刻的印象。记者将这个年轻的画商和对最新创作如数家珍的伟大时装设计师相比较。当然，真正进行创作的是艺术家，而非画商。另外，坎魏勒也坚称是伟大的艺术家造就了伟大的画商，而非反之。尽管如此，在现代艺术发展的这一阶段，画商所扮演的绝不仅仅是作品的销售者，他们更承担着宣传和解读的角色，这种界限变得越来越模糊。毋庸置疑的是，坎魏勒深深地介入到了立体主义的发展中。很少有画商像他这样，在一个新鲜且富有革新性的艺术运动中扮演着如此中心的角色。他详尽地描述毕加索、布拉克和格里斯不断演化的知识根基，他为这一主题所撰写的文章也是至关重要的。坎魏勒还根据画家们所描绘的，为布拉克和毕加索的大部分立体主义画作命名，这也是他参与到这一创造性阶段的明证。另外，从他旗下的艺术家们对他的致敬作品中也证明了他的贡献：许多艺术家都曾为他创作过多幅肖像画，其中最著名的有毕加索、胡安·格里斯和凡·东根所创作的作品。

无论对坎魏勒、他的艺术家们或是立体主义，一战前的两三年都是关键的阶段。坎魏勒的优势之一就是他的国际化。和杜兰德-鲁埃尔和沃拉尔一样，坎魏勒也在欧洲各地定期为艺术家们举办展览，特别是德国，在那里，他和一些先锋画商来往紧密，包括阿尔弗雷德·弗莱希特海姆[1]；此外，他还促成了1910年和1912年后印象派在伦敦的展览以及1913年的纽约军械库展。他和迈克尔·布伦纳以及位于纽约华盛顿广场画廊的考迪签署了合约，这使他成功地打开了美国市场。在排除万难之后，坎魏勒的事业终于明确地朝着正确的方向发展。20世纪的最初几年，一批开明的艺术业余爱好者创立了熊皮收藏，这是一个创立时间早，而且颇为成功的艺术基金，他们投资于先锋艺术并在1914年举办了一场收藏的拍卖活动。基金运营得不错，这说明当时不仅出现了当代艺术的市场，而且这一市

1 阿尔弗雷德·弗莱希特海姆（Alfred Flechtheim，1878—1937年），德国犹太画商、艺术收藏家、记者、出版商。——译者

场也在不断变得稳固。例如，当时他们以1000法郎购买毕加索的大尺幅画作——《卖艺人家》，已经拍出了11 500法郎的价格。

但不祥的乌云开始困扰坎魏勒。保守者们开始审视熊皮基金的拍卖，并将其视为德国人对法国艺术的干涉。这些德国人到底是谁？有坦恩豪舍和弗莱希特海姆这样在拍卖中买画的画商，还有立足巴黎的颠覆分子坎魏勒，是他激发法国先锋艺术朝着令人无法理解的新方向发展。这个日耳曼阴谋就是要“迷惑、颠覆和征服”法国。坎魏勒在大战爆发后就流亡瑞士，那是一段不得已却只能受挫赋闲的岁月。他成了一名作家和思想者，但画商想得太多可不好。他对艺术和交易的认识可以被浓缩，但不能被僵化。当然，坎魏勒在那个时候所撰写的对立体主义的研究是很重要的，也很有洞察力。正如他所说，画家也常常是以符号书写的作家：

> 绘画从本质上看，从不是外界世界的一面镜子，也向来与摄影不同；它是关于符号的一种创作，总能被当代人正确地解读，当然，这需要经过一些训练。立体主义者所创造的符号毫无疑问是全新的，这也解释了为什么在很长一段时间里，这些画作都那么难以被理解和接受。

坎魏勒也是第一个对分析立体主义和综合立体主义做出重要区分的评论家。但在流放之后，他对自己不认可的当代艺术环境的敌对情绪变得愈发强烈。他反感一切富有装饰意味的艺术。他非常不满保罗·罗森博格在自己提供了名字、地址并刊登广告的《新法兰西评论》上发文，声称会购买梵高的画作。坎魏勒以他权威的蔑视口吻说，这完全是室内装潢师的举动，而不是一个画商该做的。

如果说一战前的岁月对坎魏勒来说是英雄主义的时期，那么紧接着的战后阶段则实在是颇为不幸的。他努力想要追回自己被扣押的库存，却徒劳无功，只能眼睁睁地看着800多件作品被拍卖，并且是以极低的价格出售。这些努力留给他的满是苦楚，在给德朗的信中，他吐露："我都没法告诉你我多痛恨这个。"他接着写道：

> 太丑陋了。我满怀虔诚，如此努力地为一个有意义的事业而奋斗。但拼到底的忠贞和正直却一文不值，在之后的和平岁月里，我不得不像一个疯子一样，为取回我曾拥有的奋力作战，这里关乎的不仅是我的钱，那不值一提，而是我生存的事业，这才是最值得关切的。

与此同时，他的艺术家们已经纷纷和其他画廊签约。一战期间胡安·格里斯被列昂斯·罗森博格接手，否则的话，他可能都快要饿死了。坎魏勒也不得不承认罗森博格在那个时候的举动是"绝对值得称颂的"，但是他非常怀疑他兄弟保罗·罗森博格的用心（那一个就是被坎魏勒斥责为"室内装潢师"的）。当罗森博格兄弟又成功接手了布拉克和弗拉芒克，并给出了比他能提供的更高的价格时，坎魏勒一定是很不痛快的。他也同样失去了德朗，这次是败给了保罗·纪尧姆[1]。但最致命的损失是毕加索。表面上看，他们的不合是由于坎魏勒在开展之初应该支付给毕加索的2万法郎迟迟不到账。坎魏勒无力地解释说收藏家谢尔盖·希楚金欠他的钱由于俄国的政局变动迟迟未能转来，可毕加索并不买账。直到二战之后，他们才又签署了一项新合约，重新恢复了友好往来。坎魏勒在1914—1918年离开巴黎对艺术史发展最重要的影响是让毕加索从立体主义风格中解放出来。

为了摆脱他的德国国籍造成的麻烦（一战后德国人被禁止在法国做生意），坎魏勒给在巴黎成立的新画廊取名为西蒙画廊。他签下了包括亨利·劳伦斯[2]在内的一批新艺术家。尽管忠诚的买家杜蒂勒尔也回来支持他，但库存被拍卖的苦痛还是得由画商独自承担。他与罗森博格兄弟的关系更加恶化，特别是列昂斯·罗森博格也支持了这场拍卖，列昂斯对拍卖的不公及其将冲击市场的危险无动于衷。在拍卖当天，布拉克甚至要对列昂斯动粗。罗森博格对此的反应居然是要去上拳击课来保护自己，画商的锦囊里又多了一项能用到的技能。坎魏勒依然十分忠于他的艺术家们：泰里亚德[3]形容西蒙画廊在两次世界大战期间既是艺术机构，也是福利机构。

和沃拉尔一样，坎魏勒也转向了出版行业。西蒙画廊出版了新

1 保罗·纪尧姆（Paul Guillaume，1891—1934年），法国画商，最早举办非洲艺术展览的画商，他代理了包括马蒂斯、布朗库西、毕加索等艺术家。——译者

2 亨利·劳伦斯（Henri Laurens，1885—1954年），法国雕塑家和插画家，在遇见毕加索、布拉克等艺术家之后开始了立体主义的雕塑风格。——译者

3 泰里亚德（Teriade，1897—1983年），艺术评论家、编辑、出版商，创立了英法双语评论期刊《激情》（*Verve*）。——译者

作家的一系列作品，并由他挑选出的艺术家创作插图。坎魏勒像对画家那样，一丝不苟地培养好的作家。通过出版，他结识了诗人米歇尔·莱里斯。他也允许自己在出版行业成为更有闯劲儿的卖家。由于他对个人创作的艺术品的神圣性的推崇，坎魏勒本能地认为艺术品销售比简单的商业宣传格调更高，而当他转向出版时则是截然相反的更务实的态度，只有提高销量，才能产生一定的商业影响。

20世纪20年代和30年代，坎魏勒对非立体主义的艺术越来越不包容，这种反感的态度更加局限了他在生意上的选择。他不喜欢德国表现主义、野兽派（过于装饰性）或未来主义（太过喧杂）。他不认可受俄罗斯芭蕾舞团影响的艺术，虽然他喜欢文学领域中的超现实主义，但非常反感超现实主义艺术运动。他认可弗拉芒克曾说的："超现实主义者是一帮装了电话，之后把电线掐了的人。"1936年，伦敦的梅尔画廊举办了一场立体主义展览，遗憾的是，展出的作品都是坎魏勒非常不认可的、拙劣的、模仿的立体主义画作，他甚至尝试终止这个展览。

两次世界大战期间的艺术品交易也遭到了1929年10月以来经济危机的冲击，艺术市场的几乎完全停摆给大部分人都带来了麻烦，其中包括西蒙画廊的运营。坎魏勒不得不暂停与艺术家们的合约，不过值得宽慰的是，20世纪30年代早期他重新与毕加索接触。无论狭隘的艺术视野在其他方面对他的判断有怎样的影响，但他依旧认为毕加索这一时期的作品是格外有力量的，他赞叹地写道："这幅画就像是刚谋杀了一个女人的好色之徒创作的。"

二战的爆发和巴黎的沦陷是坎魏勒不得不应对的又一个灾难，

他的画廊再一次从他手上被剥夺，他试着将所有权转让给莱里斯家族，并在余下的战争年代里努力地躲避纳粹主义的暴行。他安静地定居在利穆赞的乡村，沉浸在狄更斯和特罗洛普的小说中。再一次，艺术商人摇身一变成了哲学作家。他沉思着伟大艺术的影响："我在一件艺术作品前的感受就犹如圣人与上帝神合时所体验到的。当凝视一件艺术作品时，我们可以短暂逃离我们在余下生活中注定要承受的孤立。我们与人性、与万物、与上帝共存。"

显然，我们所看到的坎魏勒和包括约瑟夫·杜维恩等一干画商截然不同，他对立体主义艺术现象有很多思考，重新定位了一个和文艺复兴传统完全断裂的阶段，那是自1907年毕加索的《亚维农少女》，一直到分析立体主义让位于综合立体主义的1913年。这是悬而未决的敏感时刻，你无法想象杜兰德－鲁埃尔或沃拉尔可以做到。坎魏勒的确是很独一无二、有着深奥思想的人，而且他异常谨慎：当他主要从事艺术品交易时，他几乎不会写作，因为他担心"公众可能会在文章里看到商业的成分"。如此一来，他文章的严肃性就可能会受到质疑。

二战结束之后，坎魏勒又得从头来过。在他事业的最后一个阶段，他逐渐成为一个举足轻重且广受尊崇的权威人物，同时也是一个更不愿意转变自己观点和偏见的权威。他发现他的对手正在对另一种艺术运动——抽象主义——感到兴奋，他将其评价为"新的学院派"。他坚持对其不予评论。坎魏勒也有过一些盲区，20世纪20年代和30年代，他曾经代理过保罗·克利，但是对他兴趣并不大。在他画商生涯的最后一个阶段，他专注而热情地推荐一系列并不出众，如今已经被遗忘的艺术家们，其中包括苏珊·罗杰、欧仁·克马德克、伊夫·鲁弗尔。正如海因茨·贝格鲁恩所说：“除了极少数的人，人们大多只能够判断对应自己时代的艺术。”这一评价适用于杜兰德-鲁埃尔、沃拉尔和坎魏勒。坎魏勒是属于立体主义的时代，他也没能再继续前行。

战后阶段，坎魏勒故事的亮点是他与毕加索的和解并重新成为艺术家的画商。他送走了自己的对手：包括法国的路易斯·卡雷和美国的萨姆·库茨。由于坎魏勒非常耐心和执着，他最终赢回了自己曾在1914年所拥有的独家代理权。他几乎成了毕加索的批发商：毕加索将有潜力的买家推荐给他。渐渐地，画商、收藏家和博物馆都了解，如果想要购买毕加索的作品，就得直接去露易丝·莱里斯画廊。

研究坎魏勒和毕加索的关系是很有趣的，你很难想象还有比他们俩性格更相悖的两个人了。他们是人的两个极端：坎魏勒很教条和古板，有思想，也有原则，没有什么幽默感；而毕加索则是很感性、喜怒无常、任性，散发着神奇的魅力。画商一定曾经惹怒到毕加索，而有点儿虐待狂的画家一定也让画商的生活如炼狱一般。但是坎魏勒坚持住了，毕加索也更加看重这个男人的忠诚可靠，这也解释了为什么毕加索让坎魏勒在战后重新回到自己的生活中。当然，坎魏勒可能也在他1923年写给胡安·格里斯的信中时不时地吐槽（在拜访过马蒂斯之后）：“毫无疑问，艺术家在成功之后总会变得更难相处。”

毕加索也承认坎魏勒与其他画商很不同。据弗朗索瓦·吉洛特回忆，在其他画商拜访的前夜，毕加索很喜欢与她谈及接下来与画商的对话和协商将会如何进展，此时吉洛特扮演着画商的角色。“最终总是以巴勃罗的胜利结尾，因为他比对手更聪明、更有想象力，所以他最有决定权。”吉洛特说道。当然，他还拥有那些画商特别想要的画作。

约翰·理查森记录了毕加索是如何摆布和戏弄画商的，这一次针对的是可怜的萨姆·库茨。当库茨夫妇来到毕加索的画室，他装作正忙着创作要给道格拉斯·库珀的作品。这件事本身就足以使库茨夫妇恼火了，因为他们此行的目的就是想给自己买些画作。但毕加索不为所动地专注于库珀的画。“他居然如此怠慢!”理查森写道，“库茨夫人越来越不耐烦，最终在和丈夫对视时，朝手表做了个鬼脸，又指了指头发。她无论如何也不能错过做头发的预约。而毕加索正用眼睛的余光观察着这出哑剧，他突然抱歉地起身，以格外隆重的礼貌举止送他们出门。很抱歉耽误他们了：库茨夫人的发型当然比任何事情都重要。他们下次再拜访欧洲时可以告知他吗?”说真的，以毕加索对画商的态度，真应该给他颁发一个残酷奖。

不过坎魏勒是一个例外，因为他总能找到方法赢过毕加索，他从不放弃。在吉洛特的印象中，坎魏勒从不接受拒绝。毕加索发现就算他口出再无理辱骂的字眼（他也的确这么做了），坎魏勒都不会打退堂鼓。毕加索可能会说：“你他妈的从不在乎我，我想到早些年你是如何以最下作的手段榨取我的。”坎魏勒则会非常平静，甚至有些无力地答道：“哦，不，并没有。”事实上，坎魏勒的这种无力恰到好处，这是让极度亢奋的艺术家卸下防备的一个武器。有时，毕加索也会和坎魏勒争论哲学或文学，不过此时的坎魏勒则很机敏，并不与其争论，让艺术家占得上风。坎魏勒也有他残酷的一面，他曾在自己的画廊签下了弗朗索瓦·吉洛特。吉洛特很欣喜，毕加索也很是感动，这也是更有效地将毕加索纳入自己掌控的聪明举措。可是，当吉洛特离开毕加索之后，坎魏勒就废除了与她的合约。可想而知，吉洛特十分郁闷，不免添油加醋地告诉约翰·理查森，毕加索总是不怀好意地怀疑坎魏勒有同性恋的倾向。

但事实并非如此，坎魏勒对他的太太非常忠心，当他的太太1945年过世之后就再也没有一个女人出现在他的生活中，更别提男人了。但是他对于异性的这种笨拙从未得到毕加索身边的女人们的欣赏；他们之间甚至还有一丝妒忌。早在一战前的日子里，坎魏勒就与毕加索当时的女朋友费尔南德·奥利维尔有过争执。坎魏勒认为她是个很危险的女人，费尔南德则评价坎魏勒："是一个真正的犹太商人，他能够讨价还价长达数小时，直到画家的精力消磨殆尽，最终同意他的砍价。他太知道自己必须得让毕加索筋疲力尽才能有所得。"杰奎琳·毕加索有些伤人地告诉理查森，坎魏勒错误地将自己视为毕加索的朋友，而朵拉·玛尔[1]也向理查森证实毕加索最终还是和坎魏勒疏远了，他们对彼此的称呼都改成了"您"而不是"你"。那曾经在维农街的那些年呢？一战前最有冲劲儿的日子里，毕加索可是每天都会去坎魏勒的画廊见他啊。朵拉·玛尔

1　朵拉·玛尔（Dora Maar，1907—1997年），法国画家、超现实主义摄影师、诗人，毕加索的情人，画作《哭泣的女人》（*The Weeping Woman*）中的模特和原型。——译者

说:“哦，他去那里仅仅是出于习惯，就像西班牙人每天都会去理发店一样。”

坎魏勒还在另一方面常常有失——他的鉴赏力会偶尔出错。譬如，他曾经在20世纪20年代被一件西斯莱的仿作骗过，这倒可能并不那么令人惊讶，毕竟印象派并不是他专长的领域；但是，晚年令他感到很遗憾的是，他以为是莱热的一批作品最终被发现是仿作。约翰·理查森认为这些作品实在是太过于有魅力，他仔细研究之后得出了这样的结论:“它们实在是好得令人难以置信。”不过，坎魏勒却不认为这些画作有问题。现代主义对画商鉴赏上的需求与其他历史时期是不同的。当写实逼真的批判标准不再有用时，就需要一种新的眼力去做出准确的判断，一种不那么依赖于传统意义上对品质的规范和要求。此时，专家便进入了一个危险的领域，在那里，一件作品完成的品质远远不如概念的好坏重要。在现代主义呈现出各种不同风格后，这一点也不难理解。但麻烦的是，当作品的品质不再以逼真作为评判标准时，这些艺术风格中个人笔法的鉴定对质量标准和归属的意义就并不大了。

在面对艺术市场上的伪作这一不太令人舒服的问题时，坎魏勒很释然地说道:“我有自己的解决办法。在离开艺术家的画室之前，我会给我买的每件作品拍照。”他的回答暴露了他身份的优势和缺点。他与“他的”艺术家们关系紧密，因此一份摄影的记录对他而言是可行的；但是如果没有它呢，画商就常常没辙了，之前提到的令人感到怀疑的莱热作品正是如此，它缺少从艺术家画室出来的严格出处，而那正是现代艺术专家首先依赖的。如此一来就只能根据艺术家的笔法做出判断。坎魏勒能够轻易地辨别出艺术家笔法的风格，因而判断这是莱热的作品，可是他没办法进一步区分莱热笔法的模仿者与原作之间的差别。反之，坎魏勒寻求的是一种更传统的，但并不适合的鉴赏方式，他最终得出的系列结论是:（1）这是莱热的风格;（2）这很美;（3）所以这是莱热的作品。但喜欢抬杠的人也可能会说，正确的推断应该是:（1）这是莱热的风格;（2）这很美;（3）所以这不是莱热的作品。也许更诚实的说法应该是:"这个美得有点儿差强人意，所以这不是莱热的作品。"

海因茨·贝格鲁恩曾想在坎魏勒画商生涯的末期买一件毕加索的作品，在长时间的协商之后，贝格鲁恩说道:"当我坐在坎魏勒的桌子边准备开支票时，我自然地扭过头看他。他站在那里，就在我后面，身体微向前倾。我突然发现他脸上浮现一种诡异又让人不快的表情，夹杂着贪婪和满足，我实在是很不喜欢。我顿时失去了买画的所有兴趣，我把支票撕了之后就离开了。"这不仅仅是对一个画商的微词，事实上，坎魏勒的确会给人一种不寒而栗的感觉。

坎魏勒和毕加索不可能的关系成了他人生和事业晚期的最佳注解，这个情绪不定、风格多变的20世纪最伟大的艺术家最终在坎魏勒的冷峻性格和思想中发现了其他画商所不具备的智慧和可靠性。坎魏勒逐渐成为毕加索的解读者，毕加索也许会将他从巴黎公交车上顺手牵羊拿来的禁止说话的警示牌对着他人；但坎魏勒是唯一被允许与汽车司机交谈的人。

第十章

狐狸和虾——罗森博格兄弟

雷奈·詹泊尔是一个天才的日记作者，他以轻松又洞察人性的眼光审视着两次世界大战期间变幻的国际艺术市场。作为一名画商，他的关注点和兴趣主要是过世艺术家的作品；但他饶有兴趣地观察着那些经手在世艺术家作品同行的工作。他对罗森博格兄弟的描写格外生动，他形容列昂斯是“高个子的金发男子，优雅得如同一只粉色的虾”，而保罗则是“精明的，长得像一只短鼻的狐狸”。

“狐狸”和“虾”都来自画商家庭，不过他们各立门户，经营着不同的艺术类型。列昂斯全身心执着于，甚至有些自毁地致力于先锋艺术的发展，尤其不遗余力地推动立体主义的作品。可惜的是，他既缺少生意人的敏锐，也太过于高看自己。而兄弟保罗则在商业上成功得多，一战时，他在巴黎就已经是一个经营着过去数百年知名艺术家作品的重要画商。不过，战争快结束的时候，他在经

图18　梅津杰绘制的列昂斯·罗森博格，他曾说：
“我们艺术家就像是妓女，罗森博格是我们的主顾。”

营安格尔、德拉克罗瓦、科罗和印象派画家作品的常规买卖的同时，也开始关注当代艺术家并推广他们的作品。把令人困扰的当代艺术与已经功成名就的老大师们的作品放在一起销售会对买家们更有诱惑，保罗是最早发现这一经验的人之一。在今天的艺术市场中，一些狡猾的画商虽然做法不同，但他们都深谙此道：保罗·罗森博格是以成名大师的画作为背景来为新的艺术家增光添彩，但今天的画商往往是带上能赚钱的新艺术家，来刺激过去的艺术家的作品不断下降的交易额。保罗·罗森博格在1919年签下了毕加索，这使他跻身成为20世纪最重要的画商之一，并在整个二战期间都是毕加索的代理画商。

列昂斯出人意料地首先俘获了这个外来猛兽——毕加索。当

1914年坎魏勒流亡瑞士时，毕加索就没有了代理商，这对他有一连串的经济影响。毕加索最常被人引用的话是他希望自己是生活得像个乞丐的富人，而这种生活方式如今面临着考验：他发现自己暂时成了穷人，虽活着像个乞丐，但富人的趣味却越来越强烈。此时，列昂斯出现了，他天花乱坠地谈着未来如何成功，那些花言巧语像一个增压涡轮，毕加索瞬间就被吸引到他的气流中。列昂斯回忆起战争年代时是很自豪的，他声称："通过持续不断的购买，在整个战争年代，我可以说是资助了整个立体主义运动。"

列昂斯宣传立体主义的画廊叫作现代奋力画廊，有点儿像是介于健身房和服装店之间的地方。这个画廊逐渐成为先锋艺术的一个中心，在立体主义画作的背景环境中，现代诗人聚集一堂读诗并谈论他们的作品。当然，毕加索是列昂斯的战利品。他并不理会毕加索可能回到坎魏勒那里的传言，因为对方毕竟是个德国人："我并不认为经由柏林或法兰克福进行销售对毕加索而言是个好事，否则，来到这里的毕加索作品就会有一股香肠或德国泡菜的古怪气味。"他也向毕加索担保："我们的合体会所向披靡"，"你将会是创造者，而我是行动者"。毕加索曾直言不讳地与让·科克托[1]诉说着自己的疑惑，不知列昂斯·罗森博格是不是假装成一个彻头彻尾的白痴。最后，他对列昂斯这种口出狂言却毫无进展的销售态度失去了耐心。"这里的商人是敌人。"1918年，他这样评价列昂斯。在

1　让·科克托（Jean Cocteau，1889—1963年），法国诗人、剧作家、小说家、设计师、评论家，他是超现实主义和达达主义运动的重要参与者。——译者

世界历史上最具毁灭性的战争结束时，这句话依然能引起共鸣。

列昂斯·罗森博格旗下的其他艺术家对他的评价也再次证实了毕加索的疑虑，这个画商有时候变得越来越愚蠢。利普契兹[1]形容他时说道："这个男人总是很努力地想得到别人的喜爱，却总是能适得其反地让别人厌恶。"他很独裁，和艺术家们签署了严苛的合约，通常还附加上诸如艺术家该如何展现自己才华这样的额外条款。他非常反对自己旗下的任何艺术家与俄罗斯芭蕾舞团有来往。他在群发的信件中写道："无论是当下或是未来，我都无法容忍你们参加他们的任何活动，在我看来，那些都只不过是一种手艺，而非艺术。"与他签合约的另一个艺术家吉诺·塞维里尼[2]观察道："他能将总体思路上升到令人尊敬的高度，之后却能迅速跌落到艺术市场中卑微的商业层面。"塞维里尼提到了在另一封群发的信件中，罗森博格告诉他们自己将代表立体主义作为"迦勒底人、埃及人、中国人、托尔特克人、意大利人、希腊人和原始人那些令人震惊的神秘文化的真正传人"。在这一连串大话之后还有一段后记：

> 在未来，至关重要的是，不能有人在你们的画室看到待售的作品，无论是完成的，或是未完成的。其中的一个原因是如果人们知道它们的存在，那不只有碍于我的宣传和给某些收藏

---

1 雅克·利普契兹（Jacques Lipchitz，1891—1973年），立体主义雕塑家。——译者

2 吉诺·塞维里尼（Gino Severini，1883—1966年），意大利画家，未来主义运动的主要代表人物。——译者

家的建议，也会非常影响之前那些作品的定位。让你们的作品在全球流通，于我，于你们而言都是必要的。

梅津杰更直言不讳地说："我们艺术家就像是妓女，罗森博格是我们的主顾。"对有想法的画商而言，总是有一个老生常谈的困境：占主导地位的究竟是艺术，还是金钱？从根本上说，这两者是互相冲突的。艺术是华丽而美好的商品，但金钱是肮脏却不可或缺的。画商们要如何走出这个困境呢？列昂斯从未找到平衡点。塞维里尼承认画商在战争期间很慷慨："罗森博格和他的钱使我能够继续创作，仿佛战争并不存在，这对艺术家而言是很重要的考量。"

有时候，列昂斯·罗森博格对那些叫苦不迭的艺术家的回应也非常有趣。莱热曾抱怨从画商那里感觉不到真情实感的支持。罗森博格写信回应道：

> 亲爱的莱热，我很感谢信中你亲切的话语，它让我想到18年前我深爱的一个女人寄给我的那封信。因为我的语言没有足够的热情，也没有高分贝的尖叫，她就怪我不爱她，而更喜欢她的竞争者。和你一样，她希望被狠狠爱。放轻松，我爱你的画，但可能表现出的真实状态并不如你期待的那样。

这封信让梅津杰的"我们艺术家就像是妓女，罗森博格是我们的主顾"的说法更有画面感了。

毕加索离开列昂斯，转投到他的哥哥，保罗·罗森博格热情的怀抱，这一步对两人都十分有利。正如后来皮埃尔·纳汉[1]所说："艺术家和画廊主成就了彼此。"保罗·罗森博格已经是代理被市场接受的法国现代艺术的重要画商，是在商场上久经沙场的一股更平衡的力量。他没有在苦苦思索艺术与金钱的关系中不能自拔，而是立刻和乔治·威尔顿斯坦合作（后者自身也是精准地进入当代先锋艺术市场的典型），在欧洲和美国销售毕加索的画作。他们在20世纪的整个20年代都非常成功。和列昂斯相比，保罗很少有绚丽的辞藻。在1927年的一次访谈中，保罗声称，除非一件画作卖出去了，否则在一张画布上看不出它的美。这可能有些虚情假意，但我们从立体主义画家阿米迪·欧赞凡的分析中还是能看到一丝真实性的。欧赞凡认为列昂斯获得了他心爱的艺术品，却未能成功地卖掉它，而保罗则是拿下它、痛恨它并卖掉它。毕加索欣赏保罗的一心一意，感觉这是他重新回到像乞丐一般生活的有钱人的机会。保罗游走在一个更都市、更时尚的生活圈，他也将毕加索打造成了一个更温文尔雅且时髦的艺术家。20世纪20年代早期是毕加索最入世的阶段，不过，这个新画商又给毕加索艺术的发展方向带来了怎样的影响呢？

这是罗森博格和毕加索关系的核心问题，也是一个非常重要的问题。是否连毕加索本身都在某种程度上成了画商的创造，而非反之？为了更了解这个背景，我们来看一下1919年7月，詹泊尔造访

1 皮埃尔·纳汉（Pierre Nahon，1935—2020年），阿尔及利亚出生的法国艺术收藏家、画商。——译者

列昂斯画廊时的一段记录：

列昂斯·罗森博格在博姆街的画廊是一座安静的小房子，门上有一块不起眼的门牌：现代奋力画廊。我按了门铃，之后被领进一个平顶的入口，地板是用黑白的配色简单铺设的。接着，我被领到楼上的一间宽敞的长形展厅。列昂斯在那展示了许多画中的方块，方块中的画，大理石方块，方块状的大理石，彩色的方块，依方块赋彩的不可名状的方块和不可名状的立方体切割物。这些画布上到底画了些什么？这些拼图是一块块平铺的色块、彼此交织又形态迥异。列昂斯·罗森博格做得很好，他始终保持着一种平衡。我能从他那学点儿什么，像上了一节营销课，那是列昂斯的安身立命之本，他必须是一个非常优秀的卖家。我很乐意在他工作时见他。画廊里的雕塑是最有趣的，我在犹如一块荷兰起司的大理石球形前驻足，我问列昂斯这是什么，他回答道："这是一个女性的头。"我凝视着它，深感震惊，之后他又补充道："只有形式感是重要的：任何嘴巴、眼睛、鼻子之类附属的再现都是多余的。"

他又给我展示了一个像拱门的东西，那是由一边直、另一边弯曲的两个立柱组成的微型渡槽，他感叹道："这难道不是极为朴素，又十分宏伟的吗？"

"这是什么？"

"一个坐着的男子。这里我们主要看的是形象的视觉感，而不是结构感。"

他又指向了一个似乎是巨大的扁豆的东西，然后说道："这是一个女人的胃。"我从中间有些像啤酒肚的凹槽中猜出个大概。"这是一种诙谐的表达，不是理性的，"他又补充道，"我们是华托、德拉克罗瓦和安格尔的后裔。"

最后，我来到一个全是角的雕像前：这是一件大理石作品，但有一种从头到脚被铁浇灌、全副武装的感觉。我松了口气：现在我终于有了进步，可能不再需要解释。我很自信地说着我见到和理解的："这是一名骑士。"

"不，"罗森博格回应道，"这是一个裸体的女性。"

连詹泊尔这样毕竟还是艺术市场的专业人士，也对法国现代艺术的发展有同理之心的人都有如此的反应，可想而知，普通的艺术品买家又会对此有怎样的抵触情绪。毋庸置疑，作为卖家，有着敏锐嗅觉的保罗·罗森博格鼓励毕加索偏离立体主义。而此时，毕加索也开始接受劝说。他接受了保罗提出的很多提议，其中就包括搬到保罗在波蒂埃街豪华画廊隔壁的一处豪宅，这家画廊曾被雅克-埃米尔·布兰奇称为"丽兹宫殿"。让毕加索住到了自己的隔壁，如此一来，罗森博格能更容易地观察他。他将毕加索引荐到巴黎的社交场所，并将他打造成一个时尚的绅士，毕加索的新太太奥尔加很喜欢这个新角色。

1919年，保罗·罗森博格为毕加索举办了第一个展览，展出了167幅素描和水彩作品，没有一件是立体主义的风格。这些主题大多是具象的，似乎又回到了蓝色和粉红色时期，只是在画面处理时更融入了一种进阶的动势。保罗知道他能卖什么，不过那时他给毕加索的一封信中提出的问题似乎有一丝玩笑的口吻："列昂斯曾说，你作为一个立体主义画家比作为写实画家更优秀……难道是我太狭隘了？"毕加索倒是很欣然地宽慰他，这种狭隘完全不是问题。保罗定期以高价购买毕加索的画作，这让艺术家赚了不少钱。保罗自然承认毕加索是一个独特的艺术家，但是他也依然热衷于将他放入18和19世纪的艺术传统中。他在销售安格尔、德拉克罗瓦、雷诺阿、毕沙罗和劳特累克作品的地点销售毕加索的作品。事实上，毕加索的肖像画风格在那个时期越来越明显地受到了安格尔的影响，那时他创作了大量的肖像画，而且都是以十分写实的、新古典主义的风格创作的，这也在侧面反映了他作为一个"时尚"画家的新角色。

当然，像毕加索这样意志坚定的艺术家，只有当他自己认可画商所指引的方向时，才会顺从来自画商的施压。他完全有能力拒绝那些他不喜欢的，受商业利益驱使的提议。1919年6月，保罗·罗森博格向毕加索提出创作一些像莫奈的泰晤士河系列的画作，画商激动地说道："它们将会非常成功。"这种热情就像是杜兰德-鲁埃尔派莫奈去萨沃伊，也像是沃拉尔派德朗去麦达维尔一家不那么豪华的酒店，不过，毕加索不为所动地拒绝了。那一年，他的确画了一些法国南部阳台景色的系列画作，不过那是他自己的主意。风景画并不是他擅长的，可保罗依旧对他施压，让他往那个方向发展，并且当他卖掉了一幅毕加索少有的风景画时，激动万分地说道："这实在是最难以置信、最了不起、最不可思议的消息……是的，朋友，我卖出了一幅风景画，那是连你自己都觉得卖不出去的作品。”保罗·罗森博格以略带讽刺的口吻说了一句：“瞧，我早告诉过你的。”

当20世纪20年代中期毕加索重新拾起他对立体主义的热情时，罗森博格也表现出支持的态度。不过20年代的立体主义比1911—1914年的立体主义要绚烂和商业化得多。罗森博格对这一风格的支持是因为他知道这些画作能够卖出去，而究其缘由可能是他有意无意地影响到了立体主义的形式。另外值得注意的是，保罗·罗森博格和毕加索的合约形式使他有权利拒绝一些画作，他无须购买毕加索创作的所有作品。这一合约暗示了保罗·罗森博格认为艺术家的某些作品比另一些作品更好卖这一事实。这对毕加索不可能不产生影响，但这影响能在何种程度左右艺术家的创作，可能始终是一个令人着迷的不解之谜。

甚至到1939年，那是保罗·罗森博格和毕加索合作的最后阶段，这个问题依旧不断回闪着。梅里克·卡莱丽是当时在巴黎的美国画家，她对罗森博格为毕加索举办的最后一场展览做了第一手的记录：“罗森博格很亢奋，仿佛这些画作是专门根据他的品味而创作的。”这是一句不经意的评论，却道出了潜在的商业真相。所有的作品都差不多是具象的静物；所有作品都“漂亮、多彩、愉悦”；没有作品是“难以理解的”。毕加索是否最终向他的画商做出了让步呢？

约翰·理查森写道：“尽管这段关系既短暂，也不特别顺利，但罗森博格左右艺术家的创作这件事将会产生长久的负面影响。评论家们至今都列举毕加索为画商创作的早期作品来抨击他撼动古典主义准则的那些杰作。”不过，保罗·罗森博格的这种努力赢得了商业上的成功，毕加索的画价在1920—1921年期间翻了一倍，在1929年华尔街崩盘之前都在持续上涨。这在某种程度上要归功于保罗·罗森博格，他精明地将毕加索宣传成“一个画风多变的现代大师，而不仅仅是一个‘难懂’的立体主义画家”。

乔治·布拉克是另一个因为一战而失去画商的艺术家，他当时的画商是坎魏勒。起初，他也落入了列昂斯·罗森博格的诱捕中，但之后因为列昂斯支持坎魏勒的拍卖，而对他产生了敌意。布拉克是个很感性的人，还是个出色的拳击手，他在拍卖场上朝列昂斯的下巴挥了一拳。正如我在前文提到的，列昂斯事后为了在未来可能的袭击中保护自己，还报名了拳击班。和毕加索此前一样，布拉克也离开了列昂斯，与他的哥哥保罗签约，也在保罗的鼓动下开始偏离立体主义，保罗自然认为布拉克非立体主义的作品更容易在市场上销售。

保罗·罗森博格也和杜兰德-鲁埃尔一样意识到，艺术家与收藏家之间的信息断层是画商牟利的领地，另外还有些缝隙可以留给促成交易的催化剂——评论家。他需要为自己的立场争取到更多的评论家。他和鲁埃尔具有同样敏锐的眼光，发现了美国艺术市场在未来的重要性。他在美国不遗余力地宣传毕加索的画作。1923年，他在威尔顿斯坦的纽约画廊为毕加索举办了第一次展览。那是一场大型的再现性艺术画展，有许多小丑，还有些精心挑选出的、不会过于挑战观众接受力的主题。整个过程是步履艰辛的，保罗曾和毕加索说：“你的展览是很成功的，而正如所有成功的展览一样，我们一张画也没卖出去。”画商常常得告诉画家，在热情的评论反馈与不买账的买家之间，有着令人沮丧的鸿沟。不过，画商并不气馁，他接着说道：“从事这项事业，你也得像我这般坚强、如我这般疯狂和坚定不移。”

在美国，有一个名叫约翰·奎因的新顾客上钩了，尽管奎因觉得保罗坚持不懈地游说有些烦人，但其实罗森博格自己也不容易。1925年，罗杰·弗莱也见证并记录了埃莫拉尔德·库纳德造访罗森博格在波蒂埃街的画廊时，作为画廊主的画商所经历的艰辛一幕。“在一阵如鹦鹉发出的尖叫声中”，她要一件蓝色时期的毕加索和一件马蒂斯的作品。她拒绝了画商提供给她的粉红色时期的作品，之后又拒绝了马蒂斯。“我想要一件蓝色时期的毕加索，而你却没有；我想要一件马蒂斯，你给我看的却是一个盘子上的一条傻傻的鱼。”弗莱听着她“无休止的抱怨和罗森博格恭敬的低语”，之后，画商又推荐她一件正在画廊展出的布拉克的一对人物肖像画，就像早期中国画那样。库纳德太太回击道：“好吧，如果你说他们是中国人，我觉得还挺美的，不过如果你说他们是法国人，那我觉得他们实在是太傻了。”这么看，谁还能说画商挣钱是容易的呢。

1926年，经过更现代化风格的精心整修，保罗的巴黎画廊重新开张，如今他以更简洁、统一的模板为当代绘画装框，摒弃了传统的、已不再合适的装裱风格，尤其是用在印象派画家作品中的路易十五风格[1]的画框。保罗在大西洋两岸为毕加索举办的系列大型展览进一步促成了20世纪30年代苏黎世、纽约和哈特福特举办的一些重要的博物馆展览。事实上，如果没有保罗的支持，这些博物馆的展览都不可能成行。当然，保罗和其他画商也都对其中的一些展览有一些商业兴趣，特别是1932年的苏黎世回顾展，85件作品的展出事实上是为销售做的推广。20世纪30年代，通过和马蒂斯签署独家代理权，保罗进一步巩固了自己作为法国艺术品重要经理人的身份。马蒂斯是一个狡猾和欲求诸多的谈判者，不过1934年是他事业的低谷，马蒂斯答应了保罗提出在画廊为他举办一个展览的请求。按马蒂斯的话来说，保罗·罗森博格"点亮了我"。

如果说保罗·罗森博格的伊甸园中有一条蛇，那么那条蛇应该就是威尔顿斯坦。他们在美国的合作是巨头的交手，很少有人能与威尔顿斯坦家族保持良好的商业合作，但是保罗像其他人一样做足了准备去应对他们。提及乔治·威尔顿斯坦，保罗以尖锐的戏谑口吻说道："他很精明，知道保罗·罗森博格的一场精彩的现代绘画展览能够带来很多顾客，而他兴许可以卖一些老作品给他们。"一个成功的艺术销售合作关系的前提之一，是尽量避免与你生意伙伴的太太有染（换成21世纪的话来说，就是"朋友妻不可欺"）。但是1932年是充满情欲的一年，毕加索和玛丽-泰蕾兹·沃尔特打得火热，乔治·威尔顿斯坦也向感情臣服，开始和保罗·罗森博格的太

1 "路易十五风格"是指1710—1730年左右路易十五执政早期的一种建筑和装饰艺术风格，这种风格主要是路易十四风格的一种延续。——译者

太交往。当被扣了绿帽子的罗森博格发现自己妻子不忠时，他与威尔顿斯坦及其公司的贸易合约也瞬间终止了。罗森博格在回答一本杂志提出的关于他和合作伙伴关系的问题时曾说道：“我对他们报以他们对我的同样的敬意。”这一回答现在看来多少有些讽刺。保罗·罗森博格的孙女，广播员安妮·辛克莱认为罗森博格太一门心思地痴迷于先锋艺术，这最终导致了他婚姻的破裂：“他只需离开毕加索的作品几分钟，去看看漂亮、有魅力、凹凸有致的雷诺阿的作品——他自己的床上也有这样的尤物。”若画商能轻松地平衡工作和私人生活，那该有多好。

尽管保罗·罗森博格很在意钱，但他也同样关心艺术，这是个很复杂的关系。坎魏勒可能因为保罗推荐购买梵高的画作，而批评他更像一个室内装潢师而非画商，但保罗也对艺术品抱有真挚的感情，拥有它们的欲望也很强烈。同样是画商的阿尔弗雷德·达贝尔曾描述道：“当他看到自己想要的作品时，他就会像按捺不住的小孩那样浑身颤抖，而直到他最终拿下这幅画，这种状态才会有所缓解。”当雷诺阿过世的消息传来的时候，克莱夫·贝尔刚好在保罗的画廊，罗森博格当时的反应给我们提供了另一则小插曲：画商对艺术家的死讯“宣泄着不算太虚伪的感伤”。贝尔写道：“这让人很难忘。一个黑皮肤的犹太人，两颊挂着泪水，心中含着半真半假的情意，头脑里却清晰地闪过一个想法，自己那数量可观的雷诺阿作品的价格将要上涨了。”所以对画商而言，哪怕是他们的情感也都掺杂着其他的动机。

和坎魏勒的想法差不多，保罗·罗森博格也认为文学上的超现实主义是严肃的，但对于视觉艺术，这个运动则无关紧要。当萨尔瓦多·达利要求他来做代理人时，他曾回答道："先生，我的画廊是一个严肃的机构，并不接受小丑。"保罗的幽默感和辛辣的讽刺是他最突出的特点。如果他没有告诉毕加索他的美国展览正如所有成功的展览一样，一件画作也没有卖出去，他往往会在一段无线电寂静之后开始说："亲爱的、蒸发得隐形了的朋友。"毕加索兴许还激发了保罗写信的才华，保罗曾经在盛夏时节写给毕加索的信中有趣地描绘了多维尔：

图19　保罗·罗森博格和一件马蒂斯的作品，据艺术家说，正是罗森博格在自己20世纪30年代的低谷时点亮了他。

> 这里是你喜欢的那种乡村，非常立体派的，这里不仅有法国人，还有很多外国人：（1）既有卖弄风骚的女人，也有令人尊敬的女人；（2）既有赌徒，也有一本正经的人；（3）既有狡诈之人，也有诚实的人；（4）既有经历过牢狱之灾的人，也有即将要蹲监狱的人；（5）既有真正享受其中的人，也有仅仅出于势利来露面的人。

20世纪30年代，罗森博格应该越来越感觉到他的王牌艺术家们开始逐渐挣脱他的掌控。据说他沮丧地朝毕加索描绘的恋人玛丽－泰蕾兹的裸体肖像大吼“别在我画廊里放这些脏东西”（用法语说出来可能会更贴切）。罗森博格也拒绝让诸如达利一类的，他所认为的小丑们进入他的画廊。不过，当毕加索正离开他并走向不同甚至相反的方向时，他还是很难过地强烈抗议着。他们关系的最终决裂还伴随着战争的爆发，这更导致了他们在地理空间意义上的分道扬镳，毕加索继续待在法国，而保罗则流亡到纽约，并加入第五大道抵抗运动。保罗·罗森博格的艺术品收藏在二战期间被纳粹侵占，他心痛地在远处遥望欧洲世界和自己艺术品的遭遇。他再也没有回到巴黎做生意或居住，而是在战后的十年继续在美国做生意。他人生的最后一幕是悲凉的：他的大部分时间和精力都试图重新获得被掠夺的画作。他在纽约的流亡生涯中悲伤地回顾过往，他想到杜兰德－鲁埃尔：“于我而言，举办法国19世纪伟大的大师展览要比展示令观者不安的当代画作容易得多，也能有更可观的利润。”

立体主义究竟有着怎样的魅力，能吸引到那么多性格迥异的画商？不仅有冷酷、一心一意、不苟言笑的坎魏勒；也有荒诞、执着，既没有商业头脑却又偏偏自视过高的列昂斯·罗森博格。另外还有下一代的画商道格拉斯·库珀，他是最重要的立体派收藏家兼卖家，但他的性格实在是讨人厌，几乎所有与他合作的人都与他有过争吵。比较起来，保罗·罗森博格这个有争议的立体主义支持者似乎显得更有魅力一些，至少他还有些幽默感。不过他可能有点儿太执着于生意，可这也恰恰是他最擅长的，就连毕加索也十分欣赏他这一点，也欣赏他有能力看到生活更积极和有趣的一面。他给毕加索写信的语调既惺惺相惜，也不乏有趣的揶揄，所以我们今天才因毕加索回信的丢失而倍感遗憾。

保罗·罗森博格是擅长理解并将买家们的喜好与欲望反馈给艺术家的那种画商。他知道什么可以卖出去，并总想让毕加索往那个方向发展。坎魏勒则十分喜爱毕加索创作的立体主义画作并鼓励他继续作画；他擅长的是向买家们反馈艺术家的喜好和欲望，他认为鲜有收藏家购买立体主义画作是一件遗憾但并非首要考虑的事。在画家创作早期到二战期间，关于经营毕加索作品的这两个画商谁让艺术家挣得更多，这是没有质疑的，一定是保罗·罗森博格。对于毕加索而言，为了过上他想要的那一种乞丐的生活，就需要有源源不断的现金流，这一点非常重要。

第十一章

恐怖分子和趣味引领者——更多的法国画商

画商们在进入这一行业之前往往从事过不同类型的一种或多种工作。画商罗伊·迈尔斯曾在20世纪70年代让维多利亚时代的绘画重放光彩，他最初的工作是一个成功的美发师。而19世纪早期经营着英国绘画的威廉·韦瑟雷德同时还是一名裁缝。英国艺术品销售历史上最著名的货物清单上甚至曾写着："两条黑色裤子，线纹的，1.18英镑；两件威廉·埃蒂的画作，售价210英镑。"美国抽象表现主义的推广者西德尼·詹尼斯原先是一名成衣制造商；二战期间，在伦敦经营老大师作品的著名画商托马斯·哈里斯的另一个职业是间谍；路易斯·维克多·弗拉托据我们所知是一个足科医生。不过，费利克斯·费内翁可能是所有这些人中最独特的一个，20世纪的早期，他从一名恐怖分子摇身一变成了巴黎重要的当代艺术画商。

费内翁有着多重身份：他是文人、女人们精力充沛的情人、自行车运动员、艺术评论家，古怪事物的热情收藏家，同时，他还是一名无政府主义者（彩插13）。作为一个评论和收藏家，他格外偏爱修拉，他是修拉的伟大作品《阿尼埃尔的浴场》最早的收藏者，这件作品目前收藏在伦敦的英国国家美术馆。费内翁的写作风格突出了尖锐的经济性，将乏善可陈的专攻画马的约翰·路易斯·布朗和德加进行比较时，费内翁提到："约翰·路易斯·布朗：画面中有马匹、赛马师以及改善马匹物种的协会与布洛涅森林等等。埃德加·德加先生可以在布洛涅森林发现20张画，布朗先生却可以上百次地创作同一件作品。"另外，费内翁对劳特累克作品的与众不同也给出了强有力的解读："他的创作并不是对真实的摹写和复制，而是透过一系列的符号来暗示它，他将生活凝固在意想不到的象征里。"

费内翁时常被人形容为心思深沉，他在小伯恩海姆的同事亨利·道柏利尔总想："费内翁的脑子里究竟在琢磨些什么呢?""没有人会知道，我想他内心深处非常蔑视自己同时代的人。"费内翁的一生始终贯穿着一股叛逆的力量，深深扎根于他对社会不公的抗争，这最初体现在他无政府主义者的身份上。对费内翁来说，无政府主义是灵魂高贵的一种表现，建立在对美学信念高于道德说教这一更重要的执念之上，这是一个极具世纪末色彩的立场，而且他将它立刻付诸行动。

1892年11月8日，费内翁帮助他的无政府主义朋友埃米尔·亨利准备了一次在巴黎的爆炸袭击。炸药被隐藏在一个水壶中，费内翁将自己母亲的裙子借给亨利作为伪装。目击者看到了一个奇怪的女人将炸弹放进她挎在肩上的一个篮子里的一大捆东西里。炸药之后被引爆，造成了六人死亡。“在这个故事中，有多么亲切的魅力，”费内翁在提到爆炸时写道，“最有趣的是好孩子街的那个可爱的水壶。”

接下来的春天，费内翁亲手种下了一颗炸药。“种下”是一个关键词，因为这一次，炸药不是被放进水壶里，而是真正种在花盆里，导火线被巧妙地隐藏在风信子的花茎中。1893年4月4日，费内翁在拉丁区弗瓦约酒店的餐厅里引爆了炸药。所幸只有一人受伤，无人死亡。费内翁因一系列的嫌疑罪名遭到了逮捕，审判之后被无罪释放。

一个无政府主义者究竟会何去何从呢？1895—1903年，费内翁在《白色杂志》[1]找到了一个编辑的职务，这是一本非常知名的艺术杂志，费内翁在那里可以尽情地表达他在文学和艺术上“新颖而与众不同的认知”。对费内翁而言，艺术关乎色彩而非故事，因此他反对学院派的艺术，欣赏新印象派画家们对色彩进行的科学分析。对费内翁以及其他《白色杂志》的工作人员而言，新奇和不同寻常的事还包括骑自行车。费内翁是自行车爱好者：这一运动满足着他的荒唐感。在另一个不那么可信的故事中，费内翁偶尔还充当《白色杂志》的体育记者。

---

1 《白色杂志》（*La Revue Blanche*）是1889—1903年发行的法国艺术与文学杂志。该杂志详细介绍过包括纳比派，包括皮埃尔·博纳尔和爱德华·维亚尔等艺术家的作品。——译者

1900年1月，费内翁利用《白色杂志》的办公场地举办了一场修拉的大型展览；从展览、购买到销售，费内翁迈出的步子并不是很大，1906年，他再一次转换了身份，成了一名画商并加入马德莱娜大道伯恩海姆兄弟的画廊，负责他们的当代艺术部。画廊里已经开始经营博纳尔、维亚尔和其他纳比派艺术家的作品，这些对费内翁很有吸引力。他的目的是在这一名单中加入自己的新印象派朋友，包括凡·利赛尔伯格[1]、西涅克、克罗斯[2]和卢斯[3]。西涅克表现出了一丝怀疑："费利克斯加入了伯恩海姆，我不认为我们的朋友会赢得那些粗俗实业家的芳心。"

对于一个恐怖分子而言，这的确是一种奇怪的身份转换，他在卖艺术给自己曾不断抗议的，造成社会不公的那些人；不过西涅克的判断错了，费内翁非常善于和那些粗俗的实业家做生意，他像是在进行某种宏大的报复行为。当然，他对富有的收藏家还是偶尔会闪现出一种对抗和矛盾的情绪。费内翁是一个很国际化的人，他和亨利·凡·德·维尔德、凯斯勒伯爵、朱利叶斯·迈耶-格雷夫[4]等人一起策划了在德国和其他国家的法国当代艺术展。他并不关心

1 西奥·凡·利赛尔伯格（Théo van Rysselberghe，1862—1926年），比利时新印象派画家。——译者

2 亨利-埃德蒙·克罗斯（Henri-Edmond Cross，1856—1910年），法国点彩派画家，野兽派的先驱，他的作品对马蒂斯产生了重要的影响。——译者

3 马克西米利安·卢斯（Maximilien Luce，1858—1941年），法国印象派画家，经历过印象派和新印象派两种风格。——译者

4 朱利叶斯·迈耶-格雷夫（Julius Meier-Graefe，1867—1935年），德国艺术评论家、小说家，为印象派和新印象派撰写过众多评论文章。——译者

所谓法国的“国家遗产”，鼓励法国艺术——他从未质疑过其伟大性——不受阻拦地跨国出境。他还是个人主义者，他认为绘画带给人的享受犹如一场恋爱，是一件“私事”。进入博物馆的作品将不会再经手交易，想到这一点会让他有些沮丧：他并不觉得艺术品的私有性有什么问题，事实上，他认为艺术品中介的身份和角色更像是一个媒人。

小伯恩海姆画廊是由初创者亚历山大·伯恩海姆和他的两个儿子乔瑟和加斯顿在19世纪末、20世纪初成立的。他们得益于第二代印象派收藏家奥古斯特·佩勒林、艾蒂安·莫赫-内拉东和保罗·伽利玛的赞助。丹尼尔·哈列维[1]形容伯恩海姆家族有明确的目的性，他们将把自身定位为营销者，而非学者。在费内翁的影响下，伯恩海姆家族接触到了新的先锋派艺术。他们对旗下的艺术家很好，有一批出色的艺术家在费内翁的说服下成了伯恩海姆旗下的签约艺术家：其中克罗斯、西涅克、马蒂斯和凡·东根分别于1906年、1907年、1908年和1909年与小伯恩海姆画廊签约。费内翁在那些年里还拥有梵高、塞尚、修拉、劳特累克、毕加索、莫迪利亚尼和杜飞的作品。如果伯恩海姆家族拒绝购买那些他喜欢的先锋艺术作品，他时常会自己买下。伯恩海姆家族每年付给费内翁的薪酬是1.5万法郎，这是一笔不菲的酬劳。也许，一个恐怖分子有一个支票本可能比他拥有一个炸药更危险。与费内翁合作的艺术家都很满意他做事的方式，他出人意料地精于生意。一个小伯恩海姆画

1　丹尼尔·哈列维（Daniel Halévy，1872—1962年），法国历史学家。——译者

廊的初级员工曾回忆道：“每一次生意出现困境时，他便开始上路，去英国、德国、斯堪的纳维亚。”他能够利用自己的“谨慎、机智、个人魅力以及名望”来解决问题，“他给人的印象可能并不像一个商人，但他的确是位出色的商人”。

他在交易中还不乏幽默感，那总是画商的一个优势。在给另一个艺术家朋友查尔斯·安格朗[1]的信中，费内翁写道：“当然，为了给贪婪的商人留有足够多的利润，你得标高价。”费内翁拥有成为伟大画商所具备的即兴才能和横向思维的能力，有次他策划了一场名为“动物群”的展览，展出了梵高创作的腌制鲱鱼以及凡·利赛尔伯格创作的风景画，描绘了远处天空中的一只依稀可见的正在盘旋的鸟。但当观者看到马奈的一件正在沐浴的女人时不免深感疑惑，这件作品里的动物在哪里？费内翁解释道：“是那个海绵”（彩插14）。

沉默少语是一些现代画商常用的销售策略：莱斯特画廊的奥利弗·布朗曾形容那个“严肃而忧郁的荷兰人”E. J.凡·维斯林格是“我所认识的最沉默寡言的人。他会指向一件作品，看着我，捋一下胡子不发一语”。巴黎的赫克托·布拉姆也很喜欢这种方式，雷奈·詹泊尔将他描述为“一个性格怪异的画商，只给他喜欢的那种长相的人展示作品”。詹泊尔还提到了另一个寡言的画商：“英国画商苏利显然是不会撒谎的，他几乎一声不吭。他把你带到画前，站

1 查尔斯·安格朗（Charles Angrand，1854—1926年），法国新印象派画家，19世纪末巴黎先锋艺术圈的人物。——译者

在一个扶手椅的后面，开口只会告诉你价格，而且这也是有人询问之后才会说的。”费内翁也是这种风格。也许是无政府主义者的后遗症，他对粗俗的实业家没什么耐心，在对待那些潜在买家时也是冷冰冰的。他可以将画作摆在他们面前沉默不语，或者让他们独自在房间里做选择。如果有问题，他也只回答一两个字。犹如在粗鄙之人面前展示耀眼的珍珠，这一切无须多言。当一个顾客指着罗丹伸展着大腿的半身雕像《众神之使者伊里斯》询问道：“这是什么?”费内翁会回答：“这是一个女人，女士。”

马蒂斯与小伯恩海姆画廊签约了29年，艺术家对该画廊的忠诚可见一斑，尽管他得忍受费内翁卖画时那种无政府主义者变幻莫测的风格。马蒂斯记录了一件很典型的事：

> 我刚说服了对我画作感兴趣的一对夫妇随我一同来到小伯恩海姆画廊，著名的推销员，同时也是现代艺术专家的费利克斯也在那里工作……我向他介绍了我的同伴们。费内翁让一个助手展示我的最新画作。就在这个丈夫决定购买我的一件作品时，之前一直沉默的费内翁忽然开口，强烈建议他别买，声称不妨等等我之后的一些新作品。在那两个艺术爱好者离开之后，我实在忍不住告诉他我对他的行为有多震惊。而他却回答道:“可我亲爱的朋友，我相信你并不希望你那精彩的作品放在那些古板的人家里啊!”

一战之后，费内翁慢慢从艺术市场上隐遁了，得由人亲自到家，把他接上计程车才能诱骗他来小伯恩海姆画廊工作。对外界而言，他依旧是个谜。他的传记作者琼·哈尔彭认为，费内翁的整个人生可以被解读为一出戏，他利用了各种不同的角色来保护隐私。

20世纪初期开设画廊的保罗·纪尧姆（1891—1934年）是法国的一个重要画商（彩插16），他年轻时的第一份工作是汽车行业。我们并不清楚他具体是做什么的，也许是换轮胎，补修引擎汽化器，或是销售汽车。也许在那种历史语境下，这一切并没有看上去那么奇怪，汽车代表的正是创新和振奋人心的，甚至有点儿未来感的产业，也许跳槽去从事创新和悸动的现代艺术品销售也并不显得那么突兀，尤其在1914年纪尧姆第一家画廊开业的时候，现代主义的势头正盛。纪尧姆在位于米罗梅尼尔街的画廊所举办的首秀是俄国先锋艺术家冈察洛娃[1]和拉里昂诺夫[2]的作品展，阿波利奈尔为展览图录撰写了前言。对于一个年仅23岁的汽车技工来说，能够在一条时尚街道开设一家画廊展示最前沿的现代艺术，甚至还得到巴黎一个重要批评家的支持，这的确证实了纪尧姆是一个格外大胆且能言善道的画商。

除了完成从修车厂工人到画廊主的成功转型之外，纪尧姆对非洲艺术的兴趣也让他很快就脱颖而出。我们并不知晓他的这一兴趣

---

1 娜塔莉·冈察洛娃（Natalia Goncharova，1881—1962年），俄罗斯先锋艺术家、画家、服装设计师、作家、插画家、舞台设计师，后来成为德国蓝骑士团体中的一员。——译者

2 米凯尔·拉里昂诺夫（Mikhail Larionov，1881—1964年），俄罗斯先锋艺术家，是最早尝试抽象的俄罗斯艺术家。——译者

究竟缘起于何处。其中的一个传闻是他在修理厂的第一个老板对这一对象感兴趣，而另一个传闻则是说他清洁女工的侄子被派往非洲，回来时带的一些非洲艺术品引起了纪尧姆的关注。不过，无论真相如何，收藏家安德烈·莱维尔记录了纪尧姆早在一战之前就向他出售非洲艺术品了，这进一步证实了他是这一领域的先驱，尤其是当纪尧姆将这些艺术品贩运到法国时，并不是基于一种民族志的角度和眼光，而是将其视为可能对西方艺术家创作的刺激和启发。因此，当纪尧姆和莫迪利亚尼相遇时会被对方吸引也就不足为奇了。有证据表明，在购买非洲面具之后，莱维尔接下来的一次购买就是从纪尧姆那里买下了这个年轻意大利画家的作品。1914年，纪尧姆经马克斯·雅各布介绍认识了莫迪利亚尼，很显然，非洲艺术对莫迪利亚尼十分惊艳且独特的肖像画创作方式产生了影响。曾经撰写过大量关于非洲雕塑文章的纪尧姆必然也鼓励莫迪利亚尼朝这个方向进一步确立自己的艺术风格，尽管在某些艺术史家看来，他对莫迪利亚尼绘画作品的推动是以牺牲他的雕塑为代价的。

纪尧姆由于身体原因躲过了兵役，他在一战期间销售了许多先锋艺术家的作品。1916年，他为德朗举办了一次展览，也继续支持在蒙马特洗衣船附近租借画室的莫迪利亚尼。莫迪利亚尼曾经为纪尧姆画过三幅肖像画。这个意大利画家可能是受到酒精和药物的影响，很喜欢在自己的作品上署名或写一些神秘的评论文字。他在为纪尧姆创作的一幅肖像画中写下了*Novo pilota*[1]，这明确定义了纪尧

1 意为“新舵手”。——译者

姆的身份：一个新艺术的领航者，而艺术家能对画商在这一关键的发展阶段所扮演的角色表示认可也很让人动容。

如果纪尧姆曾对莫迪利亚尼有过独家代理权，那么随着战争爆发，这一关系的终结也不足为奇。波兰画商利奥波德·兹博罗夫斯基[1]在之后接手了莫迪利亚尼作品的主要销售工作。与此同时，纪尧姆也在谋划更大的局，一旦和平到来，他就打算将自己的画廊迁至更精英和时尚的圣奥诺雷郊区街。1918年12月，他策划了一场名为“今日画家”的大规模展览，展出了包括毕加索、马蒂斯、莫迪利亚尼、基里柯、德朗、郁特里罗[2]和弗拉芒克的作品。有传言称纪尧姆的这次展览聚集了他所有的存货。与杜兰德－鲁埃尔和卡西雷尔等前辈先锋画商相仿，纪尧姆也通过出版一本杂志——《巴黎的艺术》来支持他对先锋艺术的推广和销售，这本杂志收录了一些文章和访谈，隐晦地为纪尧姆收藏内的艺术家和艺术作品做宣传。和不太好伺候的艺术家们交往可不是件容易的事，詹泊尔就为我们讲述了纪尧姆曾经在一次展览上和马蒂斯打招呼的一段小插曲：

> 我进来的时候马蒂斯正准备离开，纪尧姆正赶上拉住了他的胳膊，指着他的一件画作，询问起栽了十枝鲜花的绿色花盆后面的垂直蓝色长条有什么意义；花盆是放在一个狭小的、用

1 利奥波德·兹博罗夫斯基（Léopold Zborowski，1889—1932年），波兰诗人、作家和画商。他是莫迪利亚尼晚年的主要画商和朋友。——译者

2 莫里斯·郁特里罗（Maurice Utrillo，1883—1955年），法国画家，隶属巴黎画派，擅长表现城市图景。——译者

来变戏法的正方形桌子上的，这个小桌子也如同画作一般摇摇欲坠。艺术家回答道：“这不过是个装饰线条，我不画自然的木头。”纪尧姆又羞怯地说：“我只是不理解，而且我得给我的顾客们解释。”马蒂斯傲慢而惜字如金地反驳道：“我的画派不做解释。”

这里出现的正是当代画商始终面临的两难困境：纪尧姆必须周旋在渴望得到答案，但又缺乏想象力的顾客与拒绝解释的艺术家之间。不过，好在纪尧姆在这些艰难的航行中善于掌舵，他逐渐成了巴黎艺术界中的领军人物之一，社会名流、文化和艺术界的精英都纷纷来参观他的展览。1919年，他在香榭丽舍剧院举办了一场名为“黑人女孩”的展览，在先锋艺术圈内激起了不小的波澜。

战后，纪尧姆成功地赢得了费城著名的收藏家阿尔伯特·巴恩斯医生的信任，纪尧姆形容巴恩斯是“了不起的、民主的、热情的、精力充沛的、不知疲倦的、有魅力的、慷慨的、无与伦比的”收藏家。能够让一个画商说出如此多溢美之词，若不是个非比寻常的顾客，那肯定就是个特别有钱的人，而巴恩斯两者皆是。纪尧姆给他的服务是沃拉尔做不来的：每当巴恩斯来到巴黎时，纪尧姆会全程陪同，无数次开车带他去拜访艺术家、其他收藏家以及参观博物馆，为他解答问题，让他沉迷于奇想，忍受他有些咄咄逼人的讨价还价。通过纪尧姆，巴恩斯开始对非洲雕塑感兴趣并购买了1880年至20世纪30年代的法国重要艺术家的一系列作品。巴恩斯对纪尧姆也是很感激的，他任命其作为自己基金会非官方的“外事秘书”，心怀敬畏地称纪尧姆的画廊是“麦加的神庙”，还补充道：“我看到六个非洲部落酋长在俄罗斯芭蕾舞团的四个首席舞者旁边。”当然，纪尧姆吸引巴恩斯的原因之一是他带这个美国客户接触到了令人兴奋的巴黎先锋派艺术，但任何田园牧歌般的美好都有尽头，有证据表明，1927年后巴恩斯和纪尧姆曾有过争吵。巴恩斯很难相处，兴许他们之间还有一些竞争：纪尧姆为自己购买的私人收藏（如今都收藏于巴黎的橘园美术馆）已经数量可观，并且相当精彩。

纪尧姆1934年过世的时候还年轻，当然莫迪利亚尼在1920年更是英年早逝，这个天才的劫难仿佛也影响到了他的画商，在经手莫迪利亚尼作品两年之后，利奥波德·兹博罗夫斯基也于1931年过早地离世（彩插17）。1917年12月，利奥波德·兹博罗夫斯基在泰布街的贝尔特·威尔画廊里第一次为莫迪利亚尼举办了展览。可怜的贝尔特·威尔是在这乌糟糟的、由男性主宰的画商行业内孤勇善战的女性代表，可她总是遭遇各种不顺。早先，为了赢得奥迪隆·雷东的作品，沃拉尔先是压低了她的价格，之后又转脸和艺术家说她贱卖其作品。而这一次，她将画廊借给利奥波德·兹博罗夫斯基举办莫迪利亚尼的展览，结果却发现自己的画廊被警察包围了。利奥波德·兹博罗夫斯基在橱窗里展示的裸体形象由于暴露了模特的阴毛，被认为是对公共道德的亵渎，这些必须撤展。

利奥波德·兹博罗夫斯基是莫迪利亚尼作品积极的卖家和推动者，他实在是执着于此，甚至在艺术家死去之后，为了让更多的人拥有莫迪利亚尼的作品，他默许了艺术家过世之后的一系列仿作进入艺术市场。一战刚结束时，奥斯伯特·西特韦尔曾经和利奥波德·兹博罗夫斯基合作，在伦敦举办了一场莫迪利亚尼和巴黎画派的展览，奥斯伯特·西特韦尔是这么描述利奥波德·兹博罗夫斯基的：“他有着扁平的斯拉夫的相貌特征、褐色扁桃仁形状的双眼、修剪得如海狸毛的胡子，表面上看是一个可爱而温柔的商人，同时他还是一个诗人，有一丝忧郁。”但当利奥波德·兹博罗夫斯基收到来自巴黎的一封电报，得知莫迪利亚尼的疾病可能会致命地复发时，忧郁的诗人就瞬间变成了坚定的商人，西特韦尔正好也在场，利奥波德·兹博罗夫斯基即刻终止艺术家所有作品的销售，因为艺术家的死一定会让作品升值。保罗·罗森博格在听到雷诺阿的死讯时也做出了同样的举动。恰当的多愁善感是好的，但也仅此而已。利奥波德·兹博罗夫斯基的事业开始节节攀高，成功如约而至。西特韦尔还回忆道：“在他时来运转之后，我们又在巴黎见面，我永远不会忘记那俄式或波兰式的皮毛大衣的华丽，衣服上有相当大一圈毛领子。”

我们最后再来看看两次世界大战期间日耳曼·塞利格曼所经营的著名画廊，该画廊的创始人是他的父亲雅克·塞利格曼，他是延续内森·威尔顿斯坦或约瑟夫·杜维恩旧模式的又一个传统型画商。一战结束后，美国收藏家对生意的成功至关重要，事实上，日耳曼曾记录自己在1924—1939年期间，超过125次跨过大西洋前往美国。不过，与杜维恩不同的是，塞利格曼涉足了“新”艺术。他在自己的纽约画廊举办了一系列现代艺术展，其中包括1927年“从马奈到马蒂斯”的展览、1928年为皮埃尔·博纳尔举办的个展，以及1929年为莫迪利亚尼举办的回顾展。就在日耳曼开始从事当代艺术的那一年，他抓住机会拿下了当时最成功的一笔收藏，他从雅克·杜塞[1]的收藏中购买了毕加索最重要的作品之一——《亚维农少女》。在法国买画，转手在美国卖画，这是所有成功画商的商业模式，1937年，日耳曼在纽约找到了这件杰作最理想的买家——纽约的当代艺术博物馆。

塞利格曼写道："画商正如教育机构和博物馆，当他为一个新艺术家、一个新艺术运动，甚至是以前被忽视的艺术家举办展览时，他所从事的也是一个公共教育的项目。"可惜的是，这种美好的念想随着二战的爆发戛然而止。和许多其他画商一样，塞利格曼也没能在战后恢复元气。1945年之后，整个艺术市场的重心从巴黎转移到纽约，法国艺术交易的黄金时代也走向了终点。

1　雅克·杜塞（Jacques Doucet，1853—1929年），法国服装设计师、艺术收藏家。——译者

第十二章

从卡西雷尔到贝格鲁恩：德国画商们

20世纪早期对德国画商而言是一段艰难的岁月。的确，那里有期待艺术繁荣的文化愿景，19世纪的最后30年，随着经济扩张，德国聚集了大规模的工业资本，也出现了一批有抱负的富有阶层，这些都为画商事业的拓展创造了良好的条件。但是，随着20世纪的到来，更大范围内国家层面的悲剧遏制了艺术市场的发展，毫不留情地挫败了那些从事艺术品交易的人的努力：画商们即使在一战中没有破产，他们也很难挺过20世纪20年代蔓延的通货膨胀；而就算他们真的挺过了那场经济危机，纳粹政权上台之后对现代艺术的打压也会终结他们的事业；那些极少能够在国家社会主义阶段（唯一可以被接受的是交易老大师的画作）进行艺术品交易的大部分画商也没能平安躲过二战，即使有，那些撑下来的画商也可能因曾与纳粹的贸易往来而遭到敌对势力的告发。不出意料，那些活跃于1914年的画商是不可能在1945年还继续经营的。他们要么死了，要么逃往别国：保罗·卡西雷尔的公司在沃尔特·费欣菲尔特的带领下，先是迁居到阿姆斯特丹，继而辗转到苏黎世；库特·瓦伦汀、贾斯汀·坦恩豪舍、雨果·皮尔斯、克劳斯·皮尔斯和弗兰克·皮尔斯来到了美国；阿尔弗雷德·弗莱希特海姆到伦敦避难（并于1937年在那里过世），而赫尔瓦特·瓦尔登居然逃到了莫斯科（1941年，他在那里的拘留营里过世）。

一系列数字显示，19世纪末的德国艺术品交易市场呈现了蓬勃发展的势头，1895年柏林只有两家商业画廊，1900年的时候增长到了八家。柏林在1905年已经成为仅次于巴黎的先锋艺术中心。当然，还有一些传统的画廊，例如柏林的凯勒&莱纳画廊，据保拉·莫德索恩－贝克尔[1]说，你在那里可以买到很多不同时代艺术家的作品，从委罗基奥到勃克林，再到凡·利赛尔伯格追随者们的点彩派作品，这些画作都在一个非常时尚又华丽的宽敞空间里展出。20世纪的最初几年，德国的其他城市也涌现了许多商业画廊，德累斯顿有阿诺德·本涅特的画廊，汉堡有柯米特画廊，慕尼黑有坦恩豪舍画廊和汉斯·戈尔茨画廊。他们都在关注现代主义的发展：例如，坦恩豪舍曾在1911年为保罗·克利举办他的首场个展，同时也支持康定斯基和蓝骑士画派[2]及他们所尝试的表现主义。柯米特画廊曾经为爱德华·蒙克举办展览，蒙克在创作的早期就发现

1　保拉·莫德索恩－贝克尔（Paula Modersohn-Becker，1876—1907年），德国表现主义画家。——译者

2　蓝骑士画派于1911年成立于慕尼黑，创始人为马尔克。——校者

了和祖国挪威相比，德国更容易接受自己艺术中的阴郁和焦虑。

但是真正在德国引领现代主义发展的画商是保罗·卡西雷尔，在卡西雷尔看来，想要实现这种进步就只有一条路，那就是紧跟巴黎的方向。他曾声称："我认为将法国艺术带到德国是一项文化事业。"他有一种使命感，是对日耳曼民族的承诺。他的画廊于1898年开业，由比利时设计师亨利·凡·德·维尔德以"理性美"的风格设计，展厅宽敞，渗透出一种朴素的优雅。卡西雷尔奋战在艺术的许多前沿阵地，他是柏林分离派的成员，和杜兰德-鲁埃尔、沃拉尔、伯恩海姆等法国重要的画商保持着密切的往来，为了完成他的文化事业，他从那些画商那源源不断地购买新艺术作品；他和堂兄布鲁诺出版杂志，解读这些新艺术，当然，此举也是为了销售。和以往一样，此时画商身边还需要一个重要的盟友，即他的特邀批评家，在卡西雷尔的事业中，这个角色由十分有影响力的朱利叶斯·迈耶-格雷夫担任。

柏林分离派是现代艺术的重要代表，为适应新的艺术趋势而从学院派中脱离出来。由于运动主要是由艺术家发起的，画商们只能见缝插针地加入。卡西雷尔的行动很有效率，他不仅成了柏林分离派的主席，还在他的画廊定期为其成员举办展览。尽管卡西雷尔的名字紧扣着现代主义，但是和所有的当代画商一样，他深谙为了让新艺术更具正统性，必须营造一种语境，他会在展览期间穿插一些老大师的作品展。譬如，他曾经在1901年举办过18世纪英国肖像画展览；1903年和1908年分别举办过戈雅的展览。

他自事业起步之初就和杜兰德-鲁埃尔结识，但是在20世纪的最初十年，他在对法国后印象派的理解和支持上已经超过了杜兰德－鲁埃尔。他热情地展示了塞尚、高更，特别是梵高的作品，而没有太关注一些老一辈的法国画家。事实上，他是直接去梵高家族购买画作，并且和文森特还健在的弟妹乔安娜·梵高－邦格往来频繁，当然他们偶尔也会有一些争论。我们再回过头来说说卡西雷尔的这项文化事业，他始终认为优秀的新兴艺术只能通过商业画廊获得一个公共的平台，而他出版的杂志中的精彩评论和解读可以加强这个平台的影响。画商在这个过程中发挥着至关重要，甚至在某种程度上独一无二的作用。作为一名画商，也许你需要一种傲视群雄的眼光来推动新兴艺术的发展；你的信念和决心必须坚如磐石。卡西雷尔去游说收藏家和博物馆馆长时会说："看看我所认为的佳品，这里有特别值得购买的。买下它作为你的收藏。买下它作为你博物馆的馆藏，这可是造福后代的事。眼看着价格就要上涨了。"拥有经济话语权的人所做出的判断往往更具有公信度和影响力。罗伯特·詹森[1]有句至理名言："谁控制了艺术市场，谁就掌控了历史。"

1909年，卡西雷尔在柏林为马蒂斯举办了他在法国之外的第一场展览，但卡西雷尔对艺术史最大的贡献可能始于1901年，自那时起他就在德国宣传和推广梵高的作品。如果桥社[2]的艺术家们没有机会看到卡西雷尔在20世纪最初十年里为梵高举办的展览，特别是

1 罗伯特·詹森（Robert Jensen），美国肯塔基大学艺术史教授，著有《在世纪末的欧洲营销现代主义》（*Marketing Modernism in Fin-de-Siècle Europe*）。——译者

2 桥社是1905年成立于德累斯顿的德国表现主义绘画团体，旨在反对学院派艺术，建立与日耳曼联结的新式美学。——校者

1905年在德累斯顿的恩斯特·阿尔诺德画廊所举办的那场，表现主义不会发展出这么与众不同的色彩和表现强度，这又是画商塑造现代艺术的重要例子。

并非所有艺术家都欣赏卡西雷尔，虽然他曾在1907年1月为马克斯·贝克曼举办了他的首场柏林展览，但他依然被艺术家看作是一个傲慢的犹太商人。1908年，贝克曼又批评画商对分离派“过多干涉”，疾呼：“在名字以C开头的生意人的利益的绝对统治下，德国艺术是没办法发展的。”1912年12月31日，画家又再一次痛苦地说道：“要在职业关系与个人荣誉感之间明确界限实在是太难了，尤其是我们都在C开头的公司的掌控下。”

颇为讽刺的是，就在一战前的那些年里，巴黎和柏林的先锋派画商的行为在两国同时引发了一种观点，即国家艺术都受到了他国的不良影响。1911年，一个名叫卡尔·维宁的德国保守艺术家发表了一篇长文抨击外国，特别是法国对德国艺术的渗透。他怒斥道：“像我们这么一个伟大、有力、向上奋进的文化和民族绝不能长久地容忍外国势力的精神侵害。德国和法国的画商沆瀣一气，打着支持艺术的名号，让大量的法国绘画涌入德国。”维宁还提到艺术批评家也加入了这场阴谋：“我们能干的作家们也加入了柏林–巴黎投机者的阵营！”类似的情绪也同样在巴黎蔓延：立体主义被视为是日耳曼渗透下，对纯粹法国艺术侵蚀的一个明证，因为这一运动的主要推动者是德国画商坎魏勒。这两个文化渗透的案例都是由画商主导的。这种民族间强烈的敌对氛围似乎也暗示了一战爆发的不可避免，不过在这里有一件事是非常确定的：在艺术世界，是商业决定了先锋艺术发展的日程。

保罗·卡西雷尔患有抑郁症，是一个不太容易相处的粗鲁之人。1901年，布鲁诺和保罗·卡西雷尔之间爆发了每一个画商家族都时不时会出现的矛盾，不过这一次比较严重：虽然矛盾的起因依旧未知，但两人最终彻底分道扬镳。之后，保罗·卡西雷尔和女演员提拉·杜伊奥克斯结婚，提拉是一个活泼而有魅力的女人，但也要求高、难伺候。在经历了艺术市场的反复无常、不断蔓延的通货膨胀以及持续不断的感情问题之后，保罗·卡西雷尔在1926年选择了自杀。马克斯·利伯曼受邀在其葬礼上致辞，这一段致辞也并非只有褒奖：贝克曼提到了卡西雷尔性格中的浮士德因素。卡西雷尔究竟和恶魔做了怎样的交易，导致他最后对金钱的兴趣甚于艺术？他是否在经济上剥削过自己的艺术家们？这些都是艺术家们心中百思不解的疑惑。不过倘若没有卡西雷尔，德国20世纪现代主义艺术的历史将会变得更孤立，也不会如此激动人心。

约翰·理查森提到一个很有趣的观点，他发现德国20世纪初的一些激进的年轻画商中，有不少是犹太人，艺术品交易为满足年轻一代犹太人的两种欲望提供了理想的解决方案：首先，他们血液里所流淌着的是对利润的追求，通常他们都是在自己家族的事业中起步；与此同时，他们又有一种理想主义情结，希望能够获得精神上的升华和满足。收藏和进行艺术品交易，特别是现代主义艺术，就满足了这一点，之后搬到巴黎居住的坎魏勒就是这种人的典型代表。在世纪初到一战期间，这样的例子还有不少，包括柏林的雨果·皮尔斯，慕尼黑的贾斯汀·坦恩豪舍，杜塞尔多夫的阿尔弗雷德·弗莱希特海姆以及魅力十足的赫尔瓦特·瓦尔登。

有一个画商对现代艺术表现出了比卡西雷尔更浓厚的兴趣，他就是阿尔弗雷德·弗莱希特海姆。阿尔弗雷德出生于威斯特伐利亚一个做食品生意的家庭，在1909年前往巴黎的商务旅行中，一次偶然的机会他来到在拉菲特街的克洛维·萨戈特画廊里参观，并买下了两件毕加索的蚀刻版画，这改变了他整个人生的轨迹。他打开了法国现代艺术的大门，接下来，经介绍他在小伯恩海姆画廊结识了费利克斯·费内翁，并购买了罗丹和梵高的画作。之后，他又和坎魏勒见面，后者的品味对他的影响最大，阿尔弗雷德曾说："坎魏勒塑造了今天的我，正如保罗·卡西雷尔为印象派画家所做的，我成了当代法国艺术的德国宣传者。"

弗莱希特海姆和固执而严肃的坎魏勒个性截然不同，有人觉得他较比难搞，而粗糙的保罗·卡西雷尔更有个人魅力。克里斯蒂安·泽尔沃斯[1]记得20世纪20年代见到弗莱希特海姆时，他是"紧张而焦虑的、活泼精明的、感性而有偏见的、热情健谈的、充满戏剧性的"。坎魏勒总是有些沉闷，他的"首要身份是卖家"。1913年12月，弗莱希特海姆的第一家画廊在杜塞尔多夫开业，他之后又在柏林、法兰克福和科隆开设画廊。不过在他艺术事业不断扩张的同时，不幸赶上了家族生意受挫，资金一时间出现了短缺。好在他曾未雨绸缪地娶了一个富有的太太——贝蒂·戈尔德施密特，不过他发现自

1 克里斯蒂安·泽尔沃斯（Christian Zervos，1889—1970年），法国艺术史家、批评家、收藏家、作家和出版商。——译者

己已经将太太所有的嫁妆都投资到法国的现代主义艺术上，更糟糕的是，他还爱上了一个年轻的男人——瑞典艺术家尼尔斯·达德尔。在同时遭遇破产和婚姻危机后，弗莱希特海姆打算自杀。他计划伪装成一起意外的受害者，买下不菲的保险使妻子和父母受益，此时的画商几乎变得像艺术家那般绝望。艺术史界最著名的自杀事件可能就是1890年梵高的自杀，但是艺术家却在死后冥冥之中成了原本将遭受同样命运的弗莱希特海姆的救世主。1913年，弗莱希特海姆成功以4万马克的价格将一件梵高的作品卖给杜塞尔多夫博物馆，这真是一场及时雨。这日子似乎忽然间又活过来了。

1926年奥托·迪克斯[1]为弗莱希特海姆创作的一件肖像画（彩插15）表现的是一个年老而睿智的男人，若有所思地朝中景望去，一只手拿着一件立体主义的画作，另一只手上拿着一张纸片，可能是一张清单。和许多努力销售新艺术的其他先锋画商一样，弗莱希特海姆也出版了自己的艺术杂志，杂志的名字叫《横截面》，意为一种与众不同的视角。我们已经了解到20年前，费内翁曾在《白色杂志》兼职做过自行车赛的记者，而弗莱希特海姆有一个不同但也很特别的体育爱好。1921年，他在一篇社论文章中写道："我认为我们的职责是在德国艺术圈推广拳击运动，这在其他地方已经十分普及。例如在巴黎，布拉克、德朗、杜飞、马蒂斯、毕加索和罗丹

1　奥托·迪克斯（Otto Dix，1891—1969年），德国画家、版画家，德国表现主义和新客观主义（The New Objectivity）的代表人物。——译者

都是拳击的爱好者。”弗莱希特海姆认为拳击是“为生活而战”，他继续补充到，“在拳击台上发生的是真实的戏剧，而不是被误解的圣女贞德”。《横截面》杂志自创刊一直到1936年的最后一期，几乎每一期都有裸体拳击运动员的照片。德国拳击冠军马克斯·施梅林是一个特别的英雄，乔治·格罗兹[1]曾经在弗莱希特海姆德的引荐下为他画肖像。当泽尔沃斯问弗莱希特海姆哪一个艺术家对20世纪的德国有最重要的影响时，他不动声色地回答道：“拳击手施梅林。”正如施梅林在一次派对结束后写在弗莱希特海姆的嘉宾留言簿上的：“拳击也是一门艺术。”

卡西雷尔和弗莱希特海姆在销售先锋艺术时主要以法国艺术为主，而赫尔瓦特·瓦尔登则是一个德国本土现代主义的捍卫者（彩插18），他1879年出生时的名字是格奥尔格·勒温，最早是一个音乐会的钢琴演奏家，大约在1901年他决定改头换面，为自己取了一个浪漫的新名字——赫尔瓦特·瓦尔登，还迎娶了诗人埃尔瑟·拉斯克-舒勒，从此正式放弃了音乐事业，全身心投入现代主义艺术中。1903年，他成立了一个“艺术协会”，那是一个提供对当代艺术与视觉艺术的实践和讨论的论坛。瓦尔登的日常工作是一个记者，之后他在1910年创立了杂志——《暴风雨》，对他期待推波助澜的现代主义洪流而言，暗示风雨欲来，是个再合适不过的名字。

1 乔治·格罗兹（George Grosz，1893—1959年），德国艺术家，擅长以漫画和绘画的形式表现20世纪20年代的柏林生活。——译者

《暴风雨》杂志很快发展为一个同名的艺术画廊。画廊于1912年在柏林成立，其早期展览展出了蓝骑士画派和意大利未来主义的画作，还在1913年秋天举办了一场名为“德国秋季沙龙”的先锋艺术大型展览。在德国，先锋艺术逐渐通过画商开始掌控自己的命运，不过，支持前卫画商们的评论家文章常常是发表在由画商赞助的出版物中。

保罗·克利起初并不信任瓦尔登。1913年，克利在立体主义展览的开幕式上遇见过他，这个展览之后巡展至慕尼黑的坦恩豪舍画廊。克利在日记里写道：“他整日抽烟，下达着指令，像一个战略家。他虽是个有头有脸的人，但好像缺点儿什么。他根本就不喜欢绘画！他嗅觉敏锐，却对艺术嗤之以鼻。”克利可能关注的是瓦尔登的政治立场，后者坚持现代艺术不仅是艺术品，还应该成为传达政治观点的媒介，这一点可能让瓦尔登颇受非议。不过渐渐地，克利发现那次未来主义展览的幕后推手是瓦尔登，而非坦恩豪舍；其实坦恩豪舍始终对交易收益比对推动新艺术更感兴趣，他将自己的场地借给那次展览，但小心翼翼地发布了对展出内容不负任何责任的一份公开的免责声明。克利最后总结说：“真正的组织者是来自柏林《暴风雨》的英雄一般的瓦尔登。”得知能入选瓦尔登1913年在柏林举办的展览，克利很高兴地说道：“瓦尔登即将在柏林举办一场秋季沙龙展，库宾和我将有一间单独的展厅展示我们的绘画作品。”克利可能察觉到了画商们的能耐——驾驭艺术史的能力，这意味着如果你站队正确，你的名字将会被历史铭记。

瓦尔登很擅长和艺术家们周旋，知道如何通过溢美之词取悦他们，他甚至赢得了加布里埃尔·穆特[1]的好感，她可是个始终对画商深感怀疑的艺术家。1912年10月，她对康定斯基说："瓦尔登很好，而且我也很喜欢他——他似乎太有魅力了——也许他认为他必须和我在一起。他高度赞赏了我的作品，这评价至少在某种程度上是真诚的。他说他从未在我的画作中见过如此完美的黄色，另外，他觉得我的个性就是这一抹温暖的黄。"1913年，在写给瓦尔登的信中，奥斯卡·科柯施卡[2]说他"有能力让现代艺术发挥最大的价值"。艺术家们承认他是一个理想主义者，而不仅仅是位商人。科柯施卡继续写道："任由那些画商叫卖这些画作吧，你做的事比那些更慷慨、更了不起。"

瓦尔登的身上住着一个不安分的灵魂，他以极大的热情不断地推动现代主义的发展，开拓其道路。但就画商而言，这种梦想往往并不一定会有经济上的回报。另外，他的不安分也蔓延到私生活上，在埃尔瑟·拉斯克-舒勒之后，他又结了三次婚，之后，瓦尔登的生活急转直下地走向了悲剧的结尾。在两次战争期间，德国的先锋画商犹如政治旋涡里任由湍急的河流浮动的软木塞。1916年，瓦尔登创办了一所囊括所有视觉艺术门类的学校，接下来的一年，他又开设了一家戏院和一家书店，同样选用了"暴风雨"来命名。发展最盛时，报纸中所宣传的"暴风雨"是一家画廊、一家书店、

1 加布里埃尔·穆特（Gabriele Münter，1877—1962年），德国表现主义艺术家，20世纪初慕尼黑先锋艺术的重要人物，曾跟随康定斯基学习和生活。——译者

2 奥斯卡·科柯施卡（Oskar Kokoschka，1886—1980年），奥地利艺术家、诗人、剧作家，以表现主义肖像画和风景画闻名。——译者

一家出版书和杂志的出版社、一所艺术学校和一个艺术协会。瓦尔登还不断发掘年轻和有潜力的艺术家，只是他的政治主张越来越优先于他的艺术品销售，他的共产主义信念越来越强烈。1932年，在资金短缺的情况下，《暴风雨》出版了最后一期。这个编辑兼经营者迅速逃到了莫斯科，然而，苏维埃政权下的莫斯科对艺术品交易而言绝不是一个令人振奋的环境，哪怕对一个理想主义者而言亦是如此。1941年，他被捕，成了斯大林主义之下的受害者，同年就死在了拘留营里。画商成了一个政治革命者，可想而知，这结局注定是个悲剧。一个人是否可以既是画商，也是一个马克思主义者呢？可能只有纯粹主义者可以吧。

瓦尔登在俄国陨落；卡西雷尔自杀之后，瓦尔特·弗莱希特海姆起初将卡西雷尔画廊迁到了阿姆斯特丹，之后再迁到苏黎世；雨果·皮尔斯和坦恩豪舍也移居到了纽约；1937年，弗莱希特海姆在伦敦过世。“艾妈妈”[1]是一个了不起的女画商，她在杜塞尔多夫有一家画廊，20世纪20年代，她对表现主义的市场做出了很多贡献，但她的画廊也在纳粹政权的压力下被迫歇业。接下来还剩下些什么人呢？只有些调整自身应对新政府的。当然，首先你不能是犹太人；另外，你也不能经营任何现代艺术品，因为这些作品被当局政府视为是堕落的，这就意味着你只能销售老大师的艺术，那符合希特勒和戈林不断扩充的收藏系统所呈现的纳粹德国的品味。此时涌现

1 指乔汉娜·艾（Johanna Ey），她对自己代理的艺术家十分照顾，因此被亲昵地称为“艾妈妈”（Mutter Ey），“mutter”在德语中是“母亲”的意思。——译者

出了一批准备做必要妥协的画商，卡尔·哈伯施托克和希尔德布兰德·古尔利特这样的画商就成为纳粹政权官方指定的艺术品中介。他们负责为希特勒在林茨的华丽的个人博物馆收集艺术作品。那时以低廉的价格购得重要作品的机会是很多的，至少可以从逃离的犹太人那里获得很好的收藏品。威廉·布坎南关于画商的格言非常适用于形容二战的情形：对于不择手段的人来说，浑水好摸鱼。的确有一种画商能够在战争中不断获利：那就是有间谍能力的人，有时甚至还是双面间谍。在拿破仑入侵伊比利亚半岛时，乔治·奥古斯塔斯·沃利斯就是我们说的这种人。战争期间活跃在德国的那些精于谋略的画商甚至在1945年说服盟军，说自己始终是站在他们那边的。例如，1951年卡尔·哈伯施托克在慕尼黑的画廊就重新开业，并继续经营老大师的画作。

战争结束之后，欧洲大陆出现了两个重要的德语国家的画商，他们分别是恩斯特·贝耶勒和海因茨·贝格鲁恩。两人有一些共同点，都是兼具商人与学者、金融家和慈善家、贸易者和收藏家的身份。他们都留下了非常了不起的博物馆作为他们学术、慈善和收藏的见证，其中贝耶勒的收藏留在巴塞尔，而海因茨·贝格鲁恩的则留在柏林。不过，如果他们不同时是非常专注的生意人、金融家和交易者的话，就不可能有如此规模的收藏，若不是那么巧的，在二战结束之后从事艺术品买卖的话，他们也没有以那么可观的价格购买如此多优秀作品的机会。海因茨·贝格鲁恩曾将自己描述为自己最好的顾客，以此说明在他的人生中，生意人和收藏家的两种身份是密不可分的。

图20　恩斯特·贝耶勒正在争取一笔生意。

贝耶勒和海因茨·贝格鲁恩都曾撰写过作为画商的个人传记，贝耶勒是通过和记者克里斯托夫·莫里的长期访谈形式，海因茨·贝格鲁恩则为自传取了一个含糊其辞的英文名字：***Highways and Byways***（高速路和小路）。他把自己的成功总结得非常简单：自己在战后年代里成为画商时是没有资本的，只是他坚信，他能对艺术市场做出精准的判断，也信任他对品质的感觉。他拒绝“画廊主”这个称谓，他说这听起来就像一个“化学家”，一个被动的“侍者”，“画廊主”似乎是那种从不离开商店、坐等事情发生的人。海因茨·贝格鲁恩的性格里还是有很冲动的一面，在看似平和的学术表象下，暗藏着的是活力和热情。20世纪30年代，海因茨·贝格鲁恩还是一个年轻人的时候就来到了美国，他遇见了弗里达·卡罗，两人迅速陷入一段干柴烈火的感情中。在回忆录中，海因茨·贝格鲁恩记录了他有三个礼拜，几乎没有出过纽约酒店房间的门。“我对弗里达的感情比我对一生中的任何女人都炙热。”他写得有一些怅然若失，就像是一个人回想自己是一场大地震的幸存者，震后的后遗症是他意识到做在世艺术家的生意是不理性的，不过他日后还是成功地和毕加索进行了交易。

每一家成功的画廊都需要一个顺从的画家或艺术史家，这也是贝格鲁恩所称的“驻地作者”，可能是有一点儿鲁莽，贝格鲁恩让道格拉斯·库珀扮演了这一角色。库珀曾经在早年参与过艺术品的销售，20世纪30年代，他在伦敦的梅尔画廊度过了不太愉快的几年。在20世纪艺术画商兼出版人的传统下，贝格鲁恩1977年出版了库珀编辑的胡安·格里斯作品集。这可不是一件容易的事，出版商得控制住这个偶尔好事的作者，让他别提曾经出售过格里斯仿作的画商以及如今还拥有它们的收藏家们。

贝耶勒在回忆录里提到了关于销售的一个重要经验：无论你何时给一个顾客提供一件待售的画作，你都要明确表示还有一个竞争的买家。当然，这也是拍卖会如此成功的关键：一旦出价超过最低估价，竞拍者就不断地暗示着竞争。艺术市场的智慧就像是马往往在听到其他马的马蹄声之后会跑得更快一样。贝耶勒喜欢拿懒人圣伯纳德做比拟，这个仁兄向来懒得起身吃他盘子里的食物，直到有一只猫出现并表现出对食物的兴趣，因此贝耶勒曾说：“我试图为我的每一笔交易找一只猫。”

20世纪60年代和70年代，贝耶勒的画廊和马尔伯勒美术馆（将在第十三章详述）这两个现代艺术画廊的最新作品名录受到了伦敦和纽约的极大期待和关注。马尔伯勒美术馆旗下有一批稳定的当代艺术家，他们的艺术创作受到了画廊的监管和左右；与之相反，贝耶勒虽然也经营在世艺术家，特别是毕加索的作品，但他却避开了与艺术家们签署独家代理的合同。当他不满地提到某些画商对手“毫不犹豫地去干涉和影响一件作品，让它们适应顾客们的品味”时，他脑海中想到的可能就是马尔伯勒。马尔伯勒对马克·罗斯科的束缚挫败了贝耶勒试图从艺术家那里直接购买作品的努力；在艺术家过世之后，画商被发现对艺术家的画作管理不当，并因此承担了代价高昂的法律后果。

贝耶勒定的价格可能是高的，可能比它们原本被买来的时候涨了不少，不过在贝耶勒看来，这是因为作品足够好，他的态度是：“我抚慰良心的方式就是经营最一流的作品，你能在价格上注水，但绝不能在品质上掺假。”这可能听起来有些自圆其说，但仔细想想也是实话。只有在质量金字塔尖的作品才能真正无畏地涨价。最优秀的画商，总是首先能发现最优秀的作品，其次能认识到非常好和极好的作品的差价是不成比例的，这也是利益最合法汇聚的地方，是最昂贵的幻想所在。

虽然贝耶勒和贝格鲁恩都最终将博物馆的选址定回了他们说德语的老家，但两人走的都是国际化的路线。他们的顾客中，美国人和欧洲人一样多，而且他们作为飞机旅行时代的画商，全球化的艺术品交易变得更有效率。随着21世纪的临近，关注活跃在单一国家的画商就变得越来越没有意义了。

第十三章

绅士和玩家：英国画商

英国人非常善于和钱打交道，但容易在艺术面前却步，因此当他们的画商需要特别慎重。《镜前的维纳斯》的早期收藏家放弃了这件被称为“维纳斯后背的画作”正说明了英国艺术品交易所需要面对的障碍，而之后的欧洲现代主义运动也并未在伦敦激起什么波澜。阿格纽和科尔纳吉是突破重重阻碍和困难的最成功的两个画商。他们都专攻较为传统的画作，精明地不去触碰可能会吓到英国收藏家的那些太大胆的作品。

托马斯·阿格纽父子公司最早成立于曼彻斯特，为英国北部新贵提供艺术品。1860年，业务扩展到了伦敦，自那时起，作为英国优秀的画商，他们的成功维持了一个世纪。如果说英国的教会是保守党，那么通过伊顿公学的兄弟和叔父们将阿格纽和佳士得拍卖联系在一起，则反映了保守党在艺术上的交易。起初阿格纽的主要生意是经营维多利亚时期的艺术家们的作品，但在19世纪晚期，随着政治和经济的发展，业务又重新聚焦到老大师画作的交易上。当时的许多英国贵族都面临着经济困境，他们虽然拥有土地却缺现金。土地是不太容易销售的，但在1882年《限定土地法》通过之后，艺术品是可以出售的。因此一大批重要的艺术品从华丽的英国宅子流向了艺术市场。阿格纽已做好将这些作品送到美国的准备，那里有一大批已经积累相当多财富的大亨随时准备出高价购买这些欧洲生活方式的高雅象征物。

阿格纽的对手是科尔纳吉画廊，这个画廊成立于1760年，最早以销售版画著称，19世纪末开始和阿格纽竞相为富有的美国人提供欧洲古典艺术品，这主要归因于1896年奥托・古特孔斯特成为科尔纳吉画廊的新合伙人。古特孔斯特精明、有决断、博学多识又颇为老练，他与伯纳德・贝伦森——这一艺术市场迅速崛起的势力相识，而且关系不错。正如我们在第五章曾描写的杜维恩和贝伦森的交往，在向伊莎贝拉・斯图尔特・加德纳提供画作时，古特孔斯特也与贝伦森紧密合作，他们的成功是建立在双方互相尊重的基础之上的，尽管贝伦森是毋庸置疑的意大利艺术专家，而古特孔斯特也对荷兰和德国画派非常精通。古特孔斯特并不担心与贝伦森起争执，他曾在1899年致信给贝伦森提到一件有争议的画作：“在没有过多背景知识的干预下，在我看来你手上的这件女性肖像和提香的画差得远呢。”这个评价实际上暗示的是画商的直觉与过量研习下的学术性之间的一种较量。

四处寻获画作卖给加德纳夫人是一件很疯狂的事，但也非常值得。古特孔斯特始终保持着一种幽默感，他在1897年11月20日给贝伦森的信中提到追寻作品的压力："如果我继续为寻求画作不断钻研各种不同的图录和书籍的话，我虽然越来越兴奋，但也需要按摩来放松一下。"为加德纳夫人以高价寻得越来越多的文艺复兴杰作的比赛依然在继续。伟大的画商明白顾客购买力的极限在哪里，也十分善于利用这一点。正如古特孔斯特和贝伦森所说的，你只需从这华丽的丰收中提取最大收益，因为这种"随风掉落的果实"可能"瞬间就会消失"。古特孔斯特将不同的画作分成他所经营的两种不同类型："天使蛋糕"和"顶级猎物"。所谓"天使蛋糕"包括了那些吸引鉴赏家们的品质优良、有重要署名且不会轻易降价的作品；而"顶级猎物"则是美国权贵们争先竞拍的，由名声赫赫的艺术家们所创作的极具名望的佳作。

提香的《劫掠欧罗巴》是其中最大的一件猎物，在两面派贝伦森的参与下，古特孔斯特试着将这件作品从达恩利勋爵手中猎取，让它进入加德纳夫人的收藏（彩插20）。古特孔斯特在制订拍卖计划时和贝伦森打趣道："如果欧罗巴来到美国，那也挺有趣的。"古特孔斯特成功地以1.4万英镑的价格从达恩利勋爵手中买下，并同意由贝伦森以1.8万英镑的价格卖给加德纳夫人，他们两人再五五平分这中间的差价。事实上，贝伦森最终以2万英镑的价格卖出，并且在古特孔斯特不知情的情况下只平分了4000英镑而非6000英镑的差价，贝伦森很快就上手了艺术品交易的方式。古特孔斯特之后在给贝伦森的信中写道："你完全不像我们，我们是开诚布公地追逐着金钱，而你则是悄无声息的，实在不够坦率！"这一评价也不免让人认同。

苏格兰人亚历山大·里德是19世纪晚期一个志气满满，致力于经营当代法国画作的英国画商。他与梵高兄弟——画家文森特与画商提奥都是朋友，这层关系也为他在英国推广文森特的作品提供了条件。他难不成是英国的保罗·卡西雷尔吗？可惜他失败了，这并不全然是他的问题：德国能接受法国的现代艺术，但那可能会吓坏过于胆小和反法国的英国人。

里德1886年从家乡格拉斯哥来到巴黎，起初是为了成为一名艺术家而赴巴黎求学，但是钱花完了，他便涉足艺术品买卖的行业，1887年2月在法国画商伯梭-瓦拉东画廊里找到一份工作。在那里，他和提奥·梵高一起工作，他们的关系不错，提奥还邀请他一起租住自己与文森特位于勒皮克街的公寓。在差不多六个月的时间里，他们的关系处在既剑拔弩张又和谐的一种矛盾状态中。文森特画画，提奥和里德负责销售巴比松画派以及最新的印象派的画作，晚间他们三人会随心所欲地畅谈，也和其他的艺术家碰面。里德对马奈、德加和劳特累克感兴趣。起初，文森特也被里德吸引并为他绘制过两幅肖像画。这两个人长得惊人得像，他们都有胡萝卜色的头发，相同的V字形胡子和绿眼睛。事实上，梵高为里德创作的肖像画甚至在以前曾经被错误地断定为是梵高的自画像。当遭遇爱情的挫败时，里德曾向梵高倾诉，鉴于两人当时的亲密关系，对生活不怎么抱希望的梵高还曾提议他们应该一起自杀。当然可以确认的是在一夜的痛饮之后，两人取消了这个计划。不过阴谋论者可能会更喜欢一种推测，也许两人在那时决定利用长相的相似互换身份。可能原先是里德的那个人去了阿尔，住进了圣雷米疗养院，三年后在法兰西岛自杀。而曾经是文森特·梵高的那个人则回到苏格兰，并在格拉斯哥和伦敦成了一个优秀的艺术画商。虽然事实并非如此，但这倒不失为一个好故事。

图21 艺术家的替身：梵高画的亚历山大·里德肖像。

当然，里德和文森特在之后发生了争执，双方恶语相向。文森特和他的弟弟提奥描述里德时用谴责的口吻说道："在他的心里，画商比艺术家所占的比重更多"；事实上，他不过是一个"鄙俗的商人"。双方关系在之后进一步恶化，文森特在写给朋友，即艺术家约翰·罗素的信中说道："我的印象中，里德的行为已经失去了理智。"这话从文森特口中说出，更像是一种控诉。不过里德除了感情受挫之外，还深陷经济困境，他与画家蒙蒂切利[1]在获取作品上也有一些争执，后者在当时的先锋艺术圈中很受欢迎。1889年回到格拉斯哥时，由于里德拒绝直接从梵高兄弟手上购买作品，甚至把作品贱卖或将作品归还给他们，两人因为里德没有致力

1 阿道夫·蒙蒂切利（Adolphe Monticelli，1824—1886年），法国画家，对梵高和塞尚的创作都曾有一定的影响。——译者

于推动印象派的发展而倍感失望。这虽然有些不近人情，但可能是个正确的决定。尽管里德偶尔卖一些印象派的画作给精明的苏格兰收藏家，主要是德加和马奈的作品，但印象派在那里并没有成熟和繁荣的市场。不过里德还是给自己在格拉斯哥的画廊取了一个很时髦的法语名字：*La Société des Beaux-Arts*（美术协会），这有意无意地表现出对伦敦美术协会的敬意。把一个商业机构取名为一个协会绝不失为一个好计谋：这给顾客们留下了一个印象，即他们做生意的首要动力是为争取社会和文化的团结，挣钱不过是次要的。

里德从不畏惧在艺术丛林中与猛兽争斗。没有人能在和易怒的美国画家詹姆斯·麦克尼尔·惠斯勒交往时而不与之争吵，但是里德竭尽全力与他相处。最后惠斯勒在形容里德时说："他是一个诡异、狡诈、鬼鬼祟祟的画商。"这几近是一种赞许了。19世纪90年代，里德还曾经营过罗丹的作品。在提及罗丹的作品价格下降时，他声称："在苏格兰，我们可能并不那么富有，但比伦敦人更有品味！"在家乡，里德还宣传苏格兰色彩派和格拉斯哥男孩，并与美国有着友好的生意往来，不过他事业发展的重点依旧在伦敦。1926年4月26日，他的新公司阿历克斯·里德与（欧内斯特·）勒费夫尔画廊成立，公司选址在圣詹姆斯国王街一号。他和爱丁堡的道特·阿提肯以及巴黎的艾蒂安·宾努共同持股。勒费夫尔画廊在20世纪中期成为伦敦销售法国现代艺术最重要的画廊。

文森特·梵高在死之前对里德的态度有所改观，1889年6月他写信给提奥时说："每当我阅读莎士比亚时，我总想起里德，当时的我比现在差劲儿。我对他太过苛刻，一想到我曾经说过应该更关心画家而非画作这样的话，我就感到十分沮丧。”这是画家自身道出的一个事实，也是许多画商潜藏于心的一个隐晦信念：画作是可以销售的商品，但创作它们的人不过是些麻烦。

图22　休·莱恩，美学家和画商。

休·莱恩是在伦敦经销画作的爱尔兰人，他所经营的范畴不容易进行界定。乍一看，他似乎颇有学者风范；他的私人收藏非常有品质，另外，他慷慨地将这些收藏捐赠给了他的家乡——爱尔兰的公共机构。他最为人称道的是以非凡的远见和胆识收藏了一批优秀的法国印象派画作。他在1905年杜兰德-鲁埃尔举办的伦敦展览中购得了一件莫奈的作品，那是他的第一件印象派收藏，之后他又购买了包括马奈、毕沙罗、雷诺阿和德加的作品。这些收藏不是出于交易的目的，而是为了使爱尔兰人在文化上受益。他的39件法国当代画作原本应成为他期待见证的都柏林现代艺术博物馆的核心展品。然而在一连串误解、厄运和英国人表里不一的操作下，这些作品最终落脚在伦敦的英国国家美术馆。起初它们是被收藏家不太情愿地借展到伦敦的英国国家美术馆，可之后莱恩不幸地随着卢西塔尼亚号沉船丧生伦敦的英国国家美术馆又紧紧抓住这批作品不放。1909年莱恩因“对艺术的贡献”而被授予骑士称号，这一外交封号涵盖了他作为商业画商和慈善捐赠人的双重身份。

根据科尔纳吉——莱恩在艺术交易行业首家任职的画廊——所获得的评价，他的个性里缺乏成为成功画商的世故和冷酷，他的彬彬有礼于生意无益。不过人们想起他时，总想到他的性格“魅力十足”，如果这还算个优点的话。人们形容他有一双“与众不同的双眸，对微妙的形式与和谐的色彩有非凡的品味”。他甚至对自己书写的纸张都格外挑剔，那得“有天青蓝的阴影，为了彰显便士邮票的粉红而特意挑选的，他是绝不会委曲求全用两张绿色的半便士邮票的”。他的传记作者还告诉我们：“莱恩终身未娶，他对社会上的女性也没什么特别的好感。”

之前我们提到的都是莱恩的一些难得的品质，但他性格中的另一面使他更像一个贪婪的画商。事实上他是一个非常高效的画商，是艺术品交易中非常精明的运作者，最终离开科尔纳吉而自立门户。据说他可以在邦德街买下一件作品，并在同一天拜见四五个画商之后，以一笔颇丰的收益将画作转手卖出，这再次印证了他独到的商业慧眼和惊人的销售天赋。1913年，他将提香的《腓力二世肖像》以6万英镑的惊人高价卖给了辛辛那提的托马斯·埃默里夫人。他经手的提香的《戴红帽子的男子》的最后成交价可能更加令人震惊，1906年他第一次出价2170英镑买下，之后他将其卖给了阿瑟·格非，当1914年格非放到拍卖会上拍时，莱恩又以1.3万基尼的价钱重新购回。接下来的一年他试着以5万英镑卖给纽约的亨利·弗里克。这次的交易成功之后，莱恩跻身成为富人也并不让人感到意外。对于他这么一个渴望利润越多越好的画商而言，没有女人也是一个优势，至少没有人从他手里再分一杯羹了。

1910年的马奈与后印象派画家展览，以及1912年的后印象派展览是英国艺术品味转变的重要里程碑。这些展览是由独立的幕后推手——罗杰·弗莱完成的，展览中的大部分作品都借自巴黎的画商。当然，这些画商也乐观地希望能够乘机成功地完成几笔交易。1910年展览中的所有马奈的作品都来自小伯恩海姆画廊，他和杜兰德-鲁埃尔以及卡西雷尔联合购买了佩勒林收藏，因此马奈作品的存量丰富。1912年的展览上，坎魏勒贡献了库藏中的24件作品，其中包括整个展览上展出的15件毕沙罗作品中的13件。从某种意义上说，这是一场画商的展览，与现如今的艺术博览会相差无几。

艺术家沃尔特·西克特[1]对这种展览活动深有疑虑，他担心“画商以及那些评论家会有意无意地依赖这些活动，甚至能或多或少地基于他们的利益来阻碍或刺激艺术品市场的发展”。他可能想到了罗杰·弗莱以及他与巴黎画商之间的友好关系，因为他提到了塞尚的市场是如何被操控的。在弗莱的世界中，塞尚始终占据着一个非凡的位置。但无论西克特喜欢与否，伦敦的确是通过画商才得以在一战后不断地了解欧洲大陆先锋艺术的发展。有一些新兴的伦敦画廊也在展示着法国的现代艺术，例如莱斯特画廊举办了一系列有趣的展览，正是这些展览让英国的艺术买家们熟悉了一些伟大的当代艺术家，其中包括马蒂斯（1919年）、毕加索（1921年）、德加（1922年）、梵高（1923年）、高更（1924年）以及塞尚（1925年）。

---

1 沃尔特·西克特（Walter Sickert，1860—1942年），德国出生的英国版画画家，作品受到惠斯勒和德加的影响。——译者

这么做的还有梅尔画廊，这一画廊起初和巴黎的保罗·纪尧姆合作，例如他们曾在1933年展出了毕加索、布拉克、莱热和米罗的作品，以及保罗·纳什[1]、爱德华·沃兹沃斯[2]、本·尼科尔森、亨利·摩尔，甚至弗朗西斯·培根的作品。《泰晤士报》曾写道："梅尔画廊所做的工作应该是由泰特不列颠美术馆来完成的。"1935年9月，《苏格兰人》的艺术评论家坦白自己对那些新画廊所展出的现代画作感到害怕，他警惕地写道："似乎有些什么正在打乱这里原本的步调。"然而，倘若没有这些思想前卫的英国画商所举办的展览，很少有英国人会对欧洲先锋艺术的潮流有所了解。初来乍到的佩姬·古根海姆立刻就察觉到伦敦缺少能够真正发挥作用的现代艺术博物馆，她很快决定出资成立这么一座博物馆并交由赫伯特·里德[3]运营，不过这个计划因二战的爆发而搁浅。

阿瑟·图斯也是伦敦知名的现代艺术画商，既能支持艺术革新，又能赚钱的英国画商为数不多（图斯的确是其中颇为成功的）。当1933年阿瑟·图斯向保罗·纳什提出一份合约时，他的商业说辞还是很鼓动人心，他向纳什保证："你身后将有伦敦最有能力的销售推手，你的作品将被全力以赴地'推向'市场。"不过这里有一

1 保罗·纳什（Paul Nash，1889—1946年），英国超现实主义者、战争艺术家、摄影师，对英国现代主义艺术的发展发挥着重要的作用。——译者

2 爱德华·沃兹沃斯（Edward Wadsworth，1889—1949年），英国艺术家，作品常以蛋彩为材质创作海景、抽象画、肖像画和静物画。——译者

3 赫伯特·里德（Herbert Read，1893—1968年），英国重要的艺术史家、现代艺术评论家、诗人，曾任著名艺术期刊《伯灵顿》（*The Burlington*）的编辑和维多利亚与阿尔伯特博物馆的策展人。——译者

个条件：至少四分之三的作品必须是“我们通常所认可的风景画、静物画等等，而不能是抽象的主题”。毕竟，这里是伦敦。不过事实上，图斯还是接受了四分之一的抽象作品，这表明他还是有意代表现代主义与买家大众进行某种程度上的对抗。

超现实主义画商时常是一个似是而非的身份，很少有人敢应对这种挑战，但比利时人E. L. T.麦桑是其中的一个。1920年，时年只有17岁的麦桑在布鲁塞尔的一个展览上看到了22岁的勒内·马格利特的一些作品。麦桑的原话是：“我们瞬间心灵相惜。”这是麦桑职业生涯中决定性的一刻，他从此成了一名拥有画廊的理想主义画商。这绝不是一个容易的组合，尤其是这个理想是超现实主义的。安德烈·布勒东是超现实主义重要的宣传者，他提出超现实主义不仅仅是一场艺术运动，它更致力于一种生活方式。因此，对于超现实主义画商来说，既要销售其作品，同时还要践行其生活方式，想要达到这种平衡并不容易。在麦桑事业的高峰期，他总是在白天不停劝说富人们投资艺术，晚上则组织超现实主义者们开展叛逆的活动。

麦桑的性格喜怒无常，这对他的事业没什么好处。他和马格利特的关系也总是时好时坏，麦桑的原话是：“有时我们大吵大闹，不断争执，甚至威胁要干掉对方。”不过20世纪20年代和30年代早期他们的关系依然很紧密。在那些年里，麦桑不仅仅是销售马格利特作品的画商，更是他的收藏家和支持者。1930年，为了帮马格利特摆脱困境，麦桑在画家巴黎首展的前夜带去了11件作品。1932年，为了避免马格利特的作品被捆绑成拍卖上的大甩卖——这无疑将会对艺术家的价格和名声造成毁灭性的影响——麦桑挺身而出，买下了150幅马格利特的作品，这些画作之后成了人马画廊的库存。

麦桑对马格利特早期作品的评价是“不讨好的”，它们是不错的作品，但很难卖出去。这一字眼也同样适用于形容马格利特本人。麦桑在安排艺术家接受伦敦著名的超现实主义收藏家爱德华·詹姆斯的委托时也得费一番功夫。在确保委托件的宴请中，马格利特完全无所作为让麦桑很恼火。坐在伊迪丝·西特韦尔旁边的画家整个晚上都在喋喋不休地说着自己的便秘。麦桑在整个30年代都来往于布鲁塞尔、巴黎和伦敦，做一些生意，自己也创作一些超现实主义的拼贴画，和其他艺术家闲谈。例如，蒙德里安就曾告诉他，自己从不与蒙马特高地上的那些妓女发生关系，因为“每一滴溢出的精子都是一件遗失的杰作”。麦桑总是乐于在晚年时不断重复这种关于艺术创造性的观点，不过从他为数不多的作品中可见这种禁令他自己倒是没怎么遵守。1938年，麦桑成了一家致力于在英国发展超现实主义的伦敦画廊的主管。麦桑和佩姬·古根海姆这两个情欲旺盛的男女在相遇后必然不仅仅是同一城市的超现实主义画商而已。如同之前许多先锋艺术的推广者，麦桑也开始出版一本名为《伦敦公报》的杂志来宣传这一运动。年轻的乔治·梅利是为他工作的助手，乔治出版的一本有趣的麦桑回忆录——《别告诉女巫》就是关于那个时期的很不错的一份资料。显然，麦桑从未真正化解自己作为一名商人与一名无政府主义的超现实主义者之间的冲突。正如梅利所说的，超现实主义者会怎么做复式记账的账本呢？事实上做记录的是伦敦画廊的主人——了不起的诺顿夫人，她在业界化名为“彼得”，她有一个账本，里面记录着诸如“售价200英镑，包

图23 E. L. T.麦桑与他的朋友玛格丽特的画作。麦桑会复式记账，却从未真正平衡自己作为一名商人与一名无政府的超现实主义者之间的冲突。

括她的毛皮大衣”这样的条目。

作为画商的麦桑也有十分超现实主义风格的时候。有天早晨，他差梅利去街对面新开张的一家售卖华丽旅行箱的店铺，找到店主并告诉他：“先生，街对面伦敦画廊的经理让我代替他来祝您好运。”梅利被来来回回地派去多次，传递同一个讯息。箱包店主在这反反复复中变得越来越困惑和恼火。这堪称是麦桑相当成功的一个超现实主义的剧场作品，也可以视为早期的行为艺术。当然对于这个豪华箱包供应商而言，这毫无疑问并不是一段愉快的经历，毕竟人家只是这个奢侈品市场的一名工作人员而已。

战后，超现实主义慢慢过时，作为画商和画廊主的麦桑也并没能够适应新的局势。他借酒浇愁，喝得越来越多，而且开始谩骂英国的博物馆不曾从他手中购得一件作品。当然他有他的理，只是画商都是心怀不满且喜欢抱怨的人，他们滔滔不绝地说着如果命运再眷顾些又会如何。倘若世界能够进一步发现他们的才能，倘若他们的对手不那么卑鄙，这些都成为画商暮年时最喜欢的对话内容，即便是成功的画商也不例外。最终，伦敦画廊歇业，麦桑对某些事情非常有执念，他了解到将废纸叠成十磅重的包裹的话，地方议会会为此付钱。在关门前的最后几天里，梅利和麦桑在摆满剪刀、线和磅秤的环境中，专心致志地整理出大量十磅重的包裹。哪怕是这一画廊的最终落幕，也都带有一丝超现实的意味。

二战后的那些年里，英国的艺术品交易透着传统和诡异的融合。一些事业未曾间断的大画商，例如阿格纽以及实力稍微弱一些的科尔纳吉都主要经营着过去颇有名望的艺术家的作品。当然还有一批更随意且小规模的画廊，其中的一部分挣扎着在海峡两岸，推动着不太有把握的英国当代艺术。从事画商职业的是一批形形色色的男女，每一个画商都需要有一个备用身份，时局艰难时还有一个自己喜欢的第二职业。其中有不少人选择了赌马，在某些画廊里，排队去赌马场的人比排队去泰特不列颠美术馆或皇家艺术学院的还要多。当然，这其中也有一些理想主义者：诸如圣詹姆斯杜克街的卡普兰画廊的经营者——著名的马克思主义画商伊万·菲利普，这种左翼人士进行艺术品交易的伟大传统可以追溯到费利克斯·费内翁和赫尔瓦特·瓦尔登。菲利普最早为让·丁格利[1]举办了一场伦敦的个展。20世纪50年代，他还雇用了保罗·卡斯明做自己的助

1　让·丁格利（Jean Tinguely，1925—1991年），瑞士雕塑家和实验艺术家，以机械式动态雕塑为代表。——译者

手，后者曾记载画廊的接待员是一个非常热心肠的女士，在共产主义的平等精神下，她对菲利普和卡斯明同样倾心，只是在茶歇的时候引入了一些资本主义的竞争机制，她喜欢去比较这两人的生殖器谁更大一些，这种事可绝不会出现在阿格纽这样的古板画廊机构中。

战后的伦敦需要更专业和以商业为驱动力的画廊来推动当代艺术的发展。马尔伯勒美术馆填补了这一空缺。“我是来挣钱的，不是来收藏艺术的，”它的运营总监弗兰克·赖特说道，“成功运营一间画廊只有一个条件：挣钱。任何否认这一说法的若非是一个伪君子，那么他的画廊也很快就会倒闭。”为了宽慰自己，画商常常用到的说辞是起码与他们打交道的是艺术，而非垃圾债券，如此一来他们的灵魂尤在。不过，你能感觉到赖特进入艺术市场是因为他坚信自己在这里能比在金融市场上赚得更多。看看涨幅，艺术品弹性的价格能够带来更多的收益。赖特也是一个特别出色的卖家，有次他将一幅弗朗西斯·培根的教皇画作推荐给一个举棋不定的买家时，后者说道:“我喜欢它，但我不确定我的妻子也会喜欢，这的确和我们家的装饰风格不太搭。”赖特则回复道:“你可以改变你家的风格，甚至可以换一个妻子，但是你一旦拥有这件作品，你将永远不会想改变它。”这个受鼓吹的收藏家买下了这件培根画作，离开了他的妻子，也重新装修了房子。

第四部分

进入当代世界

第十四章

彼得·威尔森和现代艺术市场的诞生

为何要在一本关于画商的书里专辟一章来写一名拍卖师呢？那是因为彼得·威尔森在1958—1979年担任苏富比主席期间，成功地将拍卖行发展成一个可以直接和画商相抗衡，甚至超越它的机构。当威尔森接手苏富比时，拍卖师们还不过是个贸易批发商。他们销售的都是传统的所谓3“d”事件——“死亡”（death）、“离婚”（divorce）和“债务”（debt）——所托付给他们的；除此之外，有时还有另一个“d”，即“画商的绝望”（the desperate of dealers）。这些画商在无计可施的时候，都会将他们实在卖不出去的库存放入苏富比或者佳士得的例行拍卖上。苏富比和佳士得的买家鲜有知名和资深的鉴赏家，大多都是一些交易买家，他们之后会将买到的作品再卖给最终的收藏者。在威尔森之前，拍卖并不被认为是销售重要作品的最佳平台，它们往往由谨慎的画商经手，这样作品能够卖得更好，收益更大，而不是放在混杂、吵嚷的拍卖场。

但威尔森改变了这一切，他让拍卖场变得华丽，成了期待获得艺术稀世珍宝的富豪争相角逐的镀金竞技场。于是，作为中间人的画商开始慢慢出局，威尔森在直接面对最终客户时不断抬高价格。他在战后曾断言，今后的艺术市场将会以前所未有的速度发展，这在他的掌控下成真，让人们转而认识到拍卖行才是能获得最高价的地方。除了创造和维持崛起的艺术市场之外，威尔森还在其他方面提升了拍卖行的重要性：它们成了研究艺术品价格的媒介和基础，是一个数据库。在拍卖场这一公共的透明竞争平台中实现的价格似乎更具有权威性。最终，拍卖行有点儿像是艺术的股票市场，大批热情的，对每一个市场都感兴趣的分析家、经济学家和投资者皆聚集于此。

不过，彼得·威尔森还有其他地方值得我们研究。首先，他是一个非常出色的经理人和销售者，他努力向人们销售艺术品，尽管是通过拍卖的方式。和其他优秀的画商一样，他也拥有突出的个人特征——性格鲜明、魅力十足。本书的主旨是艺术的销售之道和重要参与者的历史，说的是画商们的个性。威尔森的性格尤其值得我们关注，因为正是这些细节成就了这个天才卖家。正如天才的个性所表现出的，它的阳光面和阴暗面往往是并存的。大部分认识他的人都钦佩他对艺术品的热情、罕见的鉴赏天赋、有些顽皮的幽默感，以及在他领导下公司所成就的非凡品质。

1913年11月，威尔森出生在一个闲适的英国中下层贵族家庭，他的父亲，马修·威尔森爵士不仅是一个挥霍无度的纨绔子弟，还是诱骗已婚女人的老手，可以说是一个十足的无赖；而他的母亲是里伯斯戴尔勋爵的女儿，在法国生活过一段时间，十分热爱那里的文化。威尔森从母亲那继承了对欧洲大陆的文化认同。他精神世界中一系列不曾调和的矛盾冲突是我们理解威尔森的关键：他出身贵族，却面临经济落魄的现状，这意味着威尔森必须从约克郡逃离出来；他徘徊于诸如打猎、射击、从军等这些上流阶层所关注的活动与艺术品这一更女性化的、他个人较感兴趣的领域；他虽然接受了循规蹈矩的传统教育，却有着同性恋的倾向（起初他隐藏了对同性的喜好，但渐渐表露也给自己的生活带来了麻烦）；他既富有魅力、热情饱满，却又不愿吐露心声。

随着他在苏富比事业的不断发展，威尔森私下里越来越瞧不上他的那些顾客。当然表面上他依旧对他们非常友好，只是他发现成为富人也是一场公平的游戏：那些地产开发商、金融家、工业和电影大亨虽然坐拥财富，却品味乏乏；而在北方阴冷天气下，近亲繁殖的英国贵族在数世纪里也变得没有教养、审美迟钝和麻木，对他们祖辈的老屋子所积累的艺术财富缺乏理解和欣赏的能力。威尔森认定他此生的目标是让这些艺术品顺利而有效地流通，将作品从不欣赏它们的人那里转移到或许能欣赏它们的人手中（可能有时也只不过是花大价钱的买家而已）。在这个过程中，越来越多的佣金流入了苏富比的金库，威尔森始终对这个机构保持着一份热情，甚至有些救世主的信念。倒也不是威尔森自己想要那么多钱，只是倘若要满足自己对艺术的爱好，钱是必需的。他也的确有十分不俗的品味，对艺术品的强烈欲望对他而言就如同生理需求那样需要得到满足。

像威尔森这种品味不俗却没钱的人就如同一个音乐天才无奈地接触不到小提琴，能够容忍这种不公的一定是一个不健全的社会。也正是在这种失衡下，威尔森觉得自己可以打破一些规则，变通一点儿，以便让一切回归正轨。如果有一个机会能够让一件艺术品令人满意地从一个收藏家手里——当然其委托得落在苏富比——流向另一个收藏家那儿，哪怕在合法性上有点儿打擦边球也是可以接受的。最终的结果足以为手段正名。另外，在这过程中让巨富们花费比他们原本计划更昂贵的价格也有一种邪恶的快感。在拍卖幌子下的艺术品交易终究成了一场游戏，威尔森按照更有利于自己的方式平衡社会和经济体制。

尼古拉斯·瓦尔德-杰克逊，这个20世纪60年代苏富比的雇员为我们讲述了一件可信的逸事。当威尔森给女继承人芭芭拉·侯顿打电话，想要卖给她一些即将上拍的物品时，尼古拉斯恰好也在场，“威尔森说道：‘芭芭拉，你一定得拍下这个难得一见的金盒子，我当真觉得你应该拥有它。’女继承人说话时是开免提的，她说话糊里糊涂，完全搞不清状况，是威尔森沉住了气，为她拍下了这个物件，他硬是让女继承人掏出了75万美金。”

威尔森接受的是非常传统的上流社会精英教育，在很小的时候就不情愿地被送到预备学校，之后进入伊顿公学。威尔森曾真切地观察说：“一个幸福的童年并不必然会通向日后的成功。”他在伊顿公学最好的朋友是一个叫理查德·德赖弗斯的瑞士男孩，两人都不喜欢板球却都十分热爱艺术与古董。他们往往会在周末一起偷偷跑去波特贝罗集市。威尔森离开伊顿公学时取得的唯一成果是一个植物学的奖项，接下来，他进入了牛津大学新学院。对威尔森而言，那里并没有伊夫林·沃[1]笔下的诗情画意；一年后，他就离开牛津出国了，起初是去法国学习法语，之后又到汉堡学习德语，他在那里遇见了同是英国学生的海伦·兰金。海伦年长他五岁，但两人很快坠入爱河，数月后就结婚了。威尔森的家庭极力反对这场婚姻：她的资产阶级背景比她曾经是一名歌舞演员更让人无法接受。这一段婚姻在1951年以离婚收尾，但这依然是威尔森人生中最重要且最持久的一段感情；两人育有两个可爱的儿子，甚至在他们分开之后，威尔森与海伦的关系依旧很亲密，威尔森常常与海伦以及她的第二任丈夫菲利普·巴拉德一起度假，这是看似有些不现实，却还挺让人感动的三角关系。

从德国回国后，威尔森在斯宾克拍卖公司找到一份工作，开始负责《鉴赏者》杂志的广告销售板块，但这些工作都不适合他。最终，通过父母与当时苏富比的主席威尔·皮尔金顿的交情，威尔森进入了苏富比，并在那里工作了44年。他很快就知道苏富比正是他想工作的地方，他在那里不仅可以整日与令他着迷的作品朝夕相处，还能赚到钱。他的第一个项目是来自吉尤收藏的古董戒指，他为此编辑了一个图录；接下来，他在海伦的帮助下出版了一批研究深入、效果惊艳的图录。他慢慢地摸索出最有效的拍卖需要通过严

1 伊夫林·沃（Evelyn Waugh，1903—1966年），英国小说家、传记和旅行作家，《旧地重游》是伊夫林最畅销的小说。——译者

肃的艺术史博学术语来包装。紧接着，在拍卖前他会在艺术期刊最显著的位置上安排拍品的照片，这在如今看来司空见惯，不过在20世纪30年代晚期，却是这个25岁年轻人的一个非常有创意的想法。事实上，他的营销直觉一直很有先见之明。在进入苏富比三年之后，威尔森迎来了一次难得的机遇，一个现有的合伙人退休了，而妻子刚刚获得一笔5000英镑的遗产。威尔森用这笔钱买下了一部分股份，从而使自己正式成为苏富比的合伙人之一。

正当威尔森的拍卖师事业渐入佳境的时候，二战爆发了。威尔森和年长于他的苏富比同事查尔斯·德·格拉茨一起进入政府的邮政审查部工作，最早在利物浦，接着被派往直布罗陀，之后又到百慕大。1943年，他被派往华盛顿的情报机关工作。他所参与的工作都有哪些呢？据传言，他的其中一个工作就是和丹尼尔·威尔顿斯坦合作，负责挑选出应该免于军事行动袭击的欧洲纪念碑和艺术品，除此之外我们就一无所知了。无论怎样，在华盛顿工作的那段时间里，他对美国和美国人的认识对他之后的职业生涯大有益处。他在日后曾坦言自己曾经有志继续从事间谍工作。当然，他并没有那么做。可以确定，在战争平息之后，他立刻回到苏富比工作，而某些做间谍工作时的手腕和技巧让他如虎添翼。威尔森是伊恩·弗莱明[1]的朋友，那么他在军情六处的代码是否是007呢？他曾在多年后承认如此，即使这件事不是真的，伊恩·弗莱明撰写的故事中的

1　伊恩·弗莱明（Ian Fleming，1908—1964年），英国小说家，代表作是詹姆斯·邦德系列小说。——译者

某一个也应该是真实发生过的。

英国籍的西班牙画商托马斯·哈里斯是威尔森在艺术圈和情报工作中认识的一个朋友，这个人是军情六处的间谍，也是个花花公子。战后，他将自己英国宅邸的一半租给了威尔森居住。据金·菲尔比[1]的传记作者帕特里克·西尔和玛琳·麦康维所说，哈里斯是极为出色的双面间谍，他参与了军情六处为德军提供假情报——一个诺曼底登陆时期完全错误的盟军作战时间表——的一次特别成功的任务，这是整个战争最成功的骗局。虽然直言画商是天生的骗子不免有些夸张，但画商的职业生涯的确需要应对诸如价格的跌宕起伏、归属和所有者的变更，还有吊灯叫价、伪作或空壳公司等，这些都需要画商具有应对变幻莫测的境遇和揭露骗局的能力，而这同样也是间谍的职业素养。

二战结束后，威尔森首先负责的是苏富比的杂项，之后又从年迈的威尔·皮尔金顿那里接管了整个绘画部。20世纪50年代，由威尔森安排的一系列拍卖改变了整个艺术市场。首先是1954年在埃及的法鲁克国王拍卖，那时以政变下头戴毡帽的奸诈男人和一些偷偷藏起来的淫秽画为蓝本的伊灵喜剧还没有开拍，这次被罢黜的法鲁克国王的收藏还是十足吸睛的，收藏中混杂着著名的法国18世纪艺术品、纯金盒子、珠宝首饰以及伊斯兰的艺术品，当然还包括一部传奇的色情作品集。整个收藏由新政府提供，在埃及进行。对于对

1 金·菲尔比（Kim Philby，1912—1988年），英国情报官员，也是为苏联工作的双面间谍。——译者

商业机遇非常敏感又热衷于冒险的威尔森来说，这是个极为诱人的挑战。他的老朋友理查德·德赖弗斯（他当时的妻子来自埃及的一个显赫家族）给威尔森提出了这个提议，威尔森立刻着手进行，哄骗同事参与购买。关于这次拍卖的合法性，伦敦出现了一丝不安的声音，不过威尔森倾尽心力，排除万难。在伦敦，他得到了最好的法律建议：目前需要由新政府出台新的法案，将旧时的皇家收藏收归国有。

于是，他立刻搭上了一班前往开罗的飞机，巧妙地周旋在黎凡特的阴谋者之间，让新法案顺利通过，拍卖继续。他们曾经还讨论过一个富有想象力，但并未真正落实的计划：凡是在一场拍卖中购得超过5000英镑的人，都能够获得私下观看法鲁克国王色情收藏的机会。拍卖的最终结果是场噩梦，那些头戴毡帽、两面三刀的男人紧紧抓住拍卖商的大部分佣金不放。尽管这次拍卖赚得不多，但为苏富比赢得了极高的国际知名度，总的来说还是一次值得的尝试，为公司未来的发展指明了一个令人悸动的新方向，而威尔森乐于探险的闯劲儿也为苏富比注入了十足的动力。

威尔森想要尽快撼动一个长期以来占据艺术市场的普遍观念，即顶级的私人画商是销售名作的代理。这意味着拍卖行需要尽力去搜寻名作，以确保它们成为拍品。1956年，苏富比上拍的，由布尚司令收藏的普桑的《牧羊人的崇拜》（彩插21）就是这样一件作品。这的确是个突破，因为这是件毫无疑问的名作。虽然这件作品已经确定交由拍卖行了，但此时的画商们也察觉到有这么一个危险的捷足先登之人，决定予以反击。其中一个画商向布尚匿名出价，如若他同意从拍卖上撤出这件作品，自己愿意在苏富比佣金的基础上再加1万英镑。威尔森当然也有他的警觉，他请布尚留下画作，并告知他自己能够给出更高的价格。布尚几天后告知威尔森，那个出价的画商将保证金提高至1.5万英镑，威尔森说没关系，让画作留下拍卖，我们一定能保证给你至少这个价格。这是苏富比历史上第一次提出保证金，重要的是，这是由威尔森提出的。当然，现代苏富比会以合约的形式确定交易的最低价，确保布尚留下那件作品。但是威尔森再一次打破陈规，拍卖委托在那个时代，不过是由一个比非正式的信件更保险一点儿的文件来担保的，并没有完全考虑到卖家的法律义务。就在拍卖前，画作的拥有者又回来说他现在需要3.5万英镑的保证金，否则他就将画作撤回。会议室里有人焦虑地搓着手，有人口吐脏话，不过威尔森还是非常冷淡地明确表示必须满足这个要求，将保证金提高到3.5万英镑，因为正如他所说："如果我们失去这件作品，我们就彻底丧失机会了。"苏富比的其他董事都有些害怕，但威尔森还是坚持己见并如愿以偿。这件作品的最终拍价是2.9万英镑，苏富比以那个价格出售，并将余下的6000英镑赔给布尚（这个收藏家不是格外走运，就是异常狡猾）。按照威尔森的判断，这6000英镑花得非常值，这一次确立了拍卖行作为最出色卖家的资格。对那些不知情的外界而言，他们看到的只是苏富比以2.9万英镑如此高价地卖出了一件杰作，对威尔森而言，表象比真相更重要。

苏富比在之后的一年献上了温柏格专场拍卖，那是威尔森在印象派领域的第一次重要成功。他比旁人更早地察觉到，尽管拍卖行对重要的老大师作品的需求很大，但是他们的来源毕竟有限，将来市场的亮点和更大的收益应该在现代画家，特别是印象派的作品上。从最高的标准上来看，温柏格的收藏算不上是很上乘的，不过也包括了十件梵高的画作。威尔森对品质的判断和对市场的触觉一样敏锐。在说服遗嘱执行人将拍卖安排在伦敦之后，他便着手对这次拍卖进行一系列的宣传活动。他劝说苏富比的董事们让普里查德·伍德广告公司参与预拍的宣传，这对广告人来说是一次梦寐以求的机遇，因为那十件梵高的画作正是出现在1956年由柯克·道格拉斯饰演的梵高自传电影中的画作。这可是一次购买好莱坞电影所拍摄的传奇艺术家画作的机遇，不仅如此，这里还是购买电影里出现的同一批作品的机会。如果这些还不够诱人，这还是一次购买与那些好莱坞明星挂在他们自己豪华居所中的同样画作的机会。好莱坞和印象派的联姻时常出现，并不断蹭着热度，在拍卖的宣传下更有甚之，威尔森将艺术宣传视为一种魔力和一种炫耀，不仅仅是艺术本身，甚至不仅仅是地位，还包括获得它的特殊途径——在拍卖会公开的聚光灯之下。

在印象派成为战后艺术市场推动力的过程中，威尔森是发挥作用的第一人。印象派的魅力和价值不断攀升，开始成为真正国际化的流派。无论在哪里出现马奈、雷诺阿或塞尚的一件杰作，一定会有一批富豪和阔佬争相竞争。国际旅途飞行缩短了世界的距离，也抬高了印象派画家作品的价格。在苏富比，威尔森更加利用了这一点，他扬言最高的价格只能在拍卖中实现。当负责温柏格财产的纽约律师们致信给苏富比、佳士得以及帕克-贝尼特询问拍卖的行情时，他们对不同的回复感到震惊。帕克-贝尼特提出愿意承担这次拍卖，不过佣金率是23.5%。佳士得的回复是很客气的，也表达出了一些兴趣，不过这封信在数月之后才到达纽约（可能由于他们的信件是通过海运运输的）。而另一方面，彼得·威尔森则在收到律师信件问询的同一天就致电纽约，并很快向执行人提出只有8%的最低佣金。伦敦由于免了拍卖税，比纽约和巴黎有更大的优势，也使威尔森轻松地拿下了这笔生意，这也同样是雅各布·戈尔德施密特的印象派收藏在第二年准备拍卖时，威尔森能够为伦敦苏富比拿下它的原因之一。

威尔森与苏富比和戈尔德施密特家族一直有往来。雅各布·戈尔德施密特是一个犹太银行家，他曾经为躲避纳粹德国的迫害而移居美国，最终在1955年去世。他的儿子和遗产继承人埃尔文·戈尔德施密特开始着手将艺术收藏进行拍卖。拍卖的第一个环节是计划将艺术品送往伦敦进行评估，主要是老大师的作品。威尔森和他出色的老大师研究专家卡门·格罗瑙被请到萨伏伊宾馆。协商的方式颇为神秘，戈尔德施密特和他的律师可能是为了私下交谈，不断进出约见威尔森和格罗瑙的房间。这期间究竟发生了什么呢？当他们再一次回到房间时，格罗瑙隐约听到戈尔德施密特嘟囔着用德语对他的律师说："我更喜欢这一组。"格罗瑙的母语正是德语，他意识到佳士得可能也在走廊另一端的一个房间里力争拿下这笔收藏。不过好消息是苏富比最终赢了。（如果戈尔德施密特使个伎俩，让格罗瑙"不小心"听到的是"我更喜欢那一组"，说不定能让自己从威尔森那里获得更好的条件。不过生活啊，总充斥着各种错失的良机。）苏富比因此获得了第一笔收藏的拍卖机会，拍卖的表现很不错，苏富比也顺理成章地成为拍卖第二笔收藏——印象派画作的最佳选择，这一场拍卖在1958年举行。

此时，皮尔金顿被劝退，威尔森当选为苏富比的主席。这是威尔森等待许久的良机，通过一场全是印象派画作的重要拍卖，宣告了艺术市场发展的新方向。在戈尔德施密特拍卖中，共有7件印象派画作，其中包括3件马奈、2件塞尚、1件梵高和1件雷诺阿的作品。每一件都有超凡的品质，它们作为一个整体亮相，比分别亮相更能引起轰动。然而，将这7件作品进行单独拍卖的决定也是威尔森的灵光一现，这同时强调了这场拍卖的华丽与隆重举世无双，它将完全聚焦于作品本身，不会被任何一件非杰作而分神。威尔森还决定将拍卖放在晚间，并要求出席的人必须穿上晚礼服，就像是出席某个庆典的剧院活动，这更为拍卖增添了一分神秘感。戈尔德施密特专场拍卖再次强调了，和从画商那里买画相比，在苏富比的卖场竞拍杰作是一种更令人向往的经历。

彼得·威尔森知道自己依赖拍卖的宣传，而且在媒体中不断造势是至关重要的。这个圈子里的人都知道必须与报纸的编辑交好，不过要想真正成事，还是得和报业公司的掌权者亲近，他们的想法也会让编辑们接受，威尔森和比弗布鲁克勋爵成了朋友，这为他提供了这样的机遇。同时，威尔森再次请一家外面的公司负责了拍卖的宣传。早在拍卖前的一个月，宣传的文章就刊登在了23个不同国家的报纸和杂志上，这次拍卖被冠以“世纪拍卖”的名号，虽然如今听起来有些陈词滥调，但在当时还是颇有新意的、醒目的点子。这种大规模的宣传导致了拍卖当晚，也就是1958年10月15日的晚上，有大批为了进入拍卖现场而不断涌入邦德街的阿谀谄媚的人群，警察都被派来控制现场。而那些真正进入拍卖现场的人中，有柯克·道格拉斯（他刚刚在大荧幕上饰演过文森特·梵高）、安东尼·奎因[1]、玛戈特·芳婷[2]女士、萨默塞特·毛姆和丘吉尔夫人。爱德华·G.罗宾逊[3]还通过跨洋电话现场连线。比弗布鲁克勋爵的《每日快报》有如下介绍：

> 晚上9点35分，在绿墙环绕的拍卖场，高个子，穿着晚礼服的苏富比主席，也是当晚的拍卖师的彼得·威尔森走到了如布道坛一般的讲坛上。胖乎乎的威尔森在聚拢的电视灯光下眨了眨眼睛，扫过穿着貂皮、佩戴着钻石的观众，那个样子更像是第一次面对会众的牧师，坚定地敲打着他象牙做的小木槌。

《每日快报》选择用一种教会的形象来描述这个场合，突出了一次重要拍卖所蕴含的一种类似宗教的虔诚和信仰。但是，这种场景还具有强烈的戏剧性，与其说公众像教堂里的会众，他们其实更

---

1 安东尼·奎因（Anthony Quinn，1915—2001年），墨西哥出生的美国演员，曾因在《梵高传》中扮演高更而获得奥斯卡最佳男配角。——译者

2 玛戈特·芳婷（Margot Fonteyn，1919—1991年），英国芭蕾舞演员，英国伦敦皇家芭蕾舞团的首席舞者。——译者

3 爱德华·G. 罗宾逊（Edward G. Robinson，1893—1973年），罗马尼亚出生的美国演员，20世纪30年代和40年代好莱坞的当红明星，曾被追授奥斯卡终身成就奖。——译者

像剧院里的观众，而牧师一样的拍卖师则更像是表演者。从那时起，拍卖场就有着双重世界的特质。印象派斑驳的光影吸引着那些珠光宝气、爱看戏又虔诚的礼拜者。每个人都因感触伟大艺术的神秘气质而欢欣雀跃地回家，也同样因近距离参与高额的金钱交易而激动不已，落锤的高潮瞬间更强化了这种交易的戏剧性。最终，营销的力量、活动本身的魅力与艺术的美三者的结合成就了高价，同时也将最终确立这些价格的权威赋予了拍卖师。这并不仅仅是印象派或苏富比的出现才有这样的效果，而完全是彼得·威尔森一个人的功劳。

戈尔德施密特拍卖的最终结果很壮观，七件作品总共拍得781 000英镑，其中仅塞尚的《穿红背心的少年》就拍到了惊人的22万英镑的高价。威尔森在拍卖台上故作惊讶地问询着："22万英镑吗，怎么，没有人再出价了吗?"观众们很喜欢这种方式。戈尔德施密特拍卖之所以如此出众并不仅仅在于它的宣传力度，还体现在威尔森与不同卖家所达成的复杂交易。针对不同的拍品有不同的佣金。在高于某一点时，苏富比会拿百分百的收益，而如果低于某一点，拍卖行不仅没有收益，还必须在保证金的基础上进行一些差额的赔付。在这场拍卖中，苏富比的收益达到了7.5万英镑。这说明威尔森的估算是准确的，他吸取了上次在普桑画作上失算的教训。这一次，威尔森甚至还设置了一个秘密的安全保障。他将船运大亨约翰·埃勒曼列于买家行列，防止有人在拍价没有超过最低估价时接盘，如此一来就在很大程度上降低了风险。不过回过头看，你会发现威尔森还是接连承担了巨大风险，因为他对这次拍品的估价都远远高于之前成交的价格。这的确需要勇气和平常心，也需要十足自信的判断力以及敢于执行的本能与直觉。不过，这正是威尔森喜欢和擅长的：乘风破浪、抢风驶航。

图24　英美和谐：彼得·威尔森（右）在成功收购帕克-贝尼特拍卖行之后的留影。

威尔森此时已不只是英国艺术市场上的重要人物，更在世界艺术市场上举足轻重。他也不断扩展苏富比在海外，尤其是美国的业务。威尔森打算收购纽约著名的帕克-贝尼特拍卖行，这对于任何试图收购美国公司的英国公司而言都是很有挑战的一步，因为战后大多数的兼并和收购都是反向的。不过，威尔森还是成功地走完了这一步。他在战争期间对美国和美国人的了解在这里发挥了些作用；他也和美国艺术界的名流建立了良好的关系，其中就包括收藏家诺顿·西蒙，当然戈尔德施密特收藏拍卖的成功也是至关重要的。事实上，拍卖戈尔德施密特收藏时的律师杰伊·沃尔夫也因此成了苏富比在美国的代理律师。而斯坦利·克拉克也是促成收购的重要盟友，不过，由于帕克-贝尼特内部有一些固执己见的股东，另外拍卖行场地的租约问题也存在不确定性，因此整个收购过程进行得并不顺利。

斯坦利·克拉克是处理公共关系的天才，威尔森在50年代将他收入麾下，他在苏富比早期的一些大型拍卖的宣传中发挥着作用。另外他还在幕后的很多方面扮演着重要的角色，例如，在与帕克－贝尼特的谈判陷入僵局的时候，美国股东们坚持要一个更好的开价。威尔森找到克拉克，让他想想走出困境的法子。克拉克给出的解决方案是在媒体中发布一条没有消息来源的故事，指出无论是否成功收购帕克－贝尼特，苏富比都将在美国进行拍卖。一旦顽强固执的股东们读到这条新闻，他们会再次回到谈判桌上。威尔森高兴地说道："你这狡猾的人啊！"你能从这语气中感受到他真诚的赞许。

这个故事在那个周末的《周日电讯》上刊登，美国的其他媒体也争相报道。这个方法很奏效，在还没有谈妥麦迪逊大道租约的情况下，威尔森依然忍不住继续进行收购帕克－贝尼特的计划，也正如威尔森职业生涯中的许多关键时刻，这一次他也同样成功了。在杰伊·沃尔夫的帮助下，他成功地得到再一次协商的机会。那段时间在苏富比工作是很兴奋的，有一张照片展示的正是威尔森站在刚刚拿下的苏富比曼哈顿总部的门前。他头上的那座建筑上有一个充满寓意的装饰雕塑，描绘的是"维纳斯[1]将艺术带给曼哈顿"。维纳斯在这里是最合适的神祇：性在很多市场上都是一个润滑剂，但在艺术交易中更甚。

威尔森天生的表现力在美国也很吃得开。他在苏富比纽约新址

1　维纳斯是古罗马神话中的美神和爱神，其象征意义包括爱情和性吸引。——校者

举办了一场重要的法国印象派拍卖。为了向拍卖的那些作品致敬，整个拍卖场被打造成一间蒙马特的咖啡馆。斯坦利·克拉克充满想象力地运用了电视这个新媒体，他将这个拍卖通过“晨鸟”卫星在纽约和伦敦同步直播。威尔森对新技术很敏感，若在今日，他一定也会充分利用互联网的。另外，威尔森还支持和负责了谢尔盖·达基列夫和巴西尔芭蕾舞团的舞台纪念品拍卖，这次拍卖被安排在了相应的剧院，而不是邦德街固定的拍卖场。整个拍卖都经过舞蹈编排：所有拍品在皇家芭蕾舞学院学生登台的舞步中亮相，你无法想象在传统、古板的佳士得拍卖行会出现这些。

20世纪60年代可能是威尔森职业生涯的最高峰，他成功地拿下了许多重要的生意，自己也赚得盆满钵满。每个人都很开心，这一点是很重要的。在那些最亢奋的日子里，万事皆有可能。苏富比招聘了一批非常有才华的年轻专家，被人们称之为威尔森的门徒，他们共同营造了一种充满朝气的工作氛围。威尔森不仅看艺术的眼光出色，在看待艺术专家方面也独具慧眼。他观察着人们的指尖，看他们如何处理艺术品，不仅欢迎他们提出新的想法，还会让那些想法变成现实。

当佳士得把注意力都集中在英国的贵族身上时，威尔森的最大优势则在于，通过生意往来，他和欧洲与美国重要的家族一直保持着很好的关系。当时还活跃着一批老一辈且非常优秀的艺术行家，例如吉姆·基德尔[1]和蒂姆·克拉克，后者是著名的瓷器专家。克

1　吉姆·基德尔（Jim Kiddel），曾任苏富比中国艺术部主管。——译者

拉克曾经是军情五处在阿勒波的负责人，是一个熟练且很有效率的审讯者，这项技能在之后苏富比“和顾客面对面”的情况下很有用。那可以说是一个黄金时代，孕育着一种学术活力，融合着大胆的商业精神与剑桥学院公共休息室的学者气质。威尔森在拍卖台后面有一个小而杂乱的工作室，有点儿像祭坛后的圣器室：空间并不很宽敞，但绝对是苏富比最核心的所在。

威尔森自己也是一个狂热且学识渊博的收藏家，他对搜寻名作有强烈的热情，无论是为工作或是为自己购买时都有这种快感。威尔森曾说：“没有一个收藏家是不贪婪的，不贪婪是不可能欣赏艺术的，如果有什么魔法让这种贪婪消失了，那么艺术也就不复存在了。极少会有欣赏艺术，却不渴望拥有它的人。”他也鼓励自己的门生们这么想：“我希望我的每一个雇员都有收藏。如果他们不这么做，我将无法信任他们。”那时候，骨子里有买卖观念的雇员在苏富比会发展得很好，这种企业精神是自上而下的。

威尔森被公认为是一个非常优秀的拍卖师。他的这种温文尔雅，又不拘小节的风格总能立刻引起人们的兴趣，威尔森曾解释说：“你会看到很多熟悉的面孔，这更像是去参加一个朋友的婚礼。”杰弗里·阿格纽也声称：“他无疑是我所认识的最棒的拍卖师，因为你总觉得他是站在你这一边的。”和其他许多优秀的拍卖师一样，威尔森也对一种所谓的出价感应非常敏锐：“如果观众席中有人想要出价，他会通过某种方式来传达这个想法，譬如昂起头，或是专心地注视着你，并希望你能够看到他，这时你的余光会扫向他的方向。”有一次，威尔森正在拍卖一件当代的艺术品——

曼佐尼[1]的《艺术家的粪便》，这个作品是在密封的罐头里放入了艺术家的排泄物，威尔森在竞拍的最后说道："非常感谢!"他之后拿手帕擦了一下鼻子，似乎想要驱散挥之不去的一股臭味。

威尔森是第一个充分利用画商技巧的拍卖师，事实上，他一直都被评价为"一个在拍卖台上协商的伟大画商"。一场由威尔森负责的拍卖是大量准备工作之后的最高潮，早在拍卖几周之前，威尔森就开始为拍品联系可能的买家。芭芭拉·侯顿并不是唯一一个提前开出大笔定价的富有收藏家。而由苏富比提出的，在图录中标上估价的想法也是这种策略的一部分，这让个人在拍卖中的购买变得更容易、更友好（在21世纪，这就是所谓的"提升客户体验"）。这是佳士得所不屑于做的：他们采用的是更传统的方式，即你可以尽力将拍品放进去，但是一旦进入拍卖，它们就自行销售了。交易——主要是交易的买家——是知道价值的。

威尔森和画商的关系也是摇摆不定的，一方面他自己与画商无异，他最亲近和最尊敬的友人也大多是像约翰或普策尔·亨特那样博学的画商；然而另一方面，他也通过阻碍画商寻找买家，削弱了画商的势力。威尔森有时会对艺术交易中的参与者格外友好，出手相助，譬如，他曾动用苏富比的整个公共关系来宣传初出茅庐的朱塞佩·埃斯卡纳齐[2]的一个早期展览，朱塞佩现如今已是在全球推

1 皮耶罗·曼佐尼（Piero Manzoni，1933—1963年），意大利艺术家，他以十分讽刺的方式涉足先锋艺术，质疑艺术品本身的物质属性。——译者

2 朱塞佩·埃斯卡纳齐（Giuseppe Eskenazi，1939— ），当下最重要的中国艺术商人。自1925年起，朱塞佩家族就开始在米兰从事亚洲艺术和古董的生意。——译者

广中国艺术的重要画商。他认同那些兴趣相投的人用独特的方式销售艺术品，这可能会让人们联想到共济会纲领里的话，而威尔森也的确是一个共济会会员：他隶属本韦努托·切利尼集会，他们定期在圣詹姆斯街道尽头的老德文郡俱乐部集会，会员还有其他艺术品交易中的重要人物，包括哈罗德·莱热、鲁宾兄弟、S. J.菲利普斯公司的诺顿家族、丹尼斯·范德尔卡尔和布莱恩·科斯特。业内人士对威尔森的态度也反映出这种矛盾心理：你究竟能信任他多少？总的来说，大多数画商都承认在威尔森的领导下，苏富比虽然在与他们争夺客源，但也为艺术市场带来了一股强劲的势头，这对每个人都是有利的。

有一个陈年的笑话曾说，当一个重要的收藏家过世时，佳士得的彼得·钱斯会去参加葬礼，而彼得·威尔森会去府邸，这从侧面反映了威尔森出奇的狡猾和冷酷。苏富比的成功倚仗的是吸引大量优秀的画作上拍，威尔森赢得这种生意的方式往往兼具个人魅力和威逼利诱。他是出色的生意成交者：直到交易签署落定后，他才肯离开委托人的居所。他会用一种志在必得、振奋人心的估价来确保获得拍卖的委托权，之后再无情地将拍卖底价压低到更接近拍卖价（以避免流拍）。据米歇尔·施特劳斯[1]所言，他对美国卖家们使的计谋是常常冲他们发脾气，他气呼呼地说道：“你有没有意识到，如果我们不在拍卖上卖掉它，它将永不见天日？”上一代美国人在

1 米歇尔·施特劳斯（Michel Strauss，1936—2021年），曾执掌伦敦苏富比印象派和现代艺术部门。——译者

威尔森这种英国贵族的傲慢面前显得格外脆弱。他们最初折服于他的个人魅力，将作品交付给他，如今又被他的暴怒震慑，心甘情愿地听从他的意愿，仿佛被一个老练的欧洲人羞辱也成了一件幸事。

如果有什么讯息是威尔森想不断向外界传播的，那一定是艺术品的价格将会不断上涨。1966年，威尔森在英国广播公司的《金钱节目》中称："艺术品被证实是最佳的投资，在过去的30年里，它们比大部分股票和股份表现得都好。我认为在缺乏安全感的世界更是会刺激这种走势。"然而，若要说服那些犹豫不决的人，除了指出艺术品不可思议的商业潜能，还需要一些确切的证据。威尔森思来想去，终于想到了一个绝妙点子，即和富时指数[1]相仿的艺术指标。这个点子是和《泰晤士报》的金融编辑在午餐时确定的，这顿午餐很棒，"泰晤士报-苏富比艺术指数"就此诞生。

苏富比聘用了《泰晤士报》年轻有为的统计学家杰拉尔丁·诺曼负责这一指数的建立。威尔森对印象派画家的指数格外感兴趣，这一领域在价格上的涨幅最突出，是极好的证据。不过，并不是所有的专家部门都对此表示认同：诺曼记得专注于老大师作品区块的卡门·格罗瑙就站出来反对这种指标化。当然，威尔森给她施压起来也绝不手软："你必须这么做，卡门，这是一瓶威士忌。今天晚上就完成这件事，我明天早上就要这个指数。"他自然也如愿得到了。

1 "富时指数"是富时集团编制的英国重要的股指，又称"伦敦金融时报100指数"（Financial Times Stock Exchange Index，简称FTSE 100），是伦敦证券交易所上市的最大的一百家公司的股票指数。——译者整个艺术市场被分为12个不同的区块，从老大师到印象派，从家具到瓷器，每个月都会有一个部分分别刊登在《泰晤士报》上，从而可以考察不同艺术领域交易的年度表现。这个指数从20世纪50年代开始计算，那时被设定为“100”，并自1967—1971年连续刊登在《泰晤士报》上。印象派画家的指数都是喜人的，但是其他板块的市场还有些不稳定。尽管如此，在这一指数存在的四年间，特殊的命名也使公众在想到艺术品市场的领军者时，苏富比（以及彼得·威尔森）总是占据着最突出的位置。

只要你站在威尔森那一边，并做到他希望你做的，那么他对你就会是很友好的，但倘若你与他针锋相对或是结下梁子，那他可绝不是好惹的。那些亲眼见过他发火的人都很难忘记他震怒时脸色发白、口吐飞沫的样子。苏富比内部那些莽撞的，或与他不和的工作人员都会被贴上不忠诚的标签，是会被“流放至西伯利亚”的。另外有一些人不痛快地意识到威尔森要他们做的并不总合乎法律规范。1970年5月，拍卖中第一次出现了安迪·沃霍尔的《剥下商标的汤罐头》，这件作品最终在纽约由苏富比以6万美金卖出。不过，后来有人发现买家的姓名和价格都是虚构的，作品又被买进。当时在苏富比媒体部工作的费奥纳·福特曾回忆：“每一次拍卖后，我们都要去幕后找到彼得·威尔森，为了弄清楚他希望我们圆哪些谎。”

1974年，威尔森利用了一个新出现的机遇帮助他实现不断推动艺术市场发展的愿望。在蔓延的通货膨胀和糟糕的股票市场下，英国铁路养老基金决定将3%的资金投入艺术，并向苏富比寻求意见。很显然，威尔森曾经投入的在电视上不断鼓动艺术投资信念的时间和精力就快要结下最丰硕的果实了。不过，如果威尔森就此以为他能全权主导这个项目，那恐怕是要让他失望了。当初他选中了安娜·玛丽亚·埃德尔斯坦负责运作这个项目，安娜虽然是苏富比的员工，却完全有能力大胆地应对威尔森，而且保持自己的独立性。这笔基金最终从苏富比购买了一些艺术品，不过并不仅限于苏富比，基金还购买了佳士得和其他画商的艺术品。但总的来说，这一项目还是很成功的，4000万英镑在几十年间升值至1.7亿英镑。尽管很多销售都是在威尔森过世之后才完成的，但可想而知，九泉之下的他也会对这一成绩感到一丝平和的喜悦。

正如所有专权都会经历盛期和随后的颓势与衰败，威尔森的一生也不例外。20世纪70年代，很多事情慢慢进展得不尽如人意。这一幕的第一篇章是苏富比失败的香烟生意，当时因为需要一笔资金来支撑公司的发展，因此不抽烟的威尔森将苏富比的品牌以10万英镑的价格卖给了威尔斯烟草公司。这个举动始料未及地引起了公司内部强烈的反对，最终彻底破坏了他与股东们的关系，而且这些香烟的销路也并不是很好。另一个思虑不周的项目是斯蒂芬·西贡斯事件，西贡斯是苏富比资助的一个法国画商，为苏富比在巴黎购买艺术品，哪怕是些重要的作品，巴黎的价格也相对便宜一些，这些作品随后出现在苏富比伦敦或纽约的拍卖上。通过这样的方式，威尔森建立了一条利益丰厚的供给线，但是记账本却并没有看上去那么清楚，甚至可以说是一团乱。没人知道西贡斯在这些年究竟涨了多少价，清理他杂乱的账务不过是苏富比在70年代整顿财政纪律所面临的挑战之一，这并不容易。另外，威尔森对质疑他工作方法的这种财务介入非常不满。

彼得·斯派拉是威尔森从瓦尔堡挖过去的，但他事先并没有询问过董事会的其他人。斯派拉的角色是调整公司上市，威尔森只盯着经济利益，却全然没有料想这可能牵扯到的麻烦。对斯派拉而言，这可不是什么值得羡慕的工作，其令人却步的程度并不亚于一个人空降到黑手党并被要求清理其内部。威尔森始终把苏富比看成是老派的瑞士银行那样的机构，它为避税提供便利，应对出口限制，对交易进行保密，所有这些都是为了客户的利益，但也都是为了苏富比更大的利益，后者能不惜一切代价地从交易中攫取佣金。

金融管理者纷纷入职，耗费数年在公司的财务事务上建立起了某种规则。首先是财务会计师赫尔曼·罗比诺尔，紧接着是这个斯派拉。他们的规矩不断折损彼得·威尔森的羽翼，威尔森在背后对他们的谩骂愈发强烈。在威尔森掌权的最后阶段空降了一个来自汤姆森报业的高登·布鲁东担任董事长。当被问及如何看待布鲁东时，威尔森的回答是："他很有能力，你能在《英国名人录》中翻看到他的成就。"停顿片刻后他又说道："当然你也能看到他的家庭住址是戈达尔明[1]。"

这种回答多少暗示了在70年代，苏富比依然还有威尔森式的玩笑。威尔森在法国南部购置了房产，这便于他1975年在距离南法很近的蒙特卡洛进行苏富比的拍卖。这是一个很好的计划：苏富比在摩纳哥举行拍卖既能免去在法国其他地方需要遵守的烦人的法律，

1 戈达尔明（Godalming），伦敦的卫星城之一。——译者

同时也能打入法国市场。一连串出色的拍卖获得了不错的宣传，也对接下来的发展十分有利。首先举办的是奢华的罗斯柴尔德家族收藏拍卖，接下来的一场拍卖在摩纳哥火车站内一辆欧洲卧铺列车的一节车厢里举行，古老车厢的精致细节引起了广泛关注，拍品的价格也很高，但最终却没有带来太多的收益。70年代末的伦敦有两场重要的拍卖会，如今回过头看你会发现那其实是威尔森精彩的告别之作。第一场是1977年罗斯伯里勋爵的蒙特莫尔塔楼拍卖，另一场是瑞士的罗伯特·冯·赫希的精品收藏拍卖。威尔森通过老朋友理查德·德赖弗斯认识了他的继父罗伯特·冯·赫希，威尔森在整个60年代都会定期拜访罗伯特·冯·赫希，并对他的藏品进行估价。因此，当1977年罗伯特过世时，苏富比顺理成章地赢得了藏品的拍卖权。

1978年6月，有七天被预留出来作为“冯·赫希周”，这次销售是惊人的。由家族首先特别拣选出的一柜子展品要被送往基金会，一想到可能要错失拍卖中的这个部分，威尔森实在是没办法接受，于是他将这些物品的估价提高了一倍，这在一定程度上阻止了这些物品被录入基金会，但也同时意味着这些物品必须在拍卖会上以破纪录的高价出售。威尔森再一次侥幸成功了，是运气吗？当然是。有风险吗？肯定有。但对品质的直觉足以使他自信地认为只要东西足够好，那自然可以有法子让价格创新高。

威尔森在要求他的雇员们做出些牺牲的同时，自己也同样会这么做。佩里格林·波伦回忆道：“彼得决定拿下属于夏普家族收藏的印象派和现代画作。1968年，我们一同前往加州去争取那些作品。年迈的夏普夫人喜欢彼得，他们在洛杉矶的夜总会里跳舞。为了得到夏普太太的画作，威尔森和这个胖乎乎的女人翩翩起舞。威尔森说：‘如果必须娶她才能获得那些作品的拍卖权，我也毫不犹豫。’我相信他会这么做。”

如果有需要，威尔森也会为他的顾客们送去一些有魅力的年轻男子。在职业生涯的早些时候，威尔森就有过一段不太光彩，当然也可能是虚构的故事，彼得·威尔森精妙地利用当时的雇员——布鲁斯·查特文的魅力从萨默塞特·毛姆手里拿到了他想要的。1962年的夏天，毛姆将自己的印象派收藏交给了苏富比，但就在拍卖的前几天，毛姆来到伦敦并下榻多切斯特酒店，他因为被牙痛折磨得很不痛快，所以打电话给威尔森说他对拍卖的事情改变主意了，打算将印象派画作都留下。威尔森的反应再次展现了他天才的诡计，他会随时利用人性的脆弱来达到他的目的。

这一次他派去了查特文，让他在多切斯特酒店四处走走，和毛姆喝个茶，告诉对方那些画作将会在拍卖会上表现优异，苏富比是何等荣幸能够销售它们。由于查特文负责了这些作品的图录，因此这些作品对他个人而言又是何等的重要。哦，对了，查特文难道还会介意在去之前洗一下头发吗？苏珊·桑塔格曾形容查特文：“那种长相实在是令人着迷、充满魅惑的……不仅美丽，更光彩耀眼，他的眼神里有光，男女通吃。”这一套果然搞定了萨默塞特·毛姆，那些画作被留下拍卖。

20世纪70年代，纷杂的混乱最终困住了威尔森。苏富比必须交给他人管理，来自戈达尔明的男人们已经跃跃欲试。这让威尔森很难接受，可他的身体也已经不太好，糖尿病进一步恶化，到法国南部居住对不喜欢交税的威尔森的诱惑也越来越大。一想到这一点，他就更觉得离开苏富比，放手权力似乎未尝不可。于是1979年，他迁往卡尔瓦里定居（不过，他还是有一个私人热线电话直通邦德街，这对名义上在伦敦运营公司的人来说很是为难）。他对钱的态度在此时也发生了一些转变，当然他依旧很爱钱，原先他首要是为了能够围绕在美好的事物之中，其次是为苏富比积累财富，但现如今还有一个新的目的，威尔森需要钱为自己和子女们建立一种经济保障。

威尔森确立经济保障的第一步是以个人的名义买下了萨夫索银器藏品的一部分，那是威尔森退休时，隐蔽地出现在古董市场的来自4世纪或5世纪的银器收藏。那些银器是为君士坦丁大帝的一个罗马官员制作的，可能来自黎巴嫩。虽然这些银器的出处尚且存疑，但它们的优良品质是毋庸置疑的，不仅十分精美，保存的状况也非常好，威尔森完全被迷住了。购买它们似乎成为威尔森为职业生涯收尾的最后一笔，只是这一次的购买是直接落入威尔森自己的金库，而非为了苏富比的利益。此时的威尔森不再是苏富比的统领，而是一个单打独斗的画商。北安普顿勋爵是这次生意的合作者，也是这批收藏名义上的所有者，威尔森拥有其中的一部分。尽管如此，威尔森也没有足够的钱买下它，于是他不得不卖出自己在苏富比的股份。可还是苏富比董事会成员的威尔森在那年的关键时刻是否能够出售股份呢？无论如何，缺钱的他还是直接这么做了，这再一次说明威尔森有时是会选择凌驾于规则之上的。

威尔森通常不会太在意出口条约的细节，并嘲笑那是一个你与当局政府玩的游戏；输赢是常态，最糟糕的不过是输了，交上一笔罚金。威尔森那一代人的心中总有一种猜测，他们认为那些正在实施的外国法律往往都是由糟糕的法西斯政府所执行的，一个英国人过分关注这些是可耻的。不过，这次为了将这些银器收藏顺利地运出黎巴嫩，威尔森和他的伙伴们还是费了一番功夫才拿到出口文件。这可能是因为他们最终想把这笔收藏卖给盖蒂博物馆，也意识到美国机构对进出口条约有严格的要求。倒霉的是他们拿到的文件是伪造的，而当时这笔收藏已经被将错就错地送到了美国，三个国家为此提出了索赔。这些货物被运送回北安普敦，可此时已经没有人再愿意出资购买了。威尔森依然希望自己能够绝地逢生，只是到了这最后一局，他的运气已经全部用完了。他财产的一大部分都被捆绑在一笔无法出售的东西上，这为他在法国半退休的晚年生活蒙上了一层阴影。直到1984年威尔森去世时，这个麻烦依旧没能得到解决，尽管他的遗产继承人们曾设法让这一收藏进入匈牙利国家博物馆。

在广泛社交的表面下，威尔森其实是一个独来独往的人，因此总有传言说他是一名苏联间谍，和伯吉斯、麦克莱恩、菲尔比和布伦特[1]有秘密协定。当然，除了托马斯·哈里斯之外，威尔森和剑桥间谍在英国情报机构有一些共同的朋友，杰拉尔丁·诺曼曾经直

1 盖伊·伯吉斯、唐纳德·麦克莱恩、金·菲尔比和安东尼·布伦特是苏联自二战开始招募的，曾在剑桥大学读书的双重间谍“剑桥五人组”中已知的四个。——译者

言不讳地质问威尔森是否是“第五人”，威尔森回答道：“是吗，那你停下来想一想，我是一个绝对的保守派，我感兴趣的是富人和贵族，你认为我会为苏联工作？这完全说不通啊。”这的确是说不过去。另外，在他身边工作过很长时间的秘书凯瑟琳·麦克莱恩也观察说，他太不谨慎，并不适合做间谍。但这个说法也并不是完全没可能，1943—1945年，威尔森在华盛顿为英国情报部门工作的日子就是迷雾重重的一个阶段，而此时苏联间谍唐纳德·麦克莱恩也正在英国大使馆工作。他们应该认识彼此，不过两人的关系如何呢？虽然并没有证据表明威尔森的叛变，但是有些想法不得不让我们心生疑虑：威尔森是最自私的，在面对并不总是与他自己利益一致的英国权力机构时，他总有种局外人置身事外的感觉。而当一个富人受挫或用一个诡计成功地让一个没教养的资本家的钱财转移到他自己手里时，他都有种抑制不住的快感。他究竟属于哪个阵营呢？

威尔森在英国时的一种局外人身份很值得推敲。在伊顿公学时，吸引他的是同年级的非英国籍男孩理查德·德赖弗斯。可能只有和一个外国人一起，他才能尽情地释放他对艺术收藏的热情。对威尔森那一代人来说，对美术和鉴赏的兴趣在英国社会看来是有损男子气概的。佳士得的那些更保守的主管虽然在努力解决这一困境，但他们中的一些人会因此而刻意地不去积累那么多个人的艺术经验，而将这一工作留给后台的专家们，大楼里有一些对诸如阅读银匠符号感兴趣的人。主管们则依旧强壮而自信地热衷于户外运动，他们前往公爵宅邸猎杀松鸡。如果你是像负责老大师部门的帕特里克·林赛那样，自己本身就是一个真正的专家的话，那就需要通过驾驶喷火战斗机和参加古董车比赛来平衡这两种气质。

与佳士得相比，威尔森领导下的苏富比显得更亲欧洲、亲犹太人，更重艺术贸易。例如，战后吉姆·基德尔在为犹太家族销售财产时，因为顾及他们的困境而没有收取佣金。在苏富比里，你能听到更多不同的语言。威尔森是否真的如传言所说，比起英国公爵，他更喜欢和犹太人做生意呢？

因为糖尿病，威尔森的脾气后来变得更糟糕。他的同事们发现他在刚打完胰岛素之后会容易相处一些。这正像前文提到的，杜维恩察觉到如果某个早上莫里斯·德·罗斯柴尔德的便秘问题解决了，拿画作给他会有更好的效果。在威尔森这里，他偶尔也会有醒悟的时候。有天早上在格林街的公寓，邓肯·麦克拉伦发现威尔森的脾气很臭，他正在讲电话，之后狠狠地挂掉电话，望着窗外怒气冲天地自言自语道：“在艺术市场只有两件事是重要的：死了的顾客和死了的艺术家。”

这个阶段还伴随着一些幡然醒悟的反思，他和一个同事坦白道：

> 我找到一些人并建议他们卖掉作品，说此时是出手的最佳时机，再也没有更好的时候了，他们将赚得比他们梦想的更多，我知道我是给了错误的建议。我应该让他们把画作留下，因为我不也正是和买家说着，现在正是投资的最理想时机，他们应该都买进吗？

威尔森在暮年时承认，拍卖师承担着为买卖双方代理的潜在利益冲突。这是每个人都要面对的道德困境，画商也如此，他们是交易的中介。

威尔森偶尔会让人震惊、感到被欺骗和不痛快，这都说明了行为的日常规范并不适用于他。这是为什么呢？也许那样太过无趣了吧。威尔森在施展魅力时从不手软，不过一旦他从对方身上得到了他想要的（他们收藏的拍卖权），就会一脚踢开他们。他曾对西蒙·德·普里直言不讳地说："你知道的，之后我很快就没兴趣了。"这是一个不断连载的《唐·璜》，从这一次征服到下一个诱惑。的确，当他下决心充分施展他的智慧、天分和魅力时，几乎是让人无法抗拒的。

威尔森把苏富比建成了他对抗世界的个人堡垒，在这个私人领地里他自立为王，艺术是他的信仰。在这个过程中，他重塑了艺术市场，将拍卖置于最核心的位置并迫使画商们在很多情况下重新给自己定位。让我们用佩里格林·波伦叙述的一个小故事为威尔森这一章结尾吧，他回忆了与威尔森一起共事的很单纯的快乐，他曾问威尔森："拉夫·科林怎么办呢，我们怎么做才能拿到他的画？"

拉夫·科林除了有伟大的收藏，还是一个古板又难搞的纽约律师。威尔森回答道："哦，我想我们可以用大量的玫瑰花瓣，闷得他喘不过气。"

第十五章

购物的艺术——美国的艺术品交易

1856年，巴黎画商古皮尔十年前派往纽约的迈克尔·科诺德勒曾很骄傲地说自己以300美金的价格卖出了一幅画，声称“这是美国有史以来售价最贵的一件作品”。他并没能够预料到19世纪后半叶，美国经济在内战后的惊人涨幅，特别在钢铁、制糖业、铁路运输和银行业积累了大量的财富。在这一代人的眼里，300美金买一幅画早已不足为奇。美国新贵们知道他们最需要的是欧洲艺术，此时也不乏欧洲画商们跨越大西洋，来到美国去迎合这种需求。古皮尔当然是一名开拓者，20世纪初，杜维恩、威尔顿斯坦、塞利格曼家族都纷纷来到美国，并在纽约开设豪华的画廊销售古代艺术或以古代风格创作的当代艺术，比如梅索尼埃的作品，这些故事我在第五章和第六章已为大家讲述。

杜兰德-鲁埃尔是唯一的例外，他将新艺术带到了一个新的国度。我们已经了解到他在1886年年初抵达纽约后的努力，他敢于将印象派画家这批令人困惑的当代艺术带到美国，它们的最终接受度也要好过在欧洲的。其中一个原因可能是美国的一些买家对某些不择手段的欧洲画商所提供的老大师画作的真实性产生怀疑，转而乐于投向“现代”法国艺术，至少可以保证自己买到的不是赝品。不过杜兰德-鲁埃尔也知道不能让买家们过于受惊，法国的新艺术依旧被安稳地放在18世纪的画框内。

本土的美国画商情况又如何呢？阿尔弗雷德·斯蒂格里茨是第一个转向现代主义的重要人物，他不仅是美国最伟大的摄影家之一，同时还是一个先锋画商。1905年，斯蒂格里茨在第五大道291号开设了一家名为“摄影分离派”的小画廊，用以展示摄影作品。他严格坚持非营利性的运营，声名鹊起的291画廊之后发展成各种先锋艺术的中心。斯蒂格里茨每年能从父亲那里获得3000美金的津贴补助，加之他娶了一个有钱的太太，这使他不接受任何拍卖委托的理想主义能够坚持得更轻松一些。即便这样，他对挣钱的反感态度也是有些与众不同的。曼·雷记录了他起初因斯蒂格里茨要价1000美金为一个富有顾客的太太拍摄一张照片而感到失望，不过当顾客同意出价后，斯蒂格里茨又很快将价格提高到了1500美金，这让曼·雷恢复了对斯蒂格里茨的信心。每当面对展出的作品，斯蒂格里茨总是喜欢喋喋不休地长篇大论。约翰·斯隆[1]记录了他参观画

1 约翰·斯隆（John Sloan，1871—1951年），美国画家，现实主义风格垃圾箱画派（The Ashcan School）的重要代表，以表现纽约城市景观的作品为主。——译者

廊的一次经历："我曾去过291画廊一次，他在耳边说得没完没了。画廊后来发展得不错，不过我再也没去过。"事实上，的确有这样一类画商，比起挣钱，他们对表达自己的艺术观点更有兴致。由于这样的演说需要一个场所，因此拥有一间自己的画廊比仅仅是一个画商更有利。早些年里，斯蒂格里茨就是这一类画商，一个当代批评家如是说道："有时候，我们脑海中总是出现这样的一个疑惑，展览的主角究竟是这些画作，还是斯蒂格里茨先生呢？"

图25　阿尔弗雷德·斯蒂格里茨，他的口才如泉水奔流。

在旅居巴黎的爱德华·史泰钦[1]的帮助下，斯蒂格里茨开始展出法国的现代艺术，最早展出的是马蒂斯的作品，这也是马蒂斯在法国之外的第二次个展（另外一次是在德国的卡西雷尔画廊），由此可见，斯蒂格里茨的确是非常超前的。展览只卖出了几件素描作品，先锋收藏家约翰·奎因买下了其中的两件。受到马蒂斯展览的启发，斯蒂格里茨接下来在1911年3月又举办了塞尚在美国的第一

1　爱德华·史泰钦（Edward Steichen，1879—1973年），美国摄影师、画家、策展人，在他的努力下，摄影从纪实手段逐渐发展为一门艺术形式。——译者

场个展。展览展出了塞尚的20幅水彩画，另外还有一幅由斯蒂格里茨自己创作的塞尚风格的作品。最吸引观展者的也是斯蒂格里茨的这件模仿的作品，这可能是画商作为画家模仿者的先例；又或是一种行为艺术，一种超现实无政府主义的表态。此时，斯蒂格里茨的雷达敏锐地转向了巴黎先锋艺术的前沿。另一个让他激动不已的是1910年去巴黎时所发现的非洲雕刻，他决定在291画廊里展示那些作品。他还展出过毕加索的作品，那可能是艺术家在美国的首秀。

1913年的军械库展向美国公众介绍了大批欧洲现代艺术，斯蒂格里茨也非常热情地支持这次展览，并买下了八件作品，其中就包括了阿契彭科[1]的作品以及目前收藏在大都会博物馆的康定斯基的名作——《即兴27》。这次经历无疑加重了斯蒂格里茨口若悬河的习惯：在展览上他被形容为像“连续三周喷涌不断的泉水，一个间隔之后，如同黄石公园的老忠实间歇泉又开始继续了”。

在1917年291画廊关门之前，斯蒂格里茨还为布朗库西、布拉克、塞维里尼和乔治亚·欧姬芙（他的第二任妻子，两人结为了艺术世界的又一对权势夫妇）举办了他们在美国的第一次展览。在结束上一段婚姻后，斯蒂格里茨能够和乔治亚·欧姬芙实现婚姻和贸易上的双重结合，但同时也削减了他的经济实力。因此，他开始着眼于打造美国艺术家，特别是他妻子的名声。杜尚的《泉》是被独立艺术家协会展览拒绝后，在291画廊最后一次富有挑衅意味的

1　亚历山大·阿契彭科（Alexander Archipenko，1887—1964年），出生于乌克兰的美国先锋艺术家、雕塑家，其雕塑具有立体主义风格。——译者

展览中展出的作品之一，斯蒂格里茨是当时为数不多理解这件作品的人。

两次世界大战期间涌现了大批为躲避战乱前往美国的欧洲画商，他们还带来了第一手的现代主义经验：有来自德国和奥地利的皮尔斯家族、坦恩豪舍、奥托·凯勒、库特·瓦伦汀、约瑟夫·尼伦多夫和来自法国的皮埃尔·马蒂斯。不过1931年11月2日开业的朱利安·莱维画廊则是一个本土机构。莱维是纽约人，他的背景无可挑剔：曾经在哈佛跟随著名的鉴赏家和艺术史家保罗·萨克斯学习（纽约现代艺术博物馆的第一任馆长阿尔弗雷德·巴尔也与他师出同门）。他还有些人脉渠道，这也是非常重要的资本。1932年1月，莱维举办了一场在巴黎刚崭露头角的超现实主义的展览。他以极大的热情投入到这一运动，展出了萨尔瓦多·达利、杜尚、马克斯·恩斯特和曼·雷的作品。莱维曾以250美金买下了达利的《记忆的永恒》（彩插19），之后标价450美金出售。两年后，这一件描绘着融化的怀表的超现实主义经典画作进入了纽约现代艺术博物馆。

如果一个画商致力于推动超现实主义的发展，那么这一风格的一些特质必然也十分令他着迷，甚至给了他一种错觉，即他不仅可以销售它，还可以自行创作。一旦一件作品的观点比创作本身更重要——这是所有概念性艺术的理论——画商就会被引诱，成为它的发起人。你可能会说这就像斯蒂格里茨和他的塞尚仿作那样，斯蒂格里茨并没有声称自己是塞尚那样的优秀艺术家，而是去践行着现代主义所带来的关于真实性和大胆尝试的观念。之前提到的麦桑也是游走于画商和艺术实践者的身份之间。而莱维自己虽然并不创作，但他对艺术家的创作起到了至关重要的作用。他发掘了约瑟夫·康奈尔[1]，而且康奈尔以三维的方式创作很可能也是画商的主意。其实早在1931年，他就提出了这个建议，只是艺术家直到1936年才付诸实践。莱维还影响了亚历山大·考尔德，是他建议后者放弃让动态雕塑机动化，而任由雕塑在不断变化的气流中悬浮。可以确定的是，戈尔基也是在莱维的建议下从再现艺术转向抽象艺术，并最终在超现实主义和抽象表现主义中架起了一座重要的桥梁。

在大萧条时期，面向犹豫不决的美国公众销售先锋的欧洲艺术，对于莱维而言是件困难重重又令人沮丧的事。1941年，他将超现实主义带到了加州——从某种程度上看，是这个艺术运动自然的归宿——并在洛杉矶举办了一场展览。邀请明星进入画廊是画商工作中的重要一环，因此，当莱维看到约翰·巴里摩尔来参观展览肯定高兴坏了。遗憾的是，这个演员喝了太多酒，他居然在马克斯·恩斯特的作品前撒尿，这一举动可能是对超现实主义的批评，或是一个早期的自发行为艺术。

皮埃尔·马蒂斯也是二战前就在纽约从事艺术品交易的画商，他1925年就来到纽约，与莱维关系不错，也是他的竞争对手，是一个更加出色的销售。他的优势在于通过他的父亲亨利·马蒂斯，能够直接接触到巴黎重要的艺术家们，不过，他和父亲的关系有生嫌隙。尽管亨利·马蒂斯曾建议儿子移民，却并不认同他所选择的职

1 约瑟夫·康奈尔（Joseph Cornell，1903—1972年），美国视觉艺术家、电影人。他最有特色的是以现成品完成的物件组装，这些成为集合艺术（Assemblage Art）的重要开端。——译者

业。皮埃尔回忆道:“我父亲完全不赞同我成为一名画商。他认为那是一个令人厌恶的职业。事实上，他希望我改名换姓，这样马蒂斯这个姓氏就不会与这个职业有任何瓜葛。”哪怕隔着一个大西洋，两人的怨气也并未有所消退。战后，皮埃尔·马蒂斯对父亲剪纸作品的评价也无益于两者关系的缓和。皮埃尔拒绝经手那些作品，他和海因茨·贝格鲁恩说那些作品是“一个老人绝望的尝试，他努力去寻找一种新的表现形式”。尽管如此，马蒂斯这个姓氏在曼哈顿艺术收藏家中依然很吃得开，皮埃尔在他的时代背景下是在商业上十分成功的一个画商。

安迪·沃霍尔曾说美国人更擅长购买，而不是思考。20世纪40年代，一个有趣的美国实验将艺术品销售引入了百货公司，使购买艺术品直接成为零售体验的一部分。例如，萨姆·库茨曾经在梅西百货举办了一场拍卖，其中有一件罗斯科的作品定价为200美金，但无人问津。赫斯特收藏的一部分也在百货公司亮相，还配上一套很合适的推销说辞:“你是否一直想要一幅祖先的肖像呢?我们这里有一些，谁又在意(或知道)这是不是你祖父的姑姑呢?”但是，哪怕在美国，这种消费形式也没有真正成型。最终，它还是遭遇了关于艺术到底是什么这一老生常谈的问题;艺术应该是独一无二、与众不同的，应该是和乌合之众有距离的，它之所以有趣正是因为它不是你能在一家百货公司里买到的东西。

萨姆·库茨的事业在战后的纽约渐入佳境，之前他还曾在法律和广告行业工作过，也做过丝绸生意，不过他更加关注的是当代艺术市场。作为一名收藏家和评论家，他睿智而有洞察力地意识到，欧洲的战争为美国艺术家开辟了契机。他曾经在1941年劝告道："是时候进行一些实验了，你们总抱怨法国艺术在这些年偷走了美国的市场。现在事情开始变得越来越好。画廊需要新人、新观点。你能听到钱在这片土地上沙沙作响。男孩女孩们，你们需要做的就是用一种全新的手段，做一些大胆的尝试和改变。上帝知道你们已沉默太久了。"

这是很有先见之明的呼声，也在接下来展开了行动，萨姆·库茨将罗伯特·马瑟韦尔[1]和威廉·巴吉欧特斯[2]纳入自己麾下，并资助他们的创作。1945年，他放弃了梅西百货的计划，在东57街15号开设了自己的画廊，就在同样经营先锋艺术的画商贝蒂·帕森斯的隔壁，于是，57街很快成了当代艺术交易的中心地带。库茨并没有放弃欧洲的艺术家，他在画廊举办的第一场展览除了展出他门下的罗伯特·马瑟韦尔和威廉·巴吉欧特斯的作品之外，还展出了莱热的画作。1947年，他还成功地举办了毕加索战后在美国的首秀。我们在前面已经提到毕加索对库茨有些举棋不定的态度，艺术家因库茨夫人宁可在理发店，而不愿意待在他的画室而对夫妇二人不予理睬。不过，当库茨在他们第一次会面的时候就献上了一辆白色的凯迪拉克时，毕加索也深感震惊。这是美国消费主义征服欧洲文化的一个绝佳的隐喻。库茨在差不多十年的时间里都是毕加索在美国最

1　罗伯特·马瑟韦尔（Robert Motherwell，1915—1991年），美国抽象表现主义画家、版画家。——译者

2　威廉·巴吉欧特斯（William Baziotes，1912—1963年），受超现实主义和纽约画派影响的美国画家。——译者

重要的画商。

与此同时，库茨也以极大的热情推动着美国抽象表现主义的发展，尽管他起初为他们取的是“内主观”这一复杂拗口的名字。库茨邀请了著名的艺术史家迈耶·夏皮罗和有影响力的评论家克莱门特·格林伯格一同参与策划了1950年的展览，他们一起挑选了23位新兴艺术家的作品参展。这是当代艺术领域里，精明的画商利用温和的评论家、艺术史家或博物馆策展人三重帮助的另一个案例。正如罗伯特·詹森所说的，谁控制了市场，谁就控制了历史。但是反之亦然，谁控制了历史，谁也就赢得了市场。

佩姬·古根海姆是位艺术成瘾的信托自由儿[1]的典型代表。她1898年出身豪门——古根海姆家族是美国最富有的家族之一——而且如其他豪门骄纵的孩子一样，她也是受万千宠溺的。她没什么耐心，总是一味寻求新的感官体验，随心所欲。她频繁地结婚，私生活一团乱。但是当代艺术成了她的救赎和她生活中的重要嗜好，除了杰克逊·波洛克之外，她还发掘了诸多重要的当代艺术家，并通过积累大批量的个人收藏来支持他们的创作。

佩姬·古根海姆是否可以算是一个真正意义上的画商呢？她曾经营自己的画廊，30年代后期在伦敦，之后的40年代在纽约。不过，虽然她这么做并不是为了赚钱，但通过为艺术家们提供经济支持——买他们的作品再转手卖出——她的确做了当代艺术里一个出

1 “信托自由儿”主要是指来自豪门富裕家庭的年轻人，依靠家庭信托基金可以不用遵循世俗常规的生活和工作方式，随心所欲地过着游手好闲的享乐主义生活，往往具有一种嬉皮士的时尚态度和反文化的潮流风格。——译者

色画商所做的，并在新兴艺术家和公众之间架起了一座桥梁。她在20世纪30年代爱上艺术，起初是希望从事一些与文化相关的事业：比如开一家书店，或者一个出版社。不过，她最终还是被艺术吸引，那是她真正的心之所向。她前往巴黎，当时和她上床的一个男人——年轻的剧作家塞缪尔·贝克特鼓励她别只顾着看老大师的作品，也去看看当代艺术。他告诉佩姬·古根海姆，现代艺术是“有生命的东西”，这不是“等待柯罗”[1]的问题。

佩姬·古根海姆在伦敦开设了自己的画廊，并取名为“青年古根海姆”，这是对巴黎的小伯恩海姆的致敬，也是对她叔叔所罗门·古根海姆——伟大的收藏家和纽约的博物馆缔造者的蔑视。这很快激起了所罗门·古根海姆的情人、古根海姆博物馆的策展人、男爵夫人利贝的果断回应：“这一刻让人感到很不快，当我看到原本代表着艺术理想的古根海姆姓氏被用作商业用途，这会给人们留下非常不好的印象，像是伟大的慈善工作不过是为了这些小商店做的宣传。”不过，正是这个“小商店”却将一批超现实主义和其他在欧洲大陆已经声名鹊起的先锋艺术家带到了伦敦，但画廊并未因此获利。事实上，在画廊运营的第一年还亏损了6000美金。正如佩姬之后回忆的：“1939年，就在青年古根海姆运营一年半之后，我觉得这么毫无意义的亏损实在是愚蠢，于是决定干脆建一座现代艺

1 《等待戈多》（*En attendant Godot*）是贝克特的重要作品，柯罗是法国19世纪著名的巴比松画派画家，擅长现实主义的风景画。戈多在贝克特的剧作里是一个幻影，象征着无法等来的希望，柯罗在这里指代过去的艺术，作者在此处以柯罗替换原小说的戈多，有双关之意。——译者

术的博物馆。”她为这座急需建成的机构所制订的计划包括任命赫伯特·里德为馆长（她亲昵地称他为“爸爸”），可惜由于战争，这个项目最终未能实现。不过，当时发生的一些事暗示了当时英国的博物馆界是多么古板落后。佩姬准备在伦敦举办一次雕塑展，其中包括了布朗库西、佩夫斯纳[1]、阿尔普、亨利·劳伦斯和考尔德的作品。这些为展览挑选的作品从巴黎运送至伦敦入关的时候，英国海关拒绝认定这些东西是艺术品，而将它们当作青铜、大理石和木头块征收关税。佩姬找到时任泰特不列颠美术馆馆长的詹姆斯·玻利瓦·曼森，对方也拒绝承认这些作品是艺术品。

图26　佩姬·古根海姆正在摆弄一件考尔德的动态雕塑。

1939—1940年，佩姬·古根海姆在法国为她的博物馆购买艺术品，并试着为艺术家们建立一个聚居地，不过事后她也总结说，建立聚居地的努力是徒劳的，因为艺术家们聚在一起只会相互争吵。于是，她离开了纳粹占领的巴黎回到了美国，这次和她一起的还有

1　尼古拉·佩夫斯纳（Nikolaus Pevsner，1902—1983年），德裔英国艺术史家、建筑史学家。——译者

马克斯·恩斯特。此时，她开始了艺术品销售的第二阶段，她在纽约开设了一家名为“世纪艺术”的画廊，用以展示她的欧洲先锋现代主义收藏。那是一个很有革新性的室内空间，先进的布光、悬挂系统和大胆的设计使它看起来既像一个游乐场，又像一间未来主义的餐厅。这家画廊于1942年10月20日的夜晚正式开幕，为了表现自己对超现实主义和抽象艺术的不偏不倚，佩姬的两个耳朵分别佩戴着唐吉[1]和考尔德设计的耳环。她并不掩盖自己的商业性，她给马克斯·恩斯特2000美金（减去了他来美国的交通费用）购买他所有的早期作品，并获得挑选她喜欢的新作的权利。这究竟是一个无情商人的举动，还是一个傻女人渴望拴紧自己的情人呢？可能以上两点兼有吧，这也是佩姬·古根海姆作为画商的弱点。

现在她开始用自己毋庸置疑的鉴赏力去发掘年轻一代的纽约先锋艺术家。她在自己的画廊为马瑟韦尔、巴吉欧特斯、莱因哈特[2]、罗斯科和杰克逊·波洛克举办展览：她见证了抽象表现主义的诞生。1943年春天，她为杰克逊·波洛克带来了另一重经济保障，除去拍卖之外，她以150美金每个月的价格和艺术家签订了一个合约。如果他的画作在拍卖上的表现没能平衡她的投资，那么画家就要用额外的画作来弥补。回顾过往，佩姬认为自己最后悔的一件事就是放弃了自己曾拥有的18件波洛克的作品。她并不是那种善于营销的

1 伊夫·唐吉（Yves Tanguy，1900—1955年），法国超现实主义画家，其创作充满个人主观的梦境和幻觉。——译者

2 埃德·莱因哈特（Ad Reinhardt，1913—1967年），纽约抽象画家，对观念艺术、极简主义艺术都有一定的影响力，通过讲座和文章捍卫抽象的纯粹性。——译者

画商：“我总是如此安慰自己，我是多么幸运，能够在艺术界成为投资市场之前，在价格还正常的时候买下那么多优秀的画作。”她的艺术家们适时地离开了她，大部分人都转而由萨姆·库茨的画廊代理，波洛克则转投到贝蒂·帕森斯旗下。之后的1961年，佩姬与波洛克的遗孀李·克拉斯纳陷入了一场激烈的法律纠纷，起因是波洛克夫妇曾在与佩姬签订合约期间私自保留了一部分画作。这并不仅仅是钱的问题，可能还是一种愤恨，佩姬认为自己早期扶持波洛克的功劳并没有获得应有的认可。可能也是在嫉妒克拉斯纳，毕竟波洛克是为数不多的在佩姬·古根海姆旗下，却从未和她上过床的艺术家。

佩姬热衷于用性作为艺术经营的一个策略。她的确和马克斯·恩斯特、伊夫·唐吉、罗兰·彭罗斯[1]都上过床，还有她伦敦画廊隔壁的那家画廊的主人E. L. T.麦桑。她也曾想和马塞尔·杜尚发生关系，不过被他拒绝了。她甚至嫁给了马克斯·恩斯特，尽管这段婚姻并不长久。曾经有人建议她嫁给布朗库西，这样就能继承他所有的雕塑了。不过，布朗库西对这个主意不感兴趣。被问到自己有过多少任丈夫时，她的回答是：“我自己的，还是也包括其他人的？”佩姬回忆时反思道：“我总觉得我的丈夫们在婚姻之外比在婚姻中更让我满意。”她也的确和前任中的大部分依旧保持着朋友的关系。

在纽约经营画廊令佩姬深感疲惫，她决定返回欧洲，这一次是

1　罗兰·彭罗斯（Roland Penrose，1900—1984年），英国艺术家、历史学家、诗人，他是英国现代艺术收藏的重要推动者之一。——译者

永久定居在那里。1951年，她将自己的收藏落户威尼斯（直到今日）。在塞缪尔·贝克特劝说她更关注当代艺术而非老大师的画作之前，二十来岁年轻的她曾经非常着迷于伯纳德·贝伦森的艺术批评，并前往欧洲去寻访那些文艺复兴的杰作。她终于在威尼斯见到了前来观看她收藏的85岁高龄的贝伦森。贝伦森被她的现代艺术吓坏了，佩姬则告诉他，这是"保存自己生活的那个时代的艺术的责任"。贝伦森问她打算把这些收藏都留给谁时，佩姬不失幽默地回答道："留给您啊，贝伦森先生。"

佩姬·古根海姆在古往今来的女性画商群体中占据着显赫的位置，她们中包括了18世纪在伦敦销售版画的爱尔兰女冒险家拉提莎·皮尔金顿，接下来有在巴黎活动的玛丽·卡萨特和受委屈的贝尔特·威尔，再后来有早期经营美国艺术的伊迪丝·哈尔伯特和战争时期在德国的"艾妈妈"。二战后，有越来越多的女性开始从事艺术销售的行业，从贝蒂·帕森斯、伊利安娜·索纳本德、玛丽·布恩这些响当当的名字中可见一斑。不过，即便是佩姬·古根海姆，做起事来也并不容易。她曾经被毕加索粗暴地回绝过，非常需要和后者普及一些关于性别歧视的常识。当佩姬造访毕加索的画室时，他打开门对她说："女士，我能为你做些什么呢？你确定你来对地方了吗？女士内衣店在另一层。"

贝蒂·帕森斯曾在日记里写道："我对不合乎常规与不被人赏识的事物情有独钟。"这也可以作为对她的爱情和艺术品味的注解。这个画商同样也来自富有的传统家庭，成年时曾立志要成为一名艺术家。在早年的一段灾难婚姻之后，她意识到自己喜欢的是女人，之后她可能还和葛丽泰·嘉宝有过一段情。她请求家庭允许她学习绘画，20世纪20年代，她曾跟随安托万·布德尔[1]和奥西普·扎德金[2]在巴黎学画。贝蒂·帕森斯曾对她父亲有过非常经典的评价："如果他从不工作，那么他可能成为一个非常富有的人。"但是他工作，并因此几乎亏得一无所有。这给贝蒂艺术品销售的经费供给造成了麻烦，她也明白自己不可能单纯地当一个艺术家。幸而有她富有的朋友们在这时出手相助。这自然是她与佩姬·古根海姆的不同之处，后者虽然开销大，却从未遇到过这种经济上捉襟见肘的时候。事实上，这两个女人的画廊旗下有一批固定的男艺术家，这让一些评论家将她们视为艺术家们创作的滋养者，而不仅仅是一种残酷的商业势力。如今，美国艺术家罗伯特·隆戈生动地形容着他自己与画商詹妮尔·芮泰琳和海伦·温纳的关系："我是一场车祸，而她们是救护车。"不过20世纪40年代和50年代，受到佩姬·古根海姆和贝蒂·帕森斯照顾的艺术家们却认为，如果想要挣钱，他们还是得转投更务实的男性画商。

二战之后，贝蒂·帕森斯在纽约的东57街开了家画廊，与库兹画廊毗邻。她画廊里最重要的角色是她称为"四个马术师"的波洛克（她从佩姬·古根海姆那里挖来）、马克·罗斯科、克莱夫

1　安托万·布德尔（Antoine Bourdelle，1861—1929年），法国雕塑家、罗丹的学生，马蒂斯和贾科梅蒂的老师。——译者

2　奥西普·扎德金（Ossip Zadkine，1888—1967年），白俄罗斯出生的法国艺术家，以雕塑创作为主。——译者

特·斯蒂尔以及巴尼特·纽曼。这是一份很了不起的名单，即使她与他们的合作也并没有持续很长时间。她开辟了仅仅用中性的背景墙来做展览的先例。画廊的大部分墙体以白色为主，那种朴素、极简、没有任何家具的场馆非常适合这些画作的尺幅，能够产生最佳的视觉效果。贝蒂·帕森斯曾说："一间画廊并不是让人休息的地方，它是让人驻足观看的，你来画廊不是为了体验舒适感的。"

贝蒂·帕森斯自己也曾解释画家们离开的原因："大部分艺术家认为我不够狠，我并不出去社交，并不常常给人打电话。我知道人们讨厌那些东西，因为我自己也讨厌，所以我并不那么做。"这就像一个前线的士兵承认对开枪有所忌惮。西德尼·詹尼斯喜欢这种不会用力过猛的方式，他购买了多件贝蒂·帕森斯代理的艺术家的作品，最重要的是在1952年所购买的杰克逊·波洛克的作品。虽然詹尼斯是一个优雅的商人，自己的画廊也出版过一系列有学术价值且质量优良的图录，但他对"开枪"倒是也并不反感。他最早是一名职业的舞厅舞者，1926年创办了一家名为M'Lord的T恤公司。（杜维恩可能在那里买过衬衫）事业的成功使詹尼斯有能力收藏现代艺术，为此，他几次前往欧洲。1949年，他成了一个全职画商，开设了西德尼·詹尼斯画廊，并举办了包括莱热、德劳内和阿尔普等一系列欧洲大师的展览。50年代，他吸引了美国抽象表现主义的大部分画家：不仅有波洛克，还包括德·库宁、罗斯科、克莱恩[1]

1　弗朗兹·克莱恩（Franz Kline，1910—1962年），美国抽象表现主义艺术家，纽约画派的成员。——译者和马瑟韦尔。和利奥·卡斯特里一样，他在波普艺术运动发展的早期就参与其中。晚年时，西德尼·詹尼斯向纽约现代艺术博物馆捐赠了一份重要收藏。从一个舞厅的舞者到重要捐赠者的转变，使詹尼斯成了20世纪上半叶美国艺术品销售的一个隐喻。

第十六章

利奥·卡斯特里和美国梦

艺术世界的权力中心在战后发生了重要的转向，当代艺术重心从巴黎转移到了纽约；美国的艺术运动有史以来第一次站在了世界艺术舞台的正中央，而包括立体主义、达达主义和超现实主义在内的这些欧洲艺术运动则出现颓势，慢慢被抽象表现主义以及下一代的波普艺术所取代。美国艺术发展的新动力源自因战争而背井离乡的欧洲艺术家和画商的不断涌入。像马克斯·贝克曼、莱热、马克斯·恩斯特、米罗、约瑟夫·亚伯斯[1]等在内的艺术家都在美国定居，为美国的艺术繁荣造势。坦恩豪舍、库特·瓦伦汀和保罗·罗

1 约瑟夫·亚伯斯（Josef Albers，1888—1976年），生于德国的美国艺术家、教育家，是首位在纽约现代艺术博物馆举办展览的在世艺术家。曾在包豪斯任教、北卡罗莱纳州的黑山学院、耶鲁大学等地方任教，对许多美国现代艺术家都有一定的影响。——译者

森博格等已经在欧洲开设画廊的画商也来到纽约避难，同时带来的还有欧洲的风格、感官和体验，另一些人则是从欧洲移民到美国，并在那里成了知名的画商，这种类型的代表人物是利奥·卡斯特里，他成了抽象表现主义和之后波普艺术的画商和推手。他发现并充分利用了这一千载难逢、令人激动的机遇：美国在实现全球经济霸权的同时，也第一次引领了当代艺术的发展。这两种霸权的交汇形成了一个繁荣的市场，连带着的还有不断飙升的价格，世界上最富有的国家正创造最有活力和最昂贵的艺术。嫉妒的欧洲人认为美国艺术之所以是世界上最昂贵的作品汇聚之地，不过是因为美国是世界上最富有的国家。不过无所谓，结果还是一样的。

20世纪60年代和70年代，在卡斯特里的权力和影响力的顶峰时期，他曾发掘、展览、推广和销售贾斯珀·琼斯、罗伯特·劳森伯格、弗兰克·斯特拉[1]、赛·托姆布雷、莉·邦特科、罗伊·利希滕斯坦、约翰·张伯伦、安迪·沃霍尔、詹姆斯·罗森奎斯特、唐纳德·贾德、克里斯托、爱德华·希金斯、罗伯特·莫里斯、科苏斯、弗莱文、瑙曼、索尼尔、塞拉、阿奇瓦格、埃德·卢查、克莱斯·奥登伯格、劳伦斯·韦纳、埃尔斯沃斯·凯利、达波文、诺兰、詹姆斯·特瑞尔、朱利安·施纳贝尔和大卫·萨利的作品。这个名单中的艺术家和沃拉尔在1894—1911年举办展览时的艺术家一样出色。而且卡斯特里的推广范围也并不仅限于美国，他在欧洲的

1　弗兰克·斯特拉（Frank Stella，1936—），美国画家、雕塑家，以极少主义作品出名。——译者

关系网意味着他可以在大西洋的另一端，以同样的效率宣传推广着他的艺术家们。在美国本土，卡斯特里的身份如同一个创新艺术的经理人，因为当时有抱负的艺术家们在苏荷区和切尔西都可以买到一件T恤衫[1]，上面印着意味深长的一句话：“利奥·卡斯特里看过我的幻灯片。”

卡斯特里曾这样告诉他的传记作者安妮·柯汉-索拉尔，“我不是一个画商，而是画廊主”，他意在强调他的角色是发掘新的、有才华的艺术家们，并让他们的作品在自己的画廊里展览。这和我们之前说的海因茨·贝格鲁恩的情形有所不同，贝格鲁恩拒绝被当作“画廊主”，因为那听起来像是“化学家”，是事情发生时被动的“侍者”。不过，卡斯特里可绝不是一个被动的侍者，他的热情和能力是非常惊人的，这也再次说明了推动新艺术的画商与经营传统艺术的画商之间最核心的区别。卡斯特里在叙述自己做什么的时候有很清晰的定义：“一个画商，一个优秀的画商，一个真正关心艺术而不是挣钱的画商的作用应该是发掘新的艺术家，并在他们被博物馆认可之前努力让公众熟知，我们应该是真正的先锋。”他是如何做到这一点的呢？在一次《纽约客》的采访中，他告诉加尔文·汤姆金斯[2]：“你不仅得有双慧眼，还得善于聆听。如果你想要做一个聪明的决定，你得耳听八方、心受触动并观察人们的反应，除此之外别无他法。你要察觉正在兴起的运动并努力挑选出最优秀

1 纽约曼哈顿的苏荷区和切尔西集市都是艺术的汇聚地。——校者

2 加尔文·汤姆金斯（Calvin Tomkins，1925—），《纽约客》的艺术评论家。——译者

的实践者。”

利奥·卡斯特里1907年出生于的里雅斯特，出生时的名字是莱昂·克劳斯哈尔，他的父亲来自匈牙利，母亲一家来自意大利。利奥·卡斯特里出生在东西欧交汇的贸易中心，巴尔干半岛和阿尔卑斯山之间，这样的家庭背景对于一个知名的国际画商而言真是恰到好处。卡斯特里年轻时曾在布加勒斯特待过四年，向欧洲各地售卖人寿保险。在布加勒斯特的晚上，卡斯特里总是很活跃，他善于社交，人们也很喜欢他，特别是女人们。他积累了一些对他今后作为画商十分有利的特质：魅力十足、善于推销、有很强的语言能力和国际化视野。他在布加勒斯特娶了一个富有工业家的女儿伊利安娜·沙皮拉，两人因为对当代艺术的共同兴趣而走到了一起。他们年轻又摩登，对达达主义情有独钟。当利奥被派往巴黎的意大利银行工作时，他们举家搬到了巴黎。在那里，利奥被当代艺术吸引，开始从银行业抽身。他在旺多姆广场成立了一家名为雷内·杜昂的画廊（画廊是以共同创始人的名字命名的），1939年，画廊举办了第一场展览，展出了超现实主义艺术家马克斯·恩斯特和莱昂诺尔·菲尼的作品。

战争一旦爆发，卡斯特里夫妇的犹太人身份显然很容易让他们遭受攻击。所幸他们足够有钱，可以顺利前往美国，并最终在1941年3月抵达纽约。伊利安娜当时说道：“一想到美国这个没文化的国度就让我感到恐惧，这也是为什么我们坚持把所有的书都打包运来。”也许美国的确如此：有钱，那是自然的，但是唯利主义的，是庸俗而幼稚的，它仰仗着欧洲输送文化。不过，在接下来的20年或30年间，美国将会发生翻天覆地的变化，而你会发现卡斯特里是其中重要的推动力之一。

利奥在哥伦比亚大学学习，并获得经济学学位，之后他加入了美国军队并被派往布加勒斯特执行军事任务。战争结束后，他再次回到美国并在他岳父在纽约州詹姆斯敦的毛织厂担任经理。可能所有的第一代画商都需要在其他行业有最初的工作经验，而由于这些工作并不合适，于是他们将多余的精力投入到最终的人生事业中，例如坎魏勒最初是银行家，沃拉尔是一名律师，内森・威尔顿斯坦是个做领带生意的。卡斯特里在毛织厂工作了十年，但他的心思显然不在这上面，他越来越频繁地在午餐后翘班去参观画廊和博物馆。他最喜欢去的是现代艺术博物馆，由传奇馆长阿尔弗雷德・巴尔积累的收藏犹如一部欧洲现代艺术的百科全书。那个时候的纽约正是超现实主义开始衰退、抽象表现主义正要兴起的时候。利奥自己也开始购买新艺术作品，这是一项脑力活动，他越来越多地涉猎当代艺术理论。他尤其欣赏克莱门特・格林伯格这个现代主义专家的视觉理论，但也发现他有限的解读中开始出现偏见。

慢慢地，为新的当代艺术举办展览的想法不断地萦绕在卡斯特里的脑海中。和西德尼・詹尼斯一样，他开始从小打小闹的收藏家转而成了一名画商，不过此时他的角色更像是一个推手和捍卫者，而不是牟利的经营者。卡斯特里也还是常常回望欧洲的艺术，他投入了很多精力处理康定斯基的遗产和应付他那难相处的寡妇尼娜・康定斯基。由于卡斯特里没有自己的画廊，1949年他只能在西德尼・詹尼斯的画廊举办一场康定斯基的展览。卡斯特里显示出了极大的耐心，但是和康定斯基遗孀的接触也给他上了一课，和威尔顿斯坦的认识截然相反：有时候和活着的艺术家做生意要比和故去的艺术家容易些，尤其是当协商中有一个难对付的寡妇。1951年，卡斯特里再次在西德尼·詹尼斯的画廊为年轻的美国和法国画家举办了一场展览。

同期，在由美国的先锋艺术家所组成的东8街39号的一家俱乐部里，利奥（和伊利安娜）的生活开始发生激动人心的进展。利奥夫妇和画商查尔斯·伊甘是里面仅有的三个非艺术家会员，其他的会员还包括德·库宁、劳森伯格、埃德·莱因哈特、弗朗兹·克莱恩。马克·罗斯科曾在里面做过一次演讲，杰克逊·波洛克也偶尔露个脸。伊利安娜回忆道：

> 那时候每个人都绝望，艺术家们觉得非常受孤立。他们没有观众，什么都没有。对他们而言，生存下来是很难的。尽管如此，他们都坚持了下来，他们只是为自己创作。一个主讲人可能会讨论自己或他人的作品，也可能对当下的一个展览进行一次分享。之后会有非常热烈的讨论，甚至还有些暴力。我们一起凑份子，然后有人从楼下的雪松酒馆买一些威士忌。每个人都是喝醉了才回家。

这个俱乐部一周营业三个晚上，就这样持续了六年。东村成了纽约的蒙马特，波西米亚人的势头盖过了没有文化教养的人。这里的一切都是关于艺术家的，每一次会议“都像是一次详尽的精神分析”。而卡斯特里尽管还不是一个全职画商，却已经是里面的核心人物。和沃拉尔一样，他的兴趣是艺术家们。他一定很享受和先锋艺术家们之间的关系。他在之后曾坦言：“我总是陷入一种英雄崇拜，你并不是指挥全局的人，艺术家们才是。”这是卡斯特里给美国带来的一个重要的新观点，这个国度曾经只是把艺术家看作商业的工匠而已，就像是作曲家或是插图画家，而非浪漫的天才，是卡斯特里提出了将艺术家视为英雄的观念。

其他旁观者也不知道卡斯特里当时到底想干吗。“他的兴趣在艺术家身上，他会参加所有的派对，”德·库宁的一个朋友欧内斯廷·拉索回忆道，“他特别喜欢跳舞：这是他混入艺术家们之中的一种方式。但他是个卖衣服的，他有个工厂！”是时候离开服装界了，卡斯特里下定决心要成为一个正儿八经的“画廊主”。1951年5月在第九街举办的展览是卡斯特里朝这个方向迈出的第一步，他为这项活动租下了一个倒闭的古董店。在利奥的资助下，俱乐部的艺术家们有机会一起展览，他们也邀请了其他一些和他们境遇相似的艺术家。尽管遭到了他的画商萨姆·库茨的反对，罗伯特·马瑟韦尔也参加了这次展览。利奥负责了这次布展，把最佳的位置留给了杰克逊·波洛克。之后，利奥回忆道：“在这次布展的过程中，我几乎将画作重新悬挂了近20次！每当我以为布展已经完成时，就会有一个艺术家过来向我抱怨他们作品悬挂的位置！”这次成功引起了外界的关注和兴趣。阿尔弗雷德·巴尔也对此产生了深刻印象，他询问利奥是如何做到这些的，随后利奥成了那一个将巴尔引入美国抽象表现主义前沿的人。

利奥开始成为先锋艺术的中心。波洛克就曾询问利奥，自己在贝蒂·帕森斯之后应该和哪位画商合作，利奥建议他去找詹尼斯。1969年，利奥回忆道："我当时想，是时候开一家画廊了，最坦白的原因是我得谋生，我找不到除此之外的其他方式，如果我想继续支付租金和日常开销的话，就得把这个当回事了。"他已经准备就绪，不仅成功搞定了康定斯基太太，并销售了艺术家的作品，还从西德尼·詹尼斯那里目睹和学习了运营一家画廊的经验。他和阿尔弗雷德·巴尔的关系挺不错，最重要的是，他还认识艺术家，也希望和他们一起合作。卡斯特里发掘和培养新人的愿望十分强烈。正如伊利安娜评价的："利奥对即将绽放的兴趣要胜过对已经盛放的。"这是对这种类型的画商的一个绝佳总结：正如一战前的坎魏勒或1907年以前的沃拉尔。当然杜维恩并不是这样的画商。

1957年2月3日，利奥在他东77街的公寓开设了自己的画廊，画廊的开幕展展出的是波洛克和德劳内针锋相对的两件大型画作。美国和欧洲都是主调，不过卡斯特里逐渐更关注美国艺术。艺术的发展方向在这时出现了转变："我学习艺术史，明白艺术运动接踵而至，间断性地会有一些变化……我了解抽象表现主义，我知道他们在做什么。他们占据这个舞台已经有段时间了，我预感将会有新的风格崭露头角。我试着谨慎地探寻着其他风格，并最终锁定在劳森伯格和琼斯的身上。"由画商规定画家们具体画什么的情况是极少的：对于重要的画商来说，这个过程更微妙。他们是艺术史发展强有力的催化剂，他们在确认了新方向后，会助力在这个方向努力的单个艺术家或一批艺术家。卡斯特里从不告诉他的艺术家们应该创

图27 谁是谁的缪斯？贾斯珀·琼斯和利奥·卡斯特里。

作些什么。一旦他们画作的尺幅变得更大，他就会把画廊的门道设置得更大。他是助推者，而非独裁者。

和琼斯的相遇对卡斯特里而言是一种突然的顿悟，“第一眼就彻底爱上了。”这让人联想起杜兰德-鲁埃尔1872年第一次见到马奈作品时的悸动，他之后买下了琼斯整个画室的作品，又很像沃拉尔第一次看到塞尚作品时内心的小鹿乱撞。卡斯特里在一次展览中看到了琼斯的《绿色靶子》，他回到家和伊利安娜说：“我不敢说我看懂了，但是我特别喜欢它，完全被它吸引，再也无暇想其他作品了。”这个新方向在很多方面都是对早已名不副实的先锋艺术的一种反拨。在抽象表现主义的原始想象和无序混乱的技巧之后，琼斯带来了一些与众不同的。早期的评论者曾形容说：“他用优雅的技法将那些不被人喜爱的、机器制的形象用一种辛辣的方式，以讨巧的匠工制作对图像进行了转译。”1958年1月，卡斯特里举办了贾斯珀·琼斯的第一场展览。抽象表现主义很是震惊，甚至感觉到了卡斯特里的背叛。埃斯特班·文森特[1]看完之后冲出画廊疾呼：“如果这也算绘画，那我放弃算了。”

但其他在艺术界有影响力的人则有不同的感受。《艺术新闻》的编辑托马斯·赫斯对琼斯的展览进行了早期重要的报道。阿尔弗雷德·巴尔也很快被吸引，琼斯的作品不久后就被现代艺术博物馆购买并列入收藏。先锋艺术的新势力已经形成。在印象派画家的时代，艺术家、画商和评论家三足鼎立地发挥着作用，不断打破固有格局，也因创新而不断地获得认可。现如今这种艺术家—画商—评论家的组合又加入了第四个角色，那就是博物馆的策展人。随着现代或当代艺术博物馆的诞生，出现了一批新兴的博物馆策展人，他们熟悉先锋艺术并在艺术家起步早期就下手购买作品。卡斯特里是在美国察觉并推动这一趋势的第一个画商。他认为自己的任务不仅是赢得现代艺术博物馆策展人的好感，吸引他们购买自己艺术家们的作品，还要和怀疑的公众解释为什么他旗下艺术家的作品理应成为当代艺术博物馆的收藏，并建立起艺术家们自己的艺术史谱系。卡斯特里说：“我画廊里最核心的人物是一个我从来没有展示过其作品的艺术家，那就是马塞尔·杜尚。他对我旗下所有的年轻画家

1　埃斯特班·文森特（Esteban Vicente，1903—2001年），抽象表现主义画家，出生于西班牙，1936年为躲避西班牙内战移居纽约。和波洛克、德·库宁同为第一代纽约画派画家。——译者

都产生过重要的影响。”这不仅仅是让艺术家们进入艺术史，更是要建构一个能够服务于画商的艺术史版图。由于卡斯特里对自己艺术家们的鉴别力和直觉是准确的，因而这一招也奏效了。但是正如安妮·柯汉－索拉尔[1]所说，卡斯特里率先在艺术市场和博物馆之间，也就是在商业机构和文化权威中建立了一种有效的关联，商业机构有时甚至越过了文化权威的职责。有种观点认为是卡斯特里操控了在博物馆举办的某些展览。画商之后回忆道：“那时，有些人认为我是某种可怕的阴谋家……我几乎腐化了整个艺术界。”这里的关键问题是博物馆作为一个当代艺术机构究竟在多大程度上受到了画商的影响，它对新的艺术运动的区分变得过于轻率。正如托马斯·赫斯所说的：“一个博物馆的作用并不仅仅是开辟出一处风景，而是要有所规划。”

这是20世纪先锋艺术发展中的一段非常重要的关系，有时候，博物馆的策展人也因与画商交往过密而遭到一些指责。在卡斯特里的职业生涯中，他和博物馆馆长、策展人之间的关系是非常紧密的：当然巴尔就是其中的一个，另外还有犹太博物馆的阿兰·所罗门[2]以及亨利·戈尔德扎勒[3]。与这类似的是杜兰德－鲁埃尔与沃拉

---

1 安妮·柯汉－索拉尔（Annie Cohen-Solal，1948—），法国历史学家、作家，曾担任法国大使馆驻美国的文化参赞。——译者

2 阿兰·所罗门（Alan Solomon，1920—1970年），纽约艺术史家、犹太博物馆的策展人和馆长、教育家。在他的职业生涯中曾策划超过200场展览，将艺术史学者的眼光和理解力带入到当代艺术领域。——译者

3 亨利·戈尔德扎勒（Henry Geldzahler，1935—1994年），比利时出生的美国著名策展人，曾在纽约大都会博物馆担任美国艺术策展人和当代艺术策展人。包括安迪·沃霍尔和大卫·霍克尼、弗兰克·斯特拉等现代艺术家都曾为他画过肖像。——译者

尔曾在20世纪最初十年，通过与卡西雷尔以及德国开明的博物馆馆长之间的关系而使得法国印象派较早地成了德国的公共收藏。戈尔德扎勒是处理这种关系最好的例子，他既能够与卡斯特里保持着良好的关系，但也能维持判断的独立性。

除了之前提到的劳森伯格和琼斯之外，卡斯特里在接下来的几年里还有过那么几次一见倾心，其中既有弗兰克·斯特拉，也有罗伊·利希滕斯坦，还有没那么强烈的安迪·沃霍尔。利希滕斯坦是个挺好的例子，伊万·卡尔普当时是卡斯特里的助理，他还记得起初两人都对作品中有漫画内容抱有争议，他们最直接的反应是："你不能这么做。"但是他们最终决定将作品先放在架子上，过段时间再拿出来，想着随着时间流逝会不会有些不同的感受。卡尔普说："过了一段时间，我们都认为这的确是很有智慧和新颖的创造。"卡斯特里也开始代理安迪·沃霍尔，这次是他现在已离婚的前妻伊利安娜的主张。尽管卡斯特里对沃霍尔的热情可能在开始时是有些不温不火，但他很快就迷上了利希滕斯坦和沃霍尔所代表的新方向——波普艺术，这一艺术运动除了是纯粹的美国创造之外，还在全球范围内产生了重要的影响。

我们从这一点可以看出卡斯特里是非常包容的，对持有不同宣言的新艺术都能有超越以往任何先锋画商的开放态度。他不仅曾在早年间混迹于艺术家的俱乐部，对抽象表现主义想要表达的精髓激动不已，也没有止步不前，对新风格的热情使他随时准备拥抱波普艺术。卡斯特里和杜兰德-鲁埃尔不同，后者在欣赏印象派的同时却认为后印象派走得太远；他也和沃拉尔不同，后者虽然捍卫后印象派、野兽派和毕加索的早期作品，却无法接受立体主义；坎魏勒则是醉心于立体主义，而无暇关注达达主义和超现实主义的最新发展。卡斯特里愿意接受的跨度很大，他能够从鄙夷大众文化的抽象表现主义转而拥抱欣赏大众文化的波普艺术。正如埃德·卢查对卡斯特里的评价："有趣的是，这个男人虽然长相严肃，有一股欧洲的优雅气质，但他的想法总像个年轻人。"最重要的是，他还是一个英雄崇拜者。

在卡斯特里自己眼中，他是画商，但更是赞助人。他声称："我对自己正在做的总有一种历史感。"他曾经对杰弗里·戴奇[1]简要地说过自己的美学观是"马塞尔·杜尚和蒙德里安的融合"。事实上，他终究还是一个经营者，他将自己赞助人的身份作为一种销售技巧，"我是准备给自己留着的，不过给你更好不过了。"这句话就是为正在犹豫的买家所准备的台词。卡斯特里曾告诉维克多·甘兹，某件琼斯的画作就像是贝多芬的四重奏，而之后维克多偶尔听到画商对另一个潜在的买家也说着同样的比喻。为什么不呢？在销售非具象绘画的隐喻世界中，所有的比喻都是公平的。

卡斯特里还有一次曾将劳森伯格的《音乐家》送到了纽约现代艺术博物馆，他声称已经有一个捐赠者将为博物馆买下这幅画。然而，这个所谓的捐赠人从未兑现，抑或这个神秘的捐赠人原本想要捐赠，却最终打算自己留下画作。貌似为了防止画作落入私人买家

1 杰弗里·戴奇（Jeffrey Deitch，1952—），美国画商、策展人，曾担任洛杉矶现代艺术博物馆馆长。——译者

手里，卡斯特里做出了一个慷慨举动，他给博物馆寄去一张发票，上面还显示打了九折，卡斯特里是熟稔边缘政策及博物馆欲望的。但是这一次，博物馆抵御住了诱惑。在1964年的威尼斯双年展，代理劳森伯格的卡斯特里实现了最成功的一次操控，他施展了出色的政治才能和聪明才智，通过游说评论家、和评委共进午餐、说服政客，让自己的艺术家荣获了当年的最高奖项。他太明白他的艺术家获得这一全球殊荣对美国艺术的重要意义，而他对欧洲心态的了解也使他有足够的经验和自信获得成功。在战后的早些年，大部分美国画商都感到自己是微不足道而边缘化的，但利奥·卡斯特里却并没有这么认为。正如汤姆·沃尔夫[1]在一本杂志介绍中所写的：

> 卡斯特里是纽约首屈一指的先锋画商，个子不高，身材匀称，年近60的他像一个不知疲倦的欧洲大陆外交官，已经没有了意大利口音，而更像是土生土长的美国人。他说话时总是面带如天鹅绒一般的地中海式的微笑。他的声音轻柔而文雅，像是介于彼得·洛和法国大使的第一秘书之间的一个人。

卡斯特里在大西洋两端都是一个很特别的男人。他的买家来自各行各业，例如，在纽约有个名叫罗伯特·斯卡尔的买家，他拥有一个出租车队，是个很典型的、厚脸皮的美国人。弗兰克·斯特

1 汤姆·沃尔夫（Tom Wolfe，1930—2018年），美国作家、记者，其新闻写作风格隶属于“新新闻主义”（New Journalism），即将文学手法应用于新闻报道，他还出版过评论书籍《画出来的箴言》（*The Painted Word*）。——译者

拉曾说:“你不可能喜欢斯卡尔，他太糟糕了，简直就是粗鄙的代名词。”但他对当代艺术抱有极大的热情，这说明了一个有些遗憾的事实——出色的收藏家往往是很糟糕的人。收藏家莱昂·克劳斯哈尔曾这么形容卡斯特里所提供的波普艺术:“实时且挑衅的图像，它直言不讳所表达的都是我能理解的。这一流派的作品关乎当下，其表达是完全美国化的，不去为欧洲的历史辩护。它属于我所在的时代，是当下的创作中唯一对我有意义的作品。”

卡斯特里也向欧洲人提供重要的美国当代艺术：其中就有意大利收藏家朱塞佩·潘扎·德·毕欧莫。1959年，他第一次和卡斯特里联系，想要购买一件劳森伯格的作品。起初，卡斯特里想通过强调获得一件大师作品的难度来提高价格，他告诉潘扎“劳森伯格并不是在加工油画。他的每一件作品都是一个创造”。这必须得等轮到他的时候。这不免让人想起50年前的杜兰德-鲁埃尔，他也曾让期待莫奈睡莲展览的纽约顾客们失望，因为莫奈对自己近来创作的作品都不满意而取消了那次展览。莫奈并非机器，他对自己的作品有特别严苛的质量把控。不过，卡斯特里慢慢发现潘扎将会是一个了不起的收藏家，他的收藏活动并没有什么社交上的目的，其动机纯粹是美学和精神上的。潘扎也同样欣赏卡斯特里，评价他是一个“商人外表下的慈善家”。德国人彼得·路德维希也是卡斯特里的一个顾客，他起初是通过伊利安娜认识卡斯特里的（伊利安娜虽然和利奥离婚并返回欧洲生活，但她与现任丈夫米歇尔·索纳本德在巴黎开设的画廊为利奥提供了非常充足的欧洲客源）。路德维希是一个富有的工业家，他造成了当代艺术偶尔会出现的一次间歇性的价格涨幅：路德维希曾很心仪利希滕斯坦的一件作品，但艺术家本身并不想卖，收藏家为了获得这件作品而给出了利希滕斯坦原本作品翻倍的价格，这对艺术市场造成了很深远的影响。

《纽约时报》称卡斯特里为"波普艺术的斯文加利"[1]，当然他也引进了欧洲画商的原则，即支付给艺术家们固定的薪酬，从而代理他所有的创作。卡斯特里也要全权掌控：如果其他画商想要他们的作品，他们必须从他那里才能买到。不过，他有非常详尽的记载，他为艺术家们建立了作品档案，并为评论家、艺术史学者和博物馆提供信息和图像服务。从这一点看，卡斯特里的画廊也是一个文化机构，这是由杜兰德－鲁埃尔开创，经由威尔顿斯坦发展的一套传统。

利奥·卡斯特里的经历与彼得·威尔森有些相似，他也是20世纪50年代开始崛起，60年代达到事业的顶峰。1967年，有一场庆祝他画廊成立十周年的纪念活动，业界的赞誉主要集中在他作为企业家、探险家、冒险者和宣传者所取得的成就。他在纽约的媒体版面可能比彼得·威尔森还要多。人们想去参加他的开幕式，渴望在那里被看见。在与策展人和评论家的通力合作下，他让整个国家更关心艺术，为像沃霍尔这样的艺术家最擅长的名人效应营造出一种氛围。他造就了如摇滚明星般的艺术家，同样，画商也像是一个摇滚明星。精心装扮的卡斯特里是一个有魅力、成熟且讨女人欢心的男

1　斯文加利是英国小说家乔治·杜·莫里耶的小说《特丽尔比》（*Trilby*）中的主角，他用催眠术控制女主人公特丽尔比。之后斯文加利常被用来形容对他人具有极大影响力和控制力的人。——译者

人。1977年，安迪·沃霍尔记录了自己参加的一个派对，这一次是庆祝利奥画廊20周年的庆典，沃霍尔意味深长地评价利奥："所有的女孩都会出于某种原因而爱上他的。"

卡斯特里格外长寿，他活到了1999年，不过他的晚年境遇说明自己的辉煌期已经结束，活力是属于下一代的。人们能够隐约听到一些不满的声音。罗伯特·休斯曾（以英雄版的两行诗）如此评价他：

70年代是悲伤的十年，
他主要依赖耳朵领悟。

卡斯特里的老盟友，影响力渐增的策展人亨利·戈尔德扎勒认为卡斯特里神话的确是有点儿夸张了，因为他并没有真正走出去发现那些艺术家，而是由他人引荐给他的，他是"有足够的文化能够理解他所看到的"。换句话说，他只是有"包装"的功劳。再之后是阿尔内·格利姆彻的论断，他承认卡斯特里是"第一个明星画商"，和艺术品交易相比，他在做名人这件事上更游刃有余："利奥是个很出色的老板，却不是个很好的画商。如果你与他交好，你就是那个俱乐部中的一员；如果不，那你就无法进入那个圈子……利奥就是把社交梯子，尽管他做得很有一套。"策展人罗伯特·斯托回忆道："他在意的并不是金钱，而是权力。他是商人，就像是专卖奢侈品的商人，他向客户保证的是品质和名望。他兼具欧洲人的言谈举止和美国人的胆大妄为。"

卡斯特里大规模的贸易网络使他能够保持影响力的中心位置，

他与欧洲和美国的许多画廊都有合作，远至伦敦、科隆、都灵，近有洛杉矶、达拉斯和迈阿密。他为他们提供自己艺术家的作品，也通过他们接触到来自世界各地的收藏家和博物馆的馆长。他知道成功画商的未来，特别在当代艺术的领域，一定要具备全球化的影响力。和彼得·威尔森一样，他也认为飞机旅行以及迅速传播图像和信息的新技术将会彻底变革艺术销售的渠道。“你可以发一封有绘画作品的邮件给莫斯科，他们能够立刻把钱打给你。”拉里·高古轩说道：“我真想利奥还能活着看到今天的样子。”高古轩承认自己从卡斯特里身上学到了很多，甚至有时会自诩是他的传人。高古轩策划的那些有博物馆般的历史维度、令人印象深刻的展览以及由顶尖学者共同完成的精彩图录就是这个传奇的一部分。

除了国际活动之外，卡斯特里还在国内不断创新：1971年9月，他在西百老汇420街开幕了一个新的、巨大的展览空间，证实了他所代理的不仅仅是图像这种形式的艺术，因而需要的是一个“空间”，而不仅是一个传统意义上的画廊。他在这个新方向上非常花心思，甚至在1977年关闭了他在上城区的画廊。不过到了20世纪80年代，他和彼得·威尔森又面临着有些相似的命运。卡斯特里的梦开始慢慢破碎，他的艺术家们开始离他而去，首先是劳森伯格去了科诺德勒那，唐纳德·贾德和朱利安·施纳贝尔之后转投阿尔内·格利姆彻。格利姆彻谨慎地回忆道：“第一年，我在施纳贝尔的作品交易中赚了900万美金。”这些收益自然是无法宽慰卡斯特里的，最让他难过的是格利姆彻安排了琼斯的《三面旗帜》的交易，惠特尼博物馆以100万美金的价格从特里梅因收藏中购买。卡斯特里自诩自己是琼斯长期以来的支持者，而自己与特里梅因家族的关系也非同一般，因此这件事的发生让他觉得非常受伤。他认为这笔交易理所应当该由他完成。这是所有画商在某个时刻都会遭受的痛苦，哪怕是最优秀的也不能避免：被一个看重的顾客背叛，那时你会意识到金钱高于对个人的忠诚。

利奥·卡斯特里在20世纪40年代和50年代所感受到的美国与他1998年离世时的美国已经截然不同。柯克·道格拉斯回忆起约翰·韦恩对他1956年扮演的传记电影里的梵高的反应，当时韦恩生气地叫嚷："天哪，柯克，你怎么能演这样的角色？该死的，我们这样的已经所剩无几了，我们得演强壮的、厉害的角色，而不是这些软弱的怪胎。"曾经为卡斯特里工作过十年的鲍勃·蒙克则回忆道："直到60年代晚期和70年代早期，美国依旧是一个世俗的社会。在这里，如果一个男人懂得观画或引用诗文，他会被认为是娘娘腔或花花公子。但是，利奥却展现出画商可以既充满男子汉气概，同时也热爱艺术和文化，他们既看棒球比赛，同时也欣赏贾斯珀·琼斯的画。"

事实上，正是在卡斯特里的努力下，在墙上悬挂的琼斯、利希滕斯坦或沃霍尔的画成了某种意义上美国文化的正统宣言，而投入这种文化正统的理想与一个高尔夫俱乐部的会员身份也并不矛盾，因为琼斯、利希滕斯坦或沃霍尔是许多金融家都曾听闻的。他们是时尚的，也是美国本土的。与此同时，他们的名字也同样拥有一种经济力量，就像某种通货，还不是一种疲软的货币，而是你有信心的那种。很少有画商能有如此辉煌的成就。

第十七章

最前沿

21世纪的艺术品交易又再一次全速推进：如今，包括高古轩、佩斯或白立方等主要画廊都有能力将自己的画廊装点成现代艺术的博物馆。他们举办博物馆品质的展览，主要是一些借展的作品，为穿插在其中的真正待售的两三件作品提供了一个完整的语境。他们的组织结构和商业辐射也不断全球化：他们吸引着最耀眼的艺术新星，并在纽约、伦敦、罗马、孟买、圣保罗或中国香港为他们举办展览。他们的操作非常商业化，有时还会销售一些未完成的画作；当一个重要的艺术家在一个知名画廊揭开他的新作时，收藏家已经提前买下了他们还未见过的画作。这种由画商所操控的，优先获得一个艺术家创作的买卖系统并没有获得广泛认可。查尔斯·萨奇曾在2009年不满地写道："这是一种浮夸的、自命不凡的对权力的渴望，这些品味优雅的老手似乎更适合去把守夜店的入口，去判断谁有资格拉开那天鹅绒的链子进入。”不同的人对这段话会有不同的理解，关键就在于你是把它解读为一个受挫收藏家的强烈抗议呢，还是对不同画商之间圈地战争的一种反抗。

在金融运作和商业动机更成熟的画商的推动下，当代艺术市场也变得更加残酷，他们的活动遮遮掩掩。为获取利益而购买和出售艺术品的人已不再只是画商，他们还变成了“策展人”或“画廊主”；有时他们甚至是“艺术学者”。策展往往站在了某种制高点上，这是博物馆人的工作。一个策展人是某种质量的把控官，并非为了挣钱，他的快乐源于将某件事做得出色或让某些展品以最佳的状态展现。事实上，策展发展到21世纪，已经囊括了所有需要灵感的行业的一种普遍概念，不仅有艺术的策展人，也有食物的策展人（这些人在高档餐厅工作），甚至还有包装人的策展人。在纽约，你能够遇到很多女主人，她们会热情地告诉你她们的乐趣是“策展社会关系”。在艺术品交易中，称自己为策展人意味着能够将画廊包装为一个博物馆，这两者之间界限的模糊是艺术品交易的一个现代理想。如果说买博物馆的藏品这一最终幻想是一种违规的操作，那么你起码能在一个尽可能像博物馆的地方实现它，那里的展品是待售的。

画商们也自称画廊主。虽然海因茨·贝格鲁恩反感这个词，但它却成为拥有画廊的画商一个越来越流行的称谓。除此之外，更让人困惑的是，目前一个画廊主可能并不真正拥有一间画廊，而只是一个“空间”。这个“空间”保证了商业的中立立场，是一个你可以关注艺术影响力，而不受利润侵蚀的场所。21世纪的画商并不真正购买和销售画作，他们“搜寻”画作并“安放”它们，这加强了一种防御警戒线，意味着经济的侵蚀已经被安全地排除在外，也暗示着这个过程完全专注在审美上，“慈善家们”完全没有关注他们购买画作时的价格与卖给一个能赏识作品的合适买家的价格之间的差异。有时，一个交易因为一件作品的估价过高而未能完成，这时则会有一个委婉的解释——艺术专家们所提供的是超前于艺术市场的作品。

为了成功地交易，画商和评论家这一熟悉的组合会用语言来解读和强化艺术家的创作过程。艺术市场是一片想象的园地，艺术家们则是这片土地上最热心的农夫，他们正是这样宽慰有想法的买家。一旦他们开始以足够尖锐的东西（一件前沿的作品）开垦新土地（一件有独创性的作品），在里面种下种子（一件重要的作品），将会生长出的就是一片艺术景观（一件里程碑式的作品）。有时他们也觉得需要连根拔起，从头来过（一件激进的作品）。艺术家们早就放弃有一份职业的想法了，如今他们在享受“旅程”或“行迹”。他们在旅程或行迹中所创作的常常被形容为一些类宗教术语，诸如一件“经典”作品，或一部“作品集”（corpus）、“全集”（oeuvre），又或一件“杰作”（opus）。尽管现实中，经营当代艺术的画商们将艺术家们以品牌的形式进行推广，但最好还是不要选用这样的字眼，有时更郑重的词汇更合适。除此之外，一个艺术家作品中特别有象征性的都被称为“标志性的”，这也是一个宗教意味过剩的词汇。

艺术博览会在艺术界日程表中的地位越来越显著，那是画商们对市场上势力庞大的拍卖行的一种反击。世界上最顶尖的商业画廊聚集在重要的国际博览会上，为全球化的艺术品购买群体提供他们的艺术品库存，例如，为现代和当代艺术准备的巴塞尔、迈阿密和伦敦弗里兹艺术博览会，以及古代老大师们的马斯特里赫特博览会，这相当于15世纪风行于荷兰的安特卫普帐篷市场。如今，大型艺术博览会的目的是希望复现伦敦或纽约国际拍卖周上的激动，甚至疯狂。大批富有的收藏家、评论家和博物馆人会聚在展览会，当地的飞机场跑道上顿时挤满了私人飞机。当地的酒店业也因此兴旺，现代画商对美食和美酒的喜爱有时甚于艺术。成功的博览会经理会在收藏家群体中打造一种狂热的期待感。买家会最大限度地利用他们的名望和权势优先观看参展画廊首次揭幕的新画作，人们都希望自己是最先进入展厅的。艺术世界的很多活动都发生在博览会：首当其冲的是商业活动，但也有不绝于耳的八卦、自吹自擂的行为和社交活动。艺术家很少在博览会上亮相，他们参加这样的活动可能会造成一些心灵创伤，那回忆就像是一个小孩不情愿地瞥见了自己父母做爱那般久久挥之不去。

对于21世纪涉足和促进当代艺术领域的人们而言，他们最初的动力来自两百年前。随着浪漫主义的到来以及艺术家的英雄化，画商在销售艺术品时已不仅仅将其视为一个装饰物，而是一种有灵感的、充满个人气质的，甚至是天才的产物。有个问题是与喧嚣的现代主义阶段息息相关的，即有多少“主义”是由画商发明的，或至少是在画商鼓动下产生的呢？画商们为收藏家提供了保障：他们既把艺术家包装为独立的、有独特个人气质的个体，又包装为现代艺术运动的一部分，这就使他和其他艺术天才有了关联性。因此“主义”此起彼伏、接连不断：浪漫主义（席里柯、德拉克罗瓦、戈雅、透纳的风景画），接下来是现实主义（库尔贝）、再之后是印象主义，它演变为后印象主义（塞尚、梵高和高更），表现主义和立体主义。在象征主义兴起的同时，另一条不同的发展线引向了达达主义和超现实主义，并最终发展到波普艺术。20世纪上半叶的表现主义和立体主义都演变成抽象艺术的不同类型：前者经康定斯基发展为杰克逊·波洛克的抽象表现主义，后者则经马列维奇发展为阿尔普和蒙德里安的纯粹几何主义。因此，画商销售的这些画作能够轻松地被纳入到这些种类或品牌中：画作营造的气质以及这种气质所隶属的现代艺术的历史。由此可见，画商在现代艺术的演变中发挥着重要的角色，他们在书写着这段历史。这再次验证了罗伯特·詹森关于现代主义早期倡导者的格言：“谁控制了艺术市场，谁就掌控了历史。”

为了回答引言中所提出的问题，我们已经在以上的16个章节中提出了一些证据，表明画商的确会在某些时候影响艺术家的创作。这里有许多例子：优伦堡对伦勃朗、沃拉尔对德朗、纪尧姆对莫迪利亚尼，保罗·罗森博格对毕加索。不过，这些都是些短暂的片段，并没有束缚他们的艺术生涯，是伟大的艺术家成就了伟大的画商，而非反之。画商会影响到公众对艺术的品味，而最有开创性的画商也会影响到公众对新艺术的接受能力：例如杜兰德-鲁埃尔对印象派，坎魏勒对立体主义，利奥·卡斯特里对战后的美国艺术，这些都对现代艺术的发展起到了关键性的作用。艺术的发展不仅受到商业力量的影响，有时甚至由其主宰，这是否是件好事呢？这又是否是不可避免的呢？将金钱视为缪斯是否公平？赫伯特·里德曾在提及画商兼日记作者的雷奈·詹泊尔时有些惊讶地说：“他有着非常敏锐的感知力，而且并未因长期浸淫在艺术品交易中而变得麻木。”言外之意是，长期经营艺术品可能会使其美学感受变得迟钝的这一说法并不准确。在大多情况下，沃尔特·费欣菲尔特的表达更准确一些：“长期经营艺术能够赋予画商的是优势。许多画商成为他们所经手的艺术家们的国际级的重要专家。因为他们直接而持续不断地接触艺术，他们往往比博物馆策展人和大学教授掌握更多的知识。”另外还有人补充，由于时刻需要在商业中应答问题，这也锻炼了他们的判断力。

但倘若里德观察画商迟钝的感知力并非是审美上的，而是关乎道德的，那么他可能会更接近真相。艺术品交易的历史是人类千奇百怪的愚蠢和欺骗的故事，其中夹杂着精明、灵感和偶尔的英雄主义行为。

参考书目

前言

P. Assouline, *An Artful Life:A Biography of D. H. Kahnweiler, 1884-1979*, New York, Fromm, 1911.

W. Feilchenfeldt, *By Appointment Only:Cézanne, Van Gogh and Some Secrets of Art Dealing*, London, Thames & Hudson, 2006.

R. Hughes, *Nothing If Not Critical:Selected Essays on Art and Artists*, London, Penguin Books, 1990.

G. Reitlinger, *The Economics of Taste:The Rise and Fall of Picture Prices, 1760-1960*, London, Barrie and Rockliff, 1961.

第一章

C. M. Anderson, *The Flemish Merchant of Venice: Daniel Nijs and the Sale of the Gonzaga Art Collection*, New Haven, Yale University Press, 2015.

J. Brown, *Kings and Connoisseurs:Collecting Art in Seventeenth-Century Europe*, Princeton, Princeton University Press, 1995.

D. Ewing, 'Marketing Art in Antwerp, 1460-1560', Art Bulletin, December 1990.

F. Haskell, Patrons and Painters: *A Study in the Relations between ItalianArt and Society in the Age of Baroque*, New Haven, Yale University Press, 1980.

F. Lammertse and J. van der Veen, *Uylenburgh & Son, Art and Commercefrom Rembrandt to De Lairesse, 1625-1675* (trans. Y. Rosenberg, M. Pearson and L. Richards), Zwolle and Amsterdam, WaandersPublishers/Rembrandt House Museum, 2006.

N. de Marchi and H. J. van Miegroet, 'Art, Value and Market Practices in the

Netherlands', *Art Bulletin*, September 1944.
J. M. Montias, '*Art Dealers* in the Seventeenth-Century Netherlands', *Netherlands Quarterly for the History of Art*, 1 January 1988.
M. North and D. Ormrod (eds), *Art Markets in Europe 1400-1800*. Aldershot, Ashgate Publishing, 1988.
Pliny the Elder, *The Natural History* (trans. J. Bostock and H. T. Riley), vol. 5, London, George Bell and Sons, 1855-57.
J. Srourton and C. Sebag-Montefiore, *The British as Art Collectors fromthe Tudors to the Present*, London, Scala Publishers, 2012.
J. Turpin and A. Warren (eds), Auctions, *Agents and Dealers:TheMechanisms of the Art Market, 1660-1830*, Oxford, Archeopress, 2007.

第二章

T. M. Bayer and J. R. Page (eds), *The Development of the Art Market in England: Money as Muse, 1730-1900*, London, Pickering and Chatto, 2011.
B. Cassidy (ed.), *The Life and Letters of Gavin Hamilton*, London and Turnhout, Brepols/Harvey Miller, 2011.
J. Farington, *The Farington Diary*, 8 vols, London, Hutchinson & Co., 1922-28.
S. Foote, *The Works of Samuel Foote, Esq.*, London, G. Robinson & Co., 1799.
L. Lewis, *Connoisseurs and Secret Agents in Eighteenth-Century Rome*, London, Chatto & Windus, 1961.
L. Lippincott, *Selling Art in Georgian London: The Rise of Arthur Pond*, New Haven, Yale University Press, 1983.
P. Mattick, *Art in its Time: Theories and Practices of Modern Aesthetics*, London, Routledge, 2003.
A. McClellan, 'Edme Gersaint and the Marketing of Art in Eighteenth-Century Paris', *Art Bulletin*, September 1996.
I. Pears, *The Discovery of Painting: The Growth of Interest in the Arts in England, 1680-1768*, New Haven, Yale University Press, 1988.
K. Smentek, *Mariette and the Science of the Connoisseur in Eighteenth-Century Europe*, Farnham, Ashgate Publishing, 2014.
D. Solkin, *Painting Money: The Visual Arts and the Public Sphere in Eighteenth-*

Century England, New Haven, Yale University Press, 1993.

J. Stourton and C. Sebag-Montefiore, *op. cit.*

J. Turpin and A. Warren, *op. cit.*

E. Vigée-Le Brun, *The Memoirs of Elisabeth Vigée-Le Brun* (trans. S. Evans), London, Camden Press, 1989.

H. Wapole, *Anecdotes of Painting in England*, London, G. G. and J. Robinson, 1798.

第三章

H. Brigstocke (ed.), *William Buchanan and the Nineteenth-Century ArtTrade: 100 Letters to his Agents in London and Italy*, London, PaulMellon Centre for Studies in British Art, 1982.

W. Buchanan, *Memoirs of Painting*, London, R. Ackerman, 1824.

J. Faringron, *op. cit.*

G. Reitlinger, *op. cit.*

C. Sebag-Montefiore, *A Dynasty of Dealers: John Smith and successors, 1801-1942, a study of the art market in nineteenth-century London*, Arundel, The Roxburghe Club, 2013.

J. Turpin and A. Warren, *op. cit.*

P. Watson, *From Manet to Manhattan: the Rise of the Modern Art Market*, London, Random House Publishing Group, 1992.

第四章

T. M. Bayer and J. R. Page, *op. cit.*

G. Flaubert, *L'Éducation Sentimentale*, Paris, Michel Lévy, 1869.

P. Fletcher and A. Helmreich (eds), *The Rise of the Modern Art Market in London, 1850-1930*, Manchester, Manchester University Press, 2011.

J. Hamilton, *A Strange Business: Making Art and Money in Nineteenth-Century Britain,* London, Atlantic, 2014.

J. Maas, Gambart: *Prince of the Victorian Art World*, London, Barrie & Jenkins, 1975.

N. Wallis (ed.), *A victorian Canvas, The Memoirs of W. P. Frith, RA*, London, Geoffrey Bles, 1957.

第五章

S. N. Behrman, *Duveen*, London, Hamish Hamilton, 1952.

K. Clark, *Another Part of the Wood: A Self-Portrait*, London, BallantinePublishing Group, 1974.

R. Cohen, *Bernard Berenson: A Life in the Picture Trade*, New Haven, Yale University Press, 2013.

R. Cumming (ed.), *My Dear BB: The Letters of Bernard Berenson and Kenneth Clark, 1925-1959*, New Haven, Yale University Press, 2015.

C. FitzRoy, *The Rape of Europa: The Intriguing History of Titian's Masterpiece*, London, Bloomsbury Continuum, 2015.

E. Fowles, *Memories of Duveen Brothers*, London, Times Books, 1976.

R. Gimpel, *Diary of an Art Dealer* (trans. J. Rosenberg), London, Hodder & Stoughton, 1966.

G. Reitlinger, *op. cit*.

M. Secrest, Duveen: *A Life in Art*, New York, Knopf, 2004.

G. Seligman, *Merchants of Art: Eighty Years of Professional Collecting*, New York, Appleton-Century-Crofts, 1961.

C. Simpson, *Ariful Partners: Bernard Berenson and Joseph Duveen*, New York, Macmillan, 1986.

B. Strachey and J. Samuels (eds), *Mary Berenson: A Self-Portrait from her Letters and Diaries*, London, W. W. Norton and Co., 1985.

第六章

H. Berggruen, *Highways and Byways*, Yelverton Manor, Pilkington Press, 1998.

M. Goldstein, *Landscape with Figures: A History of Art Dealing in the United States*, Oxford, Oxford Universiry Press, 2000.

L. H. Nicholas, *The Rape of Europa: The Fate of Exrape's Treasures in the Third Reich and the Second World War*, New York, Knopf, 1994.

D. Wildenstein and Y. Stavrides, *Marchands d'Arrt*, Paris, Plon, 1999.

第七章

P. Assouline, *Discovering Impressionism, The Life of Paul Durand-Ruel*, New York,

The Vendome Press, 2004.

A. Distel, *Impressionism: The First Collectors*, New York, Harry N. Abrams, 1990.

P-L. and F. Durand-Ruel (eds), *Paul Durand-Ruel: Memoirs of the First Impresionist Art Dealer*, Paris, Flammarion, 2014.

E. and J. Goncourt, *Pages from the Goncourt Journal*, London, Penguin, 1984.

P. Hook, *The Ultimate Trophy: How the Impressionist Painting Conquered the World*, London, Prestel Publishing, 2009.

G. de Maupassant, *Bel-Ami*, Paris, Victor-Havard, 1885.

S. Patry (ed.), *Inventing Impressionism: Paul Durand-Ruel and the Modern Art Market*, London, National Gallery Company, 2015.

C. Pissarro, *Letters to his Son Lucien*, New York, Pantheon Books, 1943.

J. Renoir, *Renoir, My Father*, London, Collins, 1962.

H. C. and C. A. White, *Canvases and Careers: Institutional Change in the French Painting World*, New York, John Wiley & Sons, 1965.

E. Zola, *L'Œuvre*, Paris, G. Charpentier, 1886.

第八章

W. Feilchenfeldt, *op. cit.*

R. Jensen, *Marketing Modernism in Fin-de-Siècle Europe*, Princeron, Princeton University Press, 1994.

N. M. Matthews (ed.), *Cassatt and ber Circle: Selected Letters*, New York, Abbeville Press, 1984.

R. A. Rabinow (ed.), *Cézanne to Picasso: Ambroise Vollard, Patron of the Avant-Garde*, New Haven, Yale University Press, 2006.

D. Sutton (ed.), *Letters of Roger Fry*, 2 vols, London, Chatto & Windus, 1972.

J. R. Taylor and B. Brooke, *The Art Dealers*, New York, Hodder & Stoughton, 1969.

A. Vollard, *Recollections of a Picture Dealer*, London, Constable, 1936.

A. Wildenstein, *Catalogue Raisonné of the works of Odilon Redon*, 4 vols, Paris, Wildenstein Institute, 1992-8.

D. Wildenstein and Y. Stavrides, *op. cit.*

第九章

P. Assouline, *An Artful Life, op. cit.*

H. Berggruen, *op. cit.*

Y. -A. Bois and K. Streip, 'Kahnweiler's Lesson: Cubism, African Art and the Arbitrariness of the Sign', *Representations*, April 1987.

D. Cooper (ed.), *Letters of Juan Gris*, London, privately printed, 1956.

M. Gee, *Dealers, Critics and Collectors of Modern Painting: Aspects of the Parisian Art Market, 1910-1930*, New York and London, Garland Publishing, 1981.

D. H. Kahnweiler, *My Galleries and Painters* (trans. H. Weaver), London, Thames & Hudson, 1971.

J. Richardson, *A Life of Picasso*, 3 vols, London, Pimlico, 1991-2007.

J. Richardson, *The Sorcerer's Apprentice: Picasso, Provence and Douglas Cooper*, New York, Knopf, 1999.

第十章

M. Fitzgerald, *Making Modernism: Picasso and the Creation of the Market for Twentieth-Century Art*, New York, Farrar Straus & Giroux, 1994.

R. Gimpel, *op. cit.*

J. Richardson, *A Life of Picasso, op. cit.*

G. Severini, *The Life of a Painter*, Princeton, Princeton University Press, 1995.

D. Sutton (ed.), *op. cit.*

A. Sinclair, *My Grandfather's Gallery: A Family Memoir of Art and War* (trans. S. Whiteside), New York, Farrar Straus & Giroux, 2014.

第十一章

L. Des Cars, 'Destini Incrociati. Modiglianie Paul Guillaume', *Modiglianie la Boheme di Parigi*, exhibition catalogue, Turin and Paris, 2015.

J. Halperin, *Félix Fénéon: Aesthete and Anarchist in Fin-de-Siécle Paris*, New Haven, Yale University Press, 1988.

M. Hoog, *Catalogue of the Jean Walter and Paul Guillaume Collection*, Paris, 1990.

O. Sitwell, *Laughter in the Next Room: Being the fourth volume of left hand, right hand!* , London, Macmillan & Co., 1949.

Modigliani and the artists of Montparnasse, exhibition catalogue, Albright Knox Gallery, 2002.

Great French Paintings from the Barnes Foundation, exhibition catalogue, Washington, 1993.

P. Watson, *op. cit*.

第十二章

D. Bathrick, 'Max Schmeling on the Canvas: Boxing as an Icon of Weimar Culture', *New German Critique*, no. SI, I October 1990.

S. Bauschinger, *Die Cassirers:Unternebmer, Kunstbandler, Philosophen-Biographie einer Familie*, Munich, Verlag C. H. Beck, 2015.

M. Beckmann, *Self-Portrait in Words: Collected Writings and Statements, 1903-1950*, Chicago, University of Chicago Press, 1997.

H. Berggruen, *op. cit*.

W. Feilchenfeldt, *Vincent van Gogh and Paul Cassirer*, Zwolle and Amsterdam, Waanders Publishers, 1988.

V. Grodzinsky, 'The Art Dealer and Collector as Visionary: Discovering Vincent van Gogh in Wilhelmine Germany 1900-1914', *Journal of the History of Collections*, vol. 21, 2009.

A. Hoberg, *Wassily Kandinsky and Gabriele Munter: Letters and Reminiscences, 1902-1914*, Munich, Prestel, 2005.

F. Klee (ed.), *The Diaries of Paul Klee, 1898-1918*, London, Peter Owen, 1965.

O. Kokoschka, *Oskar Kokoschka Letters 1905-1976*, London, Thames & Hudson, 1992.

C. Mory (ed.), *Ernst Beyeler: A Passion for Art*, Basel, Scheidegger & Spiess, 2011.

P. Paret, *German Encounters with Modernism, 1840-1945*, Cambridge, Cambridge University Press, 2001.

S. Prideaux, *Edvard Munch: Behind the Scream*, New Haven, Yale University Press, 2005.

第十三章

T. Bodkin, *Hugh Lane and His Pictures*, Dublin, Nolan, 1956.

O. Brown, *Exhibition: The Memoirs of Oliver Brown*, London, Evelyn. Adams & Mackay, 1968.

P. Fletcher and A. Helmreich, *op. cit*.

F. Fowle, *Van Gogh's Twin: the Scottish Art Dealer Alexander Reid 1854-1928*, Edinburgh, National Galleries of Scotland, 2010.

D. Garstang (ed.), *Art, Commerce, Scholarship: A Window onto the Art World, Colnaghi 1760-1984*, London, P. & D. Colnaghi & Co., 1984.

C. D. Goodwin, *Art and the Market: Roger Fry on Commerce in Art*, Ann Arbor, University of Michigan Press, 1998.

G. Melly, *Don't Tell Sybil: An Intimate Memoir of E. L. T. Mesens*, London, William Heinemann Ltd, 1997.

C. S. Sykes, *Hockney: the Biography*, 2 vols, London, Century, 2011-2015.

第十四章

N. Faith, Sold: *The Rise and Fall of the House of Sotheby*, London, Macmillan, 1985.

J. Herbert, *Inside Christie's*, London, Hodder & Stoughton, 1990.

F. Herrmann, *Sotheby's: Portrait of an Auction House*, London, Chatto &Windus, 1980.

P. Hook and K. MacLean (eds), *Peter Wilson and the Art Market of the1960s and 1970s, an Anthology of Memories*, to be published, 2017.

R. Lacey, *Sotheby's: Bidding for Class*, London, Little Brown & Co., 1998.

G. Reitlinger, *op. cit*.

P. Seale and M. McConville, *Philby: The Long Road to Moscow*, London, Hamish Hamilton Ltd, 1973.

M. Strauss, *Pictures, Passions and Eye: A Life at Sotheby's*, London, Halban Publishers, 2011.

P. Watson, *op. cit*.

第十五章

M. Goldstein, *op. cit*.

P. Guggenheim, *Out of this Century: Confessions of an Art Addict*, London, André Deutsch, 1980.

L. Pollock, *Girl with Gallery: Edith Gregor Halpert and the Making of the Modern Art Market*, New York, Public Affairs, 2006.

F. Prose, *Peggy Guggenheim: The Shock of the Modern*, New Haven, Yale University Press, 2015.

T. R. Rogers, 'Alfred Stieglitz, Duncan Phillips and the "$6, 000 Marin"', *The Oxford Art Journal*, 1992, p. 9.

第十六章

A. Cohen-Solal, *Leo and His Circle: The Life of Leo Castelli*, New York, Knopf, 2010.

K. Douglas, *The Ragman's Son: An Autobiography*, London, Pan Books, 1988.

P. Hackett (ed.), *The Andy Warhol Diaries*, London, Simon & Schuster, 1989.

R. Hughes, 'The SoHoiad:Or, the Masque of Art, A Satire in Heroic Couplets Drawn from Life', *New York Review of Books*, March 1984.

T. Hulst, 'The Leo Castelli Gallery', *Archives of American Art Journal*, January 2007.

第十七章

C. Saatchi, *My Name is Charles Saatchi and I Am an Artoholic*, London, Phaidon, 2009.

致 谢

我要感谢许多朋友和同事在这本书的写作过程中给予我的帮助和建议。我想特别感谢乌拉·德赖弗斯（Ulla Dreyfus）、伊恩·邓洛普（Ian Dunlop）、沃尔特·费欣菲尔特（Walter Feichenfeldt）、科林·麦凯（Colin Mackay）、邓肯·麦克拉伦（Duncan McLaren）、凯瑟琳·麦克莱恩（Ketherine MacLean）、大卫·纳什（David Nash）、杰拉尔丁·诺曼（Geraldine Norman）、佩里格林·波伦（Peregrine Pollen）、大卫·波斯内特（David Posnett）、詹姆斯·斯图尔顿（James Stourton）、米歇尔·施特劳斯（Michel Strauss）、克里斯托弗·西蒙·赛克斯（Chistopher Simon Sykes），来自苏富比的特雷萨·比姆勒（Teresa Bimler）、托马斯·博伊德-鲍曼（Thomas Boyd-Bowman）、道林·布奇（Dorian Büchi）以及伦敦图书馆一向热心和高效的工作人员。

版权来源

出版方已尽一切努力与所有版权所有者取得联系，并很乐意在今后的版本中弥补可能会存在的任何错误与遗漏。

彩插

1. Kunsthistorisches Museum, Vienna, Austria/Bridgeman Images
2. The Artchives/Alamy Stock Photo
3. Josse Christophel/Alamy Stock Photo
4. World History Archive/Alamy Stock Photo
5. Interfoto/Alamy Stock Photo

6, 9, 10, 11, 12, 14, 16, 17, 18. ©Sotheby's

8, 21. classicpaintings/Alamy Stock Photo

13. Private Collection/Bridgeman Images

15. Artepics/Alamy Stock Photo

19. Martin Shields/Alamy Stock Photo

2o. GL Archive/Alamy Stock Photo

正文插图

p14. Historical Picture Archive/Corbis/Corbis via Getty Images

pp19, 49, 62, 64, 131, 138, 218. ©Sotheby's

P75. George C. Beresford/Beresford/Getty Images

P78. David Seymour (Chim)(photographer), American, 1911-1956-Bernard Berenson,

Borghese Gallery, Rome, Italy, 1955. Gelatin silver print (printed later). Image: 336 ×505mm (13¼×19⅞ in.). The Fine Arts Museums of San Francisco, gift of Ben Shneiderman, 2006. 150. 17

P95. Paul Slade/Paris Match via Getty Images

p106. Peter Barritt/Alamy Stock Photo

p130. Gosudarstvennyj Muzej A. S. Puskina, Moscow, Russia/De Agostini Picture Library/ Bridgeman Images

P142. Weston/Getty Images

p148. The Art Instirute of Chicago, IL, USA/Gift of Mrs. Gilbert W. Chapman in memory of Charles B. Goodspeed/Bridgeman Images

p159. Portrait de Léonce Rosenberg en poilu, 1914. ©ADAGP, Paris/photo ©Centre Pompidou, MNAM-CCI, Dist. RMN-Grand Palais/Philippe Migeat

p168. Rosenberg family archives/All rights reserved

p195. Painting/Alamy Stock Photo

P233. World History Archive/ Alamy Stock Photo

译名对照表

A

Abstract Expressionism 抽象表现主义
Accademia di San Luca, the 圣卢卡美术学院
Adam, James 詹姆斯·亚当
Adam, Robert 罗伯特·亚当
Agnew, Geoffrey 杰弗里·阿格纽
Agnew, Thomas 托马斯·阿格纽
Aitken, Dott 道特·阿提肯
Albani, Cardinal 阿尔巴尼主教
Albani, Francesco 弗朗切斯科·阿尔巴尼
Albers, Josef 约瑟夫·亚伯斯
Alexandre, Arséne 阿塞纳·亚历山大
Allendale, Lord 阿伦达勋爵
Alma-Tadema, Lawrence 劳伦斯·阿尔玛-塔德玛
Altman, Benjamin 本杰明·奥尔特曼
Angrand, Charles 查尔斯·安格朗
Antonello da Messina 安托内罗·达·梅西那
Antwerp Exchange, the 安特卫普交易所
Apollinaire, Guillaume 纪尧姆·阿波利奈尔
Archipenko, Alexander 亚历山大·阿契彭科
Armory Show, the 军械库展
Arp, Jean 让·阿尔普
Art of This Century (gallery) 世纪艺术画廊
Artschwager, Richard 理查德·阿奇瓦格
Arundel, Earl of 阿伦德尔伯爵
Assouline, Pierre 皮埃尔·阿苏里
Auerbach, Frank 弗兰克·奥尔巴赫

B

Bache, Jules 朱尔斯·贝克
Bacon, Francis 弗朗西斯·培根
Bakwin, Ruth 鲁斯·巴克文
Baldovinetti, Alesso 阿莱索·巴尔多维内蒂
Ballard, Philip 菲利普·巴拉德
Ballets Russes, the 俄罗斯芭蕾舞团
Barbizon School, the 巴比松画派
Barnes, Albert 阿尔伯特·巴恩斯
Barr, Alfred 阿尔弗雷德·巴尔

Barrymore, John　约翰·巴里摩尔
Baziotes, William　威廉·巴吉欧特斯
Beauchamp, Commander　布尚司令
Beaumont, Sir George　乔治·博蒙特爵士
Beaverbrook, Lord　比弗布鲁克勋爵
Becker, Harmen　哈曼·贝克
Beckett, Samuel　塞缪尔·贝克特
Beckmann, Max　马克斯·贝克曼
Beechey, William　威廉·比奇
Behrman, S.N.　S.N.贝尔曼
Bell, Clive　克莱夫·贝尔
Bell, Jacob　雅各布·贝尔
Bennett, Arnold　阿诺德·本涅特
Berenson, Bernard　伯纳德·贝伦森
Berenson, Mary　玛丽·贝伦森
Berggruen, Heinz　海因茨·贝格鲁恩
Berlin Secession, the　柏林分离派
Bernheim family, the　伯恩海姆家族
　Alexandre　亚历山大
　Gaston　加斯顿
　Josse　乔瑟
Bernheim-Jeune　小伯恩海姆
Beyeler, Ernst　恩斯特·贝耶勒
Bignou, Étienne　艾蒂安·宾努
Blance, Jacques-Émile　雅克－埃米尔·布兰奇
Blaue Reiter group, the　蓝骑士团体
Blücher, Gebhard Leberecht von　格布哈德·列博莱希特·冯·布吕歇尔
Blunt, Anthony　安东尼·布伦特
Böcklin, Arnold　阿诺德·勃克林
Boggis, Bertram　贝特拉姆·伯吉斯
Bonheur, Rosa　罗莎·博纳尔
　The Horse Fair　《马市》
Bonnard, Pierre　皮埃尔·博纳尔
Bonnemaison, M.　M.博纳迈松
Boone, Mary　玛丽·布恩
Botticelli, Sandro　桑德罗·波提切利
Boucher, François　弗朗索瓦·布歇
Bouguereau, William-Adolphe　威廉－阿道夫·布格罗
Bountecou, Lee　莉·邦特科
Bourdelle, Antoine　安托万·布德尔
Boussod-Valadon　伯梭－瓦拉东
Bradman, Don　唐·布莱德曼
Brame, Hector　赫克托·布拉姆
Brancusi, Constantin　康斯坦丁·布朗库西
Braque, Georges　乔治·布拉克
Breadalbane, Lord　布雷多尔本伯爵
Brenner, Michael　迈克·布伦纳
Breton, André　安德烈·布勒东
Brettingham, Matthew　马修·别廷翰
Bridgewater, Duke of　布里奇沃特公爵
Brigstocke, Hugh　休·布里格斯托克
British Museum, the　大英博物馆
Brooking, Charles　查尔斯·布鲁金
Brown, John Lewis　约翰·路易斯·布朗
Brown, Oliver　奥利弗·布朗
Bruges Corporation of Images Makers, the　布鲁日图像制造公司

Brunton, Gordon　高登・布鲁东
Bryan, Michael　迈克尔・布莱恩
Buchnan, William　威廉・布坎南
Buffet, Bernard　伯纳德・巴菲特
Bührle, Emil　埃米尔・布尔勒
Burgess, Guy　盖伊・伯吉斯
Butler, Lady　巴特勒夫人

C
Caillebotte, Gustave　古斯塔夫・卡耶博特
Calder, Alexander　亚历山大・考尔德
Callery, Meric　梅里克・卡莱丽
Cambridge Spies, the　剑桥间谍
Camoin, Charles　查尔斯・卡莫恩
Canaletto　加纳莱托
Caraciollo　卡拉乔洛
Caravaggio　卡拉瓦乔
Cárdenas, Alonso de　卡德纳斯的阿隆索
Carleton, Dudley　卡尔顿・杜德利
Carré, Louis　路易斯・卡雷
Carriera, Rosalba　罗萨尔巴・卡列拉
Cassatt, Mary　玛丽・卡萨特
Cassirer, Bruno　布鲁诺・卡西雷尔
Cassirer, Paul　保罗・卡西雷尔
Cassirer Gallery, the　卡西雷尔画廊
Castelli, Leo　利奥・卡斯特里
Castiglione, Giovanni Benedetto　乔瓦尼・贝内德托・卡斯蒂廖内
Caussin, Adele　阿黛尔・卡奥森
Cavendish, Lord James　詹姆斯・卡文迪什勋爵
Cézanne, Paul　保罗・塞尚
Garçon au gilet rouge《穿红背心的少年》
Chadwick, Lynn　林恩・查德威克
Chamberlain, John　约翰・张伯伦
Champernowne, Mr　钱珀瑙恩先生
Chance, Peter　彼得・钱斯
Charles I, King　查理一世
Charles II, King　查理二世
Chatwin, Bruce　布鲁斯・查特文
Chesterfield, Lord　查斯特菲尔德勋爵
Christie's　佳士得
Christo　克里斯托
Churchill, Lady　丘吉尔夫人
Clapisson, Monsieur　克拉皮森先生
Clark, Kenneth　肯尼斯・克拉克
Clark, Stanley　斯坦利・克拉克
Clarke, Tim　蒂姆・克拉克
Claude　克劳德
Clement XI, Pope　教皇克雷芒十一世
Coady, Robert　罗伯特・考迪
Cock, Christopher　克里斯托弗・科克
Cocteau, Jean　让・科克托
Cohen-Solal, Annie　安妮・柯汉－索拉尔
Colin, Ralph　拉夫・科林
Colnaghi　科尔纳吉
Colonna, Prince　科隆纳王子
Concolo, Pietro　彼特洛・孔科洛
Constantine the Great　君士坦丁大帝

Cooper, Douglas 道格拉斯·库珀
Cooper, Thomas Sidney 托马斯·辛德尼·库珀
Cornell, Joseph 约瑟夫·康奈尔
Corot, Jean-Baptiste-Camille 让-巴蒂斯特-卡米耶·科罗
Correggio 柯勒乔
Cosway, Richard 理查德·科斯韦
Courbet, Gustave 古斯塔夫·库尔贝
Returning from the Fair 《集市归来》
Coypel, Antoine 安托万·夸佩尔
Cromwell, Oliver 奥利弗·克伦威尔
Cross, Henri-Edmond 亨利-埃德蒙·克罗斯
Cubism 立体主义
Cunard, Emerald 埃莫拉尔德·库纳德
Czartoryski Family, the 恰尔托雷斯基家族

D

Daber, Alfred 阿尔弗雷德·达贝尔
Dadaism 达达主义
Dalí, Salvador 萨尔瓦多·达利
The Presistence of Memory 《记忆的永恒》
Darboven, Hanne 汉娜·达波文
Dardel, Nils 尼尔斯·达德尔
Darnley, Lord 达恩利勋爵
Dauberville, Henry 亨利·道柏利尔
Daulte, Francois 弗朗索瓦·达尔特
David, Jacques-Louis 雅克-路易·大卫
de Bordeaux, Antoine 波尔多的安托万
de Brienne, Count 布里埃纳伯爵
de Chirico, Giorgio 乔治·德·基里柯
de Galea, Madame 加莱夫人
de Kermadec, Eugène 欧仁·克马德克
de Kooning, Willem 威廉·德·库宁
de Piles, Roger 罗杰·德·皮勒
de Pury, Simon 西蒙·德·普里
de Stael, Cornelius 康内留斯·德·斯塔埃尔
de Wagram, Prince 瓦格拉姆亲王
Debat-Ponsanm, Édouard 爱德华·代巴-博桑
Degas, Edgar 埃德加·德加
degenerate art 堕落艺术
Deitch, Jeffrey 杰弗里·戴奇
Delacroix, Eugène 欧仁·德拉克罗瓦
Death of Sardanapalus 《萨尔丹那帕勒斯之死》
Delaunay, Robert 罗伯特·德劳内
della Lena, Giacomo 贾科莫·德拉·莱纳
Delmé, Peter 彼得·德尔米
Dequoy, Roger 罗杰·德奎伊
Der Querschnitt 《横截面》杂志
Der Sturm 《暴风雨》杂志
Derain, André 安德烈·德朗
des Graz, Charles 查尔斯·德·格拉茨
Desenfans, Mr 德森凡斯先生
Diaghilev, Sergei 谢尔盖·达基列夫
Diderot, Denis 德尼·狄德罗

Die Brücke　桥社
Dix, Otto　奥托·迪克斯
Doddington, Bubb　巴布·多丁顿
Dou, Gerard　杰拉德·道
Doucet, Jaques　雅克·杜塞
Douglas, Kirk　柯克·道格拉斯
Dreyfus, Richard　理查德·德赖弗斯
Dublin Museum of Modern Art, the　都柏林现代艺术博物馆
Duchamp, Marcel　马塞尔·杜尚
Fountain　《泉》
Dufy, Raoul　劳尔·杜飞
Durand-Ruel, Eva　伊娃·杜兰德-鲁埃尔
Durand-Ruel, Joseph　约瑟夫·杜兰德-鲁埃尔
Durand-Ruel, Paul　保罗·杜兰德-鲁埃尔
Duret, Théodore　西奥多·杜雷
Durieux, Tilla　提拉·杜伊奥克斯
Dutilleul, Roger　罗杰·杜蒂勒尔
Duveen family, the　杜维恩家族

E
Edward　爱德华
Elsie　埃尔茜
Ernest　欧内斯特
Henry　亨利
Joel　乔尔
Joseph　约瑟夫
Edelstein, Anna Maria　安娜·玛丽亚·埃德尔斯坦
Edward VII, King　爱德华七世
Egan, Charles　查尔斯·伊甘
Ellerman, John　约翰·埃勒曼
Emery, Mrs J.Thomas　托马斯·埃默里夫人
Emin, Tracey　翠西·艾敏
Erickson, Alfred　阿尔弗雷德·埃里克森
Ernst, Max　马克斯·恩斯特
Esher, Lord　埃舍尔勋爵
Eskenazi, Giuseppe　朱塞佩·埃斯卡纳齐
Étienne Bignou　埃蒂安·宾努
Etty, William　威廉·埃蒂
Evelyn, John　约翰·伊夫林
Exposition Universelle, the　世界博览会
Expressionism　表现主义

F
Fabiani, Martin　马丁·法比亚尼
Fantin-Latour, Henri　亨利·方丹-拉图尔
Farington, Joseph　约瑟夫·法林顿
Farouk, King　法鲁克国王
Farquhar, Lord　法克勋爵
Fauna (exhibition)　动物群（展览）
Fauvism　野兽派
Feilchenfeldt, Walter　沃尔特·费欣菲尔特
Fénéon, Félix　费利克斯·费内翁
Fine Art Society (London), the　伦敦美术协会
Fini, Leonor　莱昂诺尔·菲尼
Fiorentino, Pier Francesco　皮耶尔·弗朗切斯科·菲奥雷迪诺

Fischer of Lucerne　卢塞恩的费舍尔画廊
Flatow, Louis Victor　路易斯·维克多·弗拉托
Flaubert, Gustave　古斯塔夫·福楼拜
Flavin, Dan　丹·弗莱文
Flechtheim, Alfred　阿尔弗雷德·弗莱希特海姆
Fleming, Ian　伊恩·弗莱明
Fonteyn, Margot　玛戈特·芳婷
Foote, Samuel　塞缪尔·富特
Forain, Jean-Louis　让–路易·福兰
Forchondt family, the　弗孔特家族
　Guillam　圭罗姆
　Melchior　梅尔基奥
Ford, Fiona　费奥纳·福特
Fowles, Edward　爱德华·福尔斯
Fowles, Jean　让·福尔斯
Fragonard, Jean-Honore　让–奥诺雷·弗拉戈纳尔
Fragonard Room, the　弗拉戈纳尔之屋
French Gallery (London), the　法国画廊（伦敦）
Frick, Henry Clay　亨利·克莱·弗里克
Friedländer, Max　马克斯·弗里德兰德
Frith, William Powell　威廉·鲍威尔·弗里思
　Derby Day　《德比赛马日》
　The Railway Station　《火车站》
Fry, Roger　罗杰·弗莱
Führermuseum, the　元首博物馆
Futurism　未来主义

G

Gagosian, Larry　拉里·高古轩
Gainsborough, Thomas　托马斯·庚斯博罗
　Blue Boy　《蓝衣少年》
Galerie Commeter　柯米特画廊
Galerie Ernst Arnold, the　恩斯特·阿尔诺德画廊
Galerie Le Centaure　人马画廊
Galerie Louise Leiris, the　露易丝·莱里斯画廊
Galerie René Drouin, the　雷内·杜昂画廊
Galerie Simon　西蒙画廊
Galerie Thannhauser　坦恩豪舍画廊
Gallimard, Paul　保罗·伽利玛
Gambart, Ernest　恩斯特·甘巴特
Ganz, Victor　维克多·甘兹
Garbo, Greta　葛丽泰·嘉宝
Gardner, Isabella Stewart　伊莎贝拉·斯图尔特·加德纳
Gauguin, Paul　保罗·高更
　Riders on the Beach　《海滩上的骑马者》
Gaven, Richard　理查德·加文
Geffroy, Gustave　古斯塔夫·热弗鲁瓦
Geldzahler, Henry　亨利·戈尔德扎勒
George III, King　乔治三世
Gerard, Raphael　拉斐尔·杰拉德
Gerbier, Balthazar　巴尔塔扎·热比耶
Géricault,Théodore　泰奥多尔·席里柯
German Expressionism　德国表现主义
German Gallery (London), the　德国画廊（伦敦）

Gersaint, Edme-François　埃德姆－弗朗索瓦·热尔桑
Getty Museum,the　盖蒂博物馆
Gilot, Françoise　弗朗索瓦·吉洛特
Gillott, Joseph　约瑟夫·吉洛特
Gimpel, René　雷奈·詹泊尔
Giorgione　乔尔乔内
Allendale Nativity　《耶稣诞生》
Glasgow, Boys, the　格拉斯哥男孩
Gleizes, Albert　阿尔伯特·格列兹
Glimcher, Arne　阿尔内·格利姆彻
Godefroy collection, the　戈弗雷收藏
Goering, Hermann　赫尔曼·戈林
Goldschmidt, Betty　贝蒂·戈尔德施密特
Goldschmidt, Erwin　埃尔文·戈尔德施密特
Goldschmidt, Jakob　雅各布·戈尔德施密特
Goldschmidt sale, the　戈尔德施密特拍卖
Goldsmith, Oliver　奥利弗·戈德史密斯
Goltz, Hans　汉斯·戈尔茨
Goncharova, Natalia　娜塔莉·冈察洛娃
Goncourt, Jules de　茹尔·德·龚古尔
Gonzaga collection, the　贡扎加收藏
Gorky, Arshile　阿希尔·戈尔基
Goupil, Adolphe　阿道夫·古皮尔
Goya, Francisco　弗朗西斯科·戈雅
Grafton Galleries, the　格拉夫顿画廊
Grand Tour, the　壮游
Greenberg, Clement　克莱门特·格林伯格
Grenfell, Arthur　阿瑟·格非
Greuze, Jean-Baptiste　让－巴蒂斯特·格勒兹
Gris, Juan　胡安·格里斯
Griveau, Madame　格里沃夫人
Gronau, Carmen　卡门·格罗瑙
Grosz, George　乔治·格罗兹
Guardi, Francesco　弗朗切斯科·瓜尔迪
Guggenheim, Peggy　佩姬·古根海姆
Guggenheim, Solomon　所罗门·古根海姆
Guggenheim Jeune　青年古根海姆（画廊）
Guild of Painters and Sculptors, the　画家和雕塑家行会
Guilhou Collection, the　吉尤收藏
Guillaume, Paul　保罗·纪尧姆
Gulbenkian, Calouste　卡劳斯特·古尔本吉安
Gurlitt, Hildebrand　希尔德布兰德·古尔利特
Gutekunst, Otto　奥托·古特孔斯特
Gwynn, John　约翰·格温

H

Haberstock, Karl　卡尔·哈伯施托克
Halpert, Edith　伊迪丝·哈尔伯特
Hahn, Andrée　安德雷·哈恩
Hainauer collection, the　海纳尔收藏
Halévy, Daniel　丹尼尔·哈列维
Halifax, Lord　哈利法克斯勋爵
Halperin, Joan　琼·哈尔彭
Hals, Frans　弗兰斯·哈尔斯
Hamerton, P.G.　P.G. 哈默顿

Hamilton, Duke 汉密尔顿公爵
Hamilton, Carl 卡尔·汉密尔顿
Hamilton, Gavin 加文·汉密尔顿
Harris, Tomás 托马斯·哈里斯
Havemeyer, Louisine 路易西纳·哈夫迈耶
Havemeyer Collection, the 哈夫迈耶收藏
Hay, Andrew 安德鲁·海伊
Hayman, Francis 弗朗西斯·海曼
Hearst, William Randolph 威廉·伦道夫·赫斯特
Hearst Collection, the 赫斯特收藏
Henry, Émile 埃米尔·亨利
Hermitage Museum, the 艾尔米塔什博物馆
Hertford, Lord 赫特福德伯爵
Hess, Thomas 托马斯·赫斯
Higgins, Edward 爱德华·希金斯
Higgons, Stephen 斯蒂芬·西贡斯
Highmore, Joseph 约瑟夫·海默尔
Hitler, Adolf 阿道夫·希特勒
Hobbs, Jack 杰克·霍布斯
Hogarth, William 威廉·霍加斯
Holbein, Hans 汉斯·荷尔拜因
Hone, Nathaniel 纳撒尼尔·霍恩
Hoppner, John 约翰·霍普纳
Horsley, J.C. J.C.霍斯利
Hughes, Robert 罗伯特·休斯
Hungarian National Museum, the 匈牙利国家博物馆
Hunt, William Holman 威廉·霍尔曼·亨特
The Finding of the Saviour in the Temple 《在庙中找到基督》
The Light of the World 《世界之光》
Hunt, John 约翰·亨特
Hunt, Putzel 普策尔·亨特
Huntington, Arabella 阿拉贝拉·亨廷顿
Huntington, Collis P. 柯林斯·P.亨廷顿
Huntington, Henry Edwards 亨利·爱德华·亨廷顿
Hutton, Barbara 芭芭拉·侯顿

I

Impressionism 印象派
Ingres, Jean-Auguste-Dominique 让-奥古斯特-多米尼克·安格尔
Irvine, James 詹姆斯·欧文

J

Jabach, Everhard 埃弗哈德·雅巴赫
Jacob, Max 马克斯·雅各布
James, Edward 爱德华·詹姆斯
Janis, Sidney 西德尼·詹尼斯
Jenkins, Thomas 托马斯·詹金斯
Jensen, Robert 罗伯特·詹森
Jewish Museum, the 犹太博物馆
Johns, Jasper 贾斯珀·琼斯
Green Target 《绿色靶子》
Three Flags 《三面旗帜》
Joulain,F.-C. F.-C.儒兰
Judd, Donald 唐纳德·贾德
Julien Levy Gallery, the 朱利安·莱维画廊

K

Kahlo, Frida　弗里达·卡罗

Kahnweiler, Daniel-Henry　丹尼尔-亨利·坎魏勒

Kallir, Otto　奥托·凯勒

Kandinsky, Nina　尼娜·康定斯基

Kandinsky, Wassily　瓦西里·康定斯基

Kann collection, the Rudolph　鲁道夫·卡恩收藏

Kaplan Gallery, the　卡普兰画廊

Karp, Ivan　伊万·卡尔普

Kasmin, Paul　保罗·卡斯明

Kauffman, Angelica　安杰莉卡·考夫曼

Keller & Reiner　凯勒&莱纳（画廊）

Kelly, Ellsworth　埃尔斯沃斯·凯利

Kermadec, Eugène de　欧仁·德·克马德克

Kessler, Harry　哈利·凯斯勒

Khokhlova, Olga　奥尔加·霍赫洛娃

Kiddell, Jim　吉姆·基德尔

Kingzett, Dick　迪克·金塞特

Kinnaird, Lord　金奈尔德勋爵

Klee, Paul　保罗·克利

Kline, Franz　弗朗兹·克莱恩

Knapton, George　乔治·克纳普顿

Knoedler　科诺德勒

Knoedler, Michael　迈克尔·科诺德勒

Koester, Brian　布莱恩·科斯特

Kokoschka, Oskar　奥斯卡·科柯施卡

Koons, Jeff　杰夫·昆斯

Kootz, Jane　珍·库茨

Kootz, Sam　萨姆·库茨

Kosuth, Joseph　约瑟夫·科苏斯

Krasner, Lee　李·克拉斯纳

Kraushar, Leon　莱昂·克劳斯哈尔

Kress, Samuel　塞缪尔·克莱斯

Kubin, Alfred　阿尔弗雷德·库宾

L

L'Effort Moderne　现代奋力画廊

Landolfo-Carcano, Marchioness　兰多尔福-卡尔卡诺侯爵夫人

Landseer, Edwin　埃德温·兰西尔

Lane, Hugh　休·莱恩

Lansdowne, Lord　兰士登勋爵

Laprade, Pierre　皮埃尔·拉普拉德

Larionov, Mikhail　米凯尔·拉里昂诺夫

Lasker, Albert　阿尔伯特·拉斯克

Lasker-Schüler, Else　埃尔瑟·拉斯克-舒勒

Lassaw, Ernestine　欧内斯廷·拉索

Laurens, Henri　亨利·劳伦斯

Lawrence, Thomas　托马斯·劳伦斯

Le Brun, Élisabeth Vigée　伊丽莎白·维热·勒布伦

Le Brun, Jean-Baptiste Pierre　让-巴蒂斯特·皮埃尔·勒布伦

Le Nain, Louis　路易·勒南

Lefevre, Ernest　欧内斯特·勒费夫尔

Lefevre Gallery, the　勒费夫尔画廊

Léger, Fernand　费尔南德·莱热

Léger, Harold　哈罗德·莱热

Leicester, Lord 莱斯特伯爵
Leicester Galleries, the 莱斯特画廊
Leighton, Frederic 弗雷德里克・莱顿
Leiris, Michel 米歇尔・莱里斯
Lely, Peter 彼得・莱利
Leonardo da Vinci 莱奥纳多・达・芬奇
La belle ferronnière 《美丽的费隆妮叶夫人》
Madonna of the Rocks 《岩间圣母》
Leopold I, Emperor 利奥波德一世
Level, André 安德烈・莱维尔
Levy, Julien 朱利安・莱维
Levy, Louis 路易斯・莱维
Lewin, Georg 格奥尔格・勒温
Lichtenstein, Roy 罗伊・利希滕斯坦
Liebermann, Max 马克斯・利伯曼
Lindsay, Patrick 帕特里克・林赛
Linnell, John 约翰・林内尔
Lipchitz, Jacques 雅克・利普契兹
Lippincott, Louise 路易斯・利平科特
Little Galleries of the Photo-Secession, the 摄影分离派画廊
Lloyd, Frank 弗兰克・赖特
London Gallery, the 伦敦画廊
Long, Edwin 埃德温・朗
Slave Market 《奴隶市场》
Longo, Robert 罗伯特・隆戈
Lonsdale, Lord 朗斯代尔勋爵
Louvre, the 卢浮宫
Lowengard, Armand 阿曼德・罗文格德
Luce, Maximilien 马克西米利安・卢斯
Ludwig, Peter 彼得・路德维希

M

Maar, Dora 朵拉・玛尔
Maas, Jeremy 杰里米・马斯
MacDonald, Ramsay 拉姆齐・麦克唐纳
Mackay, Clarence 克劳伦斯・麦凯
Maclean, Donald Duart 唐纳德・杜尔特・麦克莱恩
MacLean, Katherine 凯瑟琳・麦克莱恩
Magritte, René 勒内・马格利特
Maillol, Aristide 阿里斯蒂德・马约尔
Malevich, Kazimir 卡西米尔・马列维奇
Man Ray 曼・雷
Manby, Thomas 托马斯・曼比
Manet, Édouard 爱德华・马奈
Mann, Horace 贺拉斯・曼
Manson, James Bolivar 詹姆斯・玻利瓦・曼森
Mantua, Duke of 曼图亚大公
Manzoni, Piero 皮耶罗・曼佐尼
Merda d'artista 《艺术家的粪便》
Mariano, Nicky 尼基・马里亚诺
Mariette, Pierre-Jean 皮埃尔-让・马里特
Marlborough Fine Art 马尔伯勒美术馆
Matisse, Henri 亨利・马蒂斯
Matisse, Pierre 皮埃尔・马蒂斯
Maugham, Somerset 萨默塞特・毛姆

Maupassant, Guy de　居伊·德·莫泊桑
Mayor Gallery, the　梅尔画廊
Mazarin, Cardinal　主教马萨林
McBride, Henry　亨利·麦克布莱德
McConville, Maureen　玛琳·麦康维
McLaren, Duncan　邓肯·麦克拉伦
Medici Family, the　美第奇家族
Meier-Graefe, Julius　朱利叶斯·迈耶-格雷夫
Mellon, Andrew　安德鲁·梅隆
Mellon, Paul　保罗·梅隆
Melly, George　乔治·梅利
Mendel, Sam　萨姆·孟德尔
Mesens, E.L.T.　E.L.T.麦桑
Metropolitan Museum, the　大都会博物馆
Metzinger, Jean　让·梅津杰
Michelangelo　米开朗琪罗
Pietà　《圣母怜子》
Miles, Roy　罗伊·迈尔斯
Millais, John Everett　约翰·埃弗里特·米莱斯
Bubbles　《气泡》
Sir Isumbras at the Ford　《往昔之梦：伊姆斯布拉斯爵士在福特》
Millet, Jean-Francois　让-弗朗索瓦·米勒
Miró, Joan　胡安·米罗
Modernism　现代主义
Modersohn-Becker, Paula　保拉·莫德索恩-贝克尔
Modigliani, Amedeo　阿梅代奥·莫迪利亚尼
Mondrian, Piet　皮特·蒙德里安
Monet, Claude　克劳德·莫奈
Haystacks (series)　《干草堆》(系列)
Poplars (series)　《白杨树》(系列)
Rouen Cathedral (series)　《鲁昂大教堂》(系列)
Views of the Thames (series)　《泰晤士河风景》(系列)
Water Lilies (series)　《睡莲》(系列)
Monk, Bob　鲍勃·蒙克
Monticelli, Adolphe　阿道夫·蒙蒂切利
Moore, Henry　亨利·摩尔
Moreau- Nélaton Étienne　艾蒂安·莫赫-内拉东
Morell, Gerhard　格哈德·莫雷尔
Morgan, John.Pierpont　约翰·皮尔庞特·摩根
Morozov, Ivan　伊万·莫罗佐夫
Morris, Robert　罗伯特·莫里斯
Morritt, John　约翰·莫里特
Mory, Christophe　克里斯托夫·莫里
Motherwell, Robert　罗伯特·马瑟韦尔
Munch, Edvard　爱德华·蒙克
Münter, Gabriele　加布里埃尔·穆特
Murray, John　约翰·默里
Musée de l'Orangerie, the　橘园美术馆
Museum of Modern Art (New York), the　(纽

约）现代艺术博物馆
Musson, Matthijs　马菲斯·穆森
'Mutter Ey'　“艾妈妈”

N
Nabis, Les　纳比派
Nahon, Pierre　皮埃尔·纳汉
Napoleon Bonaparte　拿破仑·波拿巴
Nash, Paul　保罗·纳什
National Gallery, London, the　伦敦的英国国家美术馆
National Gallery, Washington, the　华盛顿的美国国家美术馆
Nauman, Bruce　布鲁斯·瑙曼
Neo-Impressionism　新印象派
Newman, Barnett　巴尼特·纽曼
Nicholson, Ben　本·尼科尔森
Nicolas, Étienne　艾蒂安·尼古拉斯
Nierendorf, Josef　约瑟夫·尼伦多夫
Nieuwenhuys family, the　纽文惠斯家族
C.J.
L.J.
Noland, Kenneth　肯尼思·诺兰
Norman, Geraldine　杰拉尔丁·诺曼
Northampton, Marquess of　北安普顿侯爵
Norton, Lady　诺顿夫人
Nys, Daniel　丹尼尔·奈斯

O
O'Keefe, Georgia　乔治亚·欧姬芙
Oldenburg, Claes　克莱斯·奥登伯格
Olivier, Fernande　费尔南德·奥利维尔
Olmütz, Bishop, of　奥洛穆茨主教
Orleans Collection, the　奥尔良收藏
Ortes, Giuseppe Maria　朱塞佩·玛丽亚·奥特斯
Oscar Schmitz Collection, the　奥斯卡·施密茨
Ostade, Adriaen van　阿德里安·凡·奥斯塔德
Osthaus, Karl　卡尔·恩斯特·奥斯陶斯
Ovens, Jürgen　尤根·欧文斯
Ozenfant, Amédée　阿米迪·欧赞凡

P
Pace Gallery, the　佩斯画廊
Palais de Sagan, the　萨根宫
Pand, the　帐篷市场
Panza di Biumo, Giuseppe　朱塞佩·潘扎·德·毕欧莫
Paris School, the　巴黎画派
Parke-Bernet　帕克－贝尼特
Parmigiano　帕尔米贾尼诺
Colonna Parmigiano, the　科隆纳的帕尔米贾尼诺
Parsons, Betty　贝蒂·帕森斯
Pater, Walter　沃尔特·佩特
Paul VI, Pope　教皇保禄六世
Peau d'Ours collection, the　熊皮收藏
Peel, Robert　罗伯特·皮尔

Peintre d'Aujourd'hui 今日画家（展览）
Pellerin, Auguste 奥古斯特·佩勒林
Pellerin Collection, the 佩勒林收藏
Penrose, Roland 罗兰·彭罗斯
Perls family, the 皮尔斯家族
  Frank 弗兰克
  Hugo 雨果
  Klaus 克劳斯
Perruchot, Nicolas 尼古拉斯·佩律肖
Perry, Grayson 格雷森·佩里
Petit, Georges 乔治·珀蒂
Petty, William 威廉·佩蒂
Pevsner, Nikolaus 尼古拉·佩夫斯纳
Philby, Kim 金·菲尔比
Philip II, King 腓力二世
Philip IV, King 腓力四世
Phillips, Duncan 邓肯·菲利普
Phillips, Ewan 伊万·菲利普
Picart, Jean-Michel 让－米歇尔·皮卡尔
Picasso, Jacqueline 杰奎琳·毕加索
Picasso, Pablo 巴勃罗·毕加索
  Blue Period 蓝色时期
  La famille de saltimbanques《卖艺人家》
  Les Desmoiselles d'Avignon《亚维农少女》
  Rose Period 粉红色时期
  Vollard Suite, the 蚀刻版画
Pilkington, Laetitia 拉提莎·皮尔金顿
Pilkington, Vere 威尔·皮尔金顿
Pissarro, Camille 卡米耶·毕沙罗
Pissarro, Lucien 卢锡安·毕沙罗
Pollen, Peregrine 佩里格林·波伦
Pollock, Jackson 杰克逊·波洛克
Pond, Arthur 阿瑟·庞德
Pop Art 波普艺术
Porter, Cole 科尔·波特
Porter, Endymion 恩狄弥翁·波特
Portier, Alphonse 阿方斯·波蒂埃
Post-Impressionism 后印象派
Poussin, Nicolas 尼古拉斯·普桑
  The Adoration of the Shepherds《牧羊人的崇拜》
  The Plague《瘟疫》
Pre-Raphaelitism 拉斐尔前派
Pye, John 约翰·派伊

Q

Quinn, Anthony 安东尼·奎因
Quinn, John 约翰·奎因

R

Rankin, Helen 海伦·兰金
Raphael 拉斐尔
  Cowper Madonna《考佩尔圣母》
Rauschenberg, Robert 罗伯特·劳森伯格
  Musician《音乐家》
Rauschner, Christian Benjamin 克里斯蒂安·本雅明·劳舍尔
Read, Herbert 赫伯特·里德
Realism 现实主义

Rebay Baroness　男爵夫人利贝
Redon, Odilon　奥迪隆·雷东
La Conscience《良心》
Reid, Alexander　亚历山大·里德
Reinhardt, Ad　埃德·莱因哈特
Reiring, Janelle　詹妮尔·芮泰琳
Reitlinger, Gerald　杰拉尔德·瑞特灵格
Rembrandt　伦勃朗
Aristotle with a Bust of Homer《亚里士多德与荷马半身像》
Woman Bathing《浴女》
Renaissance (art)　文艺复兴艺术
Reni, Guido　圭多·雷尼
Magdalene《抹大拉的玛利亚》
Renoir, Auguste　奥古斯特·雷诺阿
Madame Clapisson (Dans les Roses)《克拉皮森夫人》(又名《玫瑰花丛中》)
Renoir, Jean　让·雷诺阿
Reynolds, Joshua　乔舒亚·雷诺兹
Ribblesdale, Lord　里伯斯戴尔勋爵
Ribera, Jusepe de　胡塞佩·德·里贝拉
Richardson, John　约翰·理查森
Richelieu, Duc de　黎塞留公爵
Richter, Gerhard　格哈德·里希特
Robinow, Hermann　赫尔曼·罗比诺尔
Robinson, Edward G.　爱德华·G.罗宾逊
Roché, Henri-Pierre　亨利-皮埃尔·罗什
Rodin, Auguste　奥古斯特·罗丹
Iris, Messenger of the Gods《众神之使者伊里斯》
Roger, Suzanne　苏珊·罗杰
Rogers, Daniel　丹尼尔·罗杰斯
Romanticism　浪漫主义
Rosa, Salvator　萨尔瓦托·罗萨
Rosebery, Lord　罗斯伯里勋爵
Rosenberg, Léonce　列昂斯·罗森博格
Rosenberg, Paul　保罗·罗森博格
Rosenquist, James　詹姆斯·罗森奎斯特
Rossetti, Dante Gabriel　但丁·加百利·罗塞蒂
Blue Bower《蓝色闺阁》
Rothko, Mark　马克·罗斯科
Rothschild, Maurice de　莫里斯·德·罗斯柴尔德
Rouault, Georges　乔治·鲁奥
Rouvre, Yves　伊夫·鲁弗尔
Royal Academy of Arts, the　皇家艺术学院
Rubens, Peter Paul　彼得·保罗·鲁本斯
Daniel in the Lion's Den《但以理在狮穴》
Le Chapeau de Paille《苏珊娜·兰登肖像》
Rubin brothers, the　鲁宾兄弟
Rupf, Hermann　赫尔曼·鲁普夫
Ruscha, Ed　埃德·卢查
Ruskin, John　约翰·罗斯金
Russell, John　约翰·罗素

S

S. J. Phillips.　S. J.菲利普斯
Saatchi, Charles　查尔斯·萨奇

Sachs, Paul 保罗·萨克斯
Sackville-West, Eddy 艾迪·萨克维尔–韦斯特
Sagot, Clovis 克洛维·萨戈特
Salle, David 大卫·萨利
Salomon, William 威廉·所罗门
Salon (Paris), the 巴黎沙龙
Salon des Indépendants, the 独立沙龙
Sasso, Giovanni Maria 乔万尼·玛丽亚·萨索
Schapiro, Meyer 迈耶·夏皮罗
Scharf family, the 沙尔夫家族
Schmeling, Max 马克斯·施梅林
Schnabel, Julian 朱利安·施纳贝尔
School of 1830, the 1830年画派
Scott, Walter 沃尔特·斯科特
Scottish Colourists, the 苏格兰色彩派
Scull, Robert 罗伯特·斯卡尔
Seale, Patrick 帕特里克·西尔
Sebag-Montefiore, Charles 查尔斯·塞巴格–蒙蒂菲奥里
Secrest, Meryle 梅莉·希可丝特
Segalen, Victor 维克多·谢阁兰
Seligmann family, the 塞利格曼家族
  Jacques 雅克
  Germain 日耳曼
Serra, Richard 理查德·塞拉
Seurat, Georges 乔治·修拉
  Baignade 《阿尼埃尔的浴场》
Severini, Gino 吉诺·塞维里尼
Sevso Silver, the 萨夫索银器
Seyssaud, René 勒内·塞索
Shaftesbury, Lord 沙夫茨伯里勋爵
Sharp, Mrs 夏普夫人
Shaw, Quincy Adams 昆西·亚当斯·肖
Shchukin, Sergei 谢尔盖·希楚金
Shelburne, Lord 谢尔本勋爵
Shrewsbury, Duke of 什鲁斯伯里公爵
Sickert, Walter 沃尔特·西克特
Sidney Janis Gallery, the 西德尼·詹尼斯画廊
Signac, Paul 保罗·西涅克
Simon, Norton 诺顿·西蒙
Sinclair, Anne 安妮·辛克莱
Sinet, André 安德烈·西奈
Sisley, Alfred 阿尔弗雷德·西斯莱
Sitwell, Edith 伊迪丝·西特韦尔
Sitwell, Osbert 奥斯伯特·西特韦尔
Sloan, John 约翰·斯隆
Smetham, James 詹姆斯·斯曼萨姆
Smith, John 约翰·史密斯
Smith, Joseph 约瑟夫·史密斯
Smith, Sydney 西德尼·史密斯
Snyders, Frans 弗兰斯·斯尼德斯
Society of Dilettanti, the 业余者协会
Society of Independent Artists, the 独立艺术家协会
Solomon, Alan 阿兰·所罗门
Somerset, Earl of 萨默塞特伯爵
Sonnabend, née Schapira Ileana 伊利安

娜·索纳本德
Sonnabend, Michael　米歇尔·索纳本德
Sonnier, Keith　基斯·索尼尔
Sotheby's　苏富比
Spink　斯宾克拍卖公司
Spira, Peter　彼得·斯派拉
Steichen, Edward　爱德华·史泰钦
Stein, Gertrude　格特鲁德·斯泰因
Stein, Leo　利奥·斯泰因
Stella, Frank　弗兰克·斯特拉
Stephens, F.G.　F.G.斯蒂芬斯
Stevens, Alfred　阿尔弗雷德·史蒂文斯
Stewart, David　大卫·斯图尔特
Stieglitz, Alfred　阿尔弗雷德·斯蒂格里茨
Still, Clyfford　克莱夫特·斯蒂尔
Stillman, James　詹姆斯·斯蒂尔曼
Storr, Robert　罗伯特·斯托
Strada, Jacopo　雅各布·斯特拉达
Strange, John　约翰·斯特兰奇
Strauss, Michel　米歇尔·施特劳斯
Stubbs, George　乔治·斯塔布斯
Sulley, Arthur Joseph　阿瑟·约瑟夫·苏利
Surrealism　超现实主义
Sutherland, Graham　格雷厄姆·萨瑟兰
Symbolism　象征主义

T

Tanguy, Père　唐吉老爹
Tate Britain, the　泰特不列颠美术馆
Teniers, David　大卫·特尼尔斯
Tériade　泰里亚德
Thannhauser, Justin　贾斯汀·坦恩豪舍
Thomas Agnew&Sons　托马斯·阿格纽父子公司
Thompson, Frank　弗兰克·汤普森
Tiepolo, Giovanni Battista　乔万尼·巴蒂斯塔·提埃坡罗
Times-Sotheby's Art Index, the　泰晤士报－苏富比艺术指数
Tinguely, Jean　让·丁格利
Tintoretto　丁托列托
Titian　提香
Danae《达娜厄》
Ecco Homo《戴荆冠的耶稣》
Man in a Red Cap《戴红帽子的男子》
Rape of Europa《劫掠欧罗巴》
Tomkins, Calvin　加尔文·汤姆金斯
Tooth, Arthur　阿瑟·图斯
Toulouse-Lautrec, Henri de　亨利·德·图卢兹－劳特累克
Townley, Charles　查尔斯·汤利
Tremaine collection, the　特里梅因收藏
Tresham, Henry　亨利·特雷瑟姆
Turner, J. M. W.　J. M. W.透纳
Turrell, James　詹姆斯·特瑞尔
Twombly, Cy　赛·托姆布雷
Tyers, Jonathan　乔纳森·泰尔

U

Union Artistique　艺术联盟

Utrillo, Maurice　莫里斯·郁特里罗

V

valentin, Curt　库特·瓦伦汀
van de Velde, Henry　亨利·凡·德·维尔德
van de Velde, Willem　威廉·凡·德·维尔德
van Dongen, Kees　凯斯·凡·东根
van Dyck, Anthony　安东尼·凡·戴克
Charles I《查理一世》
Vemus and Satyr《维纳斯和萨提尔》
van Gogh, Theo　提奥·梵高
van Gogh, Vincent　文森特·梵高
van Gogh-Bonger, Johanna　乔安娜·梵高－邦格
van Goyen, Jan　扬·凡·戈因
van Mieris, Frans　弗朗斯·凡·米里斯
van Ostade, Isaac　伊萨克·凡·奥斯塔德
van Rysselberghe　凡·利赛尔伯格
van Uylenburgh family, the　凡·优伦堡家族
Gerrit　格里特
Hendrick　汉德瑞克
Saskis　萨斯基亚
van Wisselingh, E. J.　E. J. 凡·维斯林格
Vanderkar, Dennis　丹尼斯·范德尔卡尔
Vasari, Giorgio　乔尔乔·瓦萨里
Vauxhall Pleasure Gardens, the　沃克斯豪尔花园
Velázquez, Diego　迭戈·委拉斯开兹
Toilet of Venus《镜前的维纳斯》
Venetian School, the　威尼斯画派
Venice Biennale, the　威尼斯双年展
Veronese, Paolo　保罗·委罗内塞
Verrocchio, Andrea del　安德烈·德尔·委罗基奥
Vicente, Esteban　埃斯特班·文森特
Victoria, Queen　维多利亚女王
Villiers, George　乔治·维利尔斯
Vinnen, Carl　卡尔·维宁
Vlaminck, Maurice de　莫里斯·德·弗拉芒克
Vogler, Paul　保罗·沃格勒
Vollard, Ambroise　安布鲁瓦兹·沃拉尔
Vollard, Lucien　卢西安·沃拉尔
Volmarijn, Leendert　伦德特·沃玛尔金
von Bode, Wilhelm　威廉·冯·博德
von Hirsch, Robert　罗伯特·冯·赫希
von Imstenraedt, Bernhard　伯纳德·冯·伊姆斯特纳戴
von Imstenraedt, Franz　弗朗斯·冯·伊姆斯特纳戴
von Ribbentrop, Joachim　约阿希姆·冯·里宾特洛甫
von Stosch, Philipp　菲利普·冯·斯托什
von Tschudi, Hugo　雨果·冯·楚迪
Vuillard, Édouard　爱德华·维亚尔

W

Wadsworth, Edward　爱德华·沃兹沃斯
Walden, Herwarth　赫尔瓦特·瓦尔登

Wallace Collection, the　华莱士收藏
Wallis, George Augustus　乔治·奥古斯塔斯·沃利斯
Wallraf-Richartz Museum, the　瓦尔拉夫－理查尔茨博物馆
Walter, Marie- Thérèse　玛丽－泰蕾兹·沃尔特
Ward-Jackson, Nicholas　尼古拉斯·瓦尔德－杰克逊
Warhol, Andy　安迪·沃霍尔
Soup Can with Peeling Label《剥下商标的汤罐头》
Washington Square Gallery, the　华盛顿广场画廊
Watteau, Antoine　安东尼·华托
L'Enseigne de Gersaint《热尔桑画店》
The Poet's Dream《诗人之梦》
Wayne, John　约翰·韦恩
Weill, Berthe　贝尔特·威尔
Weinberg, William　威廉·温柏格
Weiner, Lawrence　劳伦斯·韦纳
Wemyss, Earl of　威姆斯伯爵
West, Benjamin　本杰明·韦斯特
Westminster, Duke of　威斯敏斯特公爵
Wethered, William　威廉·韦瑟雷德
Whistler, James McNeill　詹姆斯·麦克尼尔·惠斯勒
White Cube　白立方（画廊）
Whitney Museum, the　惠特尼博物馆
Widener, P. A. B.　P. A. B. 怀德纳
Wildenstein family, the　威尔顿斯坦家族
Alec　亚历克
Daniel　丹尼尔
Elizabeth　伊丽莎白
Georges　乔治
Laure　莎拉
Nathan　内森
Wildenstein Institute, the　威尔顿斯坦研究所
Wilson, Sir Mathew　马修·威尔森爵士
Wilson, Peter　彼得·威尔森
Wilson, Richard　理查德·威尔森
Winer, Helen　海伦·温纳
Wodehouse, P. G.　P. G. 伍德豪斯
Wolfe, Tom　汤姆·沃尔夫
Wolff, Albert　阿尔伯特·沃尔夫
Wolff, Jay　杰伊·沃尔夫
Worsley, Richard　理查德·沃斯利
Wotton, Henry　亨利·沃顿
Wouwerman, Philips　菲利普·沃维曼
Wright, William　威廉·赖特

Z
Zadkine, Ossip　奥西普·扎德金
Zborowski, Léopold　利奥波德·兹博罗夫斯基
Zervos, Christian　克里斯蒂安·泽尔沃斯
Zola, Émile　埃米尔·左拉

图书在版编目（CIP）数据

幕后玩家：改变艺术史的传奇画商 /（英）菲利普·胡克著；陈瑶译. — 北京：商务印书馆, 2022
ISBN 978 - 7 - 100 - 21477 - 3

Ⅰ. ①幕⋯ Ⅱ. ①菲⋯ ②陈⋯ Ⅲ. ①艺术史 — 世界 Ⅳ. ①J110.9

中国版本图书馆 CIP 数据核字（2022）第129673号

幕 后 玩 家
改变艺术史的传奇画商
〔英〕菲利普·胡克 著
陈 瑶 译

商 务 印 书 馆 出 版
（北京王府井大街36号 邮政编码 100710）
商 务 印 书 馆 发 行
山西人民印刷有限责任公司印刷
ISBN 978 - 7 - 100 - 21477 - 3

2023年6月第1版　　开本 889×1194 1/32
2023年6月第1次印刷　　印张 12⅜ 插页 8

定价：88.00元